Rudolf zur Lippe
Frank Hahn (Hg.)

Mit und von einander Lernen der Kulturen

VERLAG KARL ALBER

Rudolf zur Lippe
Frank Hahn (Hg.)

Mit und
von einander
Lernen
der Kulturen

Für eine gegenseitige Aufklärung

Verlag Karl Alber Freiburg/München

Rudolf zur Lippe / Frank Hahn (Eds.)

Learning Together With and From Other Cultures:

Towards Reciprocal Enlightenment

The much-cited »Dialogue of Cultures« remains as tentative as over-used concepts such as »tolerance« if we are not genuinely interested in others – in such a way that we change how we think, feel and act.

We all have to learn how to get ready for the tasks of our world today and in the future. Each and every culture must do so considering one another and the threats to life on earth we are currently facing. Our biases only become obvious when we change our perspective.

At the same time others – that includes others next to us and others before us – have developed certain practical attitudes and have made certain foundational experiences that can actually provide the possibility for an exchange between cultures. This is especially important in regards to distributional justice and respect for diversity. All of humanity must stand together to fight the destruction of earth, air, and water. But also in terms of how we live and form our lives we can learn a lot from one another when we are willing to learn together. Perhaps at first we must begin to perceive in the way others do, we must adapt their styles of living and thinking and perceive how they perceive. If we can do this, then that would be the beginning of a new enlightenment. A new enlightenment of reciprocity.

The Editors:

Rudolf zur Lippe, born 1937. Since 1974 Professor of Social Philosophy and Aesthetics at the University of Oldenburg. Subsequently he has been a professor of »philosophy of life-forms,« a field of research he established, at the University of Witten/Herdecke. He lives and works as philosopher, curator and artist in Berlin. He conceptualises his projects as part of his foundation »Forum der Kulturen«.

Frank Hahn, born 1953. He is an independent author and essayist, residing in Berlin. He also heads the »Spree-Athen e. V.« Society where he regularly organises public talks, intercultural conversations and symposia on a variety of topics on philosophy, literature as well as questions surrounding Judaism.

Rudolf zur Lippe / Frank Hahn (Hg.)

Mit und von einander Lernen der Kulturen

Für eine gegenseitige Aufklärung

Der viel beschworene »Dialog der Kulturen« bleibt so unverbindlich wie »Toleranz« ohne das Interesse am Anderen, das auch das eigene Denken, Fühlen und Handeln verändert.

Alle müssen wir lernen, für die Aufgaben der gegenwärtigen und der zukünftigen Welt, jede Kultur für sich und alle mit einander gegen die Gefährdungen des Lebens auf dieser Erde. Unsere Einseitigkeiten werden erst im Blickwechsel offenbar.

Zugleich haben Andere – Andere neben uns oder Andere vor uns – manche praktische Haltungen und grundsätzliche Erfahrungen entwickelt, die den gesuchten Ausgleich bewirken können, gerade wo es um den Schutz von Leben und Beziehungen geht, etwa Verteilungsgerechtigkeit und Achtung der Vielfalt. Provoziert durch die globalen Strategien seit der Industrialisierung können die Zerstörungen von Erde, Luft und Wasser nur von der Menschheit gemeinsam angegangen werden. Aber auch bei der Gestaltung unserer Lebensformen können wir manches von und manches mit einander lernen. Vielleicht wichtiger noch müssen wir zunächst einander aus dem Lebens- und Denkstil der anderen heraus wahrzunehmen lernen. Wenn uns dies gelingt, so wäre das der Beginn einer neuen Aufklärung. Einer Aufklärung in Wechselseitigkeit.

Die Herausgeber:

Rudolf zur Lippe, geb. 1937, war von 1974 an Professor für Sozialphilosophie und Ästhetik an der Universität Oldenburg, zuletzt für die von ihm begründete »Philosophie der Lebensformen« an der Universität Witten/Herdecke. Er lebt und arbeitet als Philosoph, Ausstellungsmacher und bildender Künstler in Berlin. Seine Projekte konzipiert er im Rahmen seiner Stiftung »Forum der Kulturen«.

Frank Hahn, geb. 1953, lebt als freier Autor und Essayist in Berlin, wo er auch den Verein »Spree-Athen e. V.« leitet, der mit regelmäßig stattfindenden Vorträgen, interkulturellen Gesprächen und Symposien zu einer Vielzahl an Themen aus Philosophie, Literatur sowie Fragen des Judentums öffentlich wirksam ist.

MIX
Papier aus verantwor-
tungsvollen Quellen
FSC® C083411

Originalausgabe

© VERLAG KARL ALBER
in der Verlag Herder GmbH, Freiburg/München 2018
Alle Rechte vorbehalten
www.verlag-alber.de

Covermotiv: © Rudolf zur Lippe
Fotos auf S. 24. u. 27: © Tadao Andô / Nishida Kitarô Museum der
Philosophie
Satz: SatzWeise, Bad Wünnenberg
Herstellung: CPI books GmbH, Leck

Printed in Germany

ISBN 978-3-495-48856-0

Inhalt

7

II.

III.

Rudolf zur Lippe

Über die allmähliche Verfertigung des Bandes beim Herausgeben

»Mit und von einander lernen«, so übersetzten wir mit der bürgerschaftlichen »Initiative Humboldt Forum« den Entwurf eines »Dialogs der Kulturen«. Diesen hat Klaus-Dieter Lehmann, damals Präsident der »Stiftung Preußischer Kulturbesitz«, gefordert, um ein gigantisches Museumsprojekt in ein Forum für die weltweite Gegenwart zu verwandeln. Wir haben unsere Übersetzung weitergeführt in die weltkulturpolitische Konsequenz »… für eine gemeinsame Zukunft der Menschheit«.

Um Vorstellungen, Erfahrungen und Ansprüche an einen solchen Versuch zu sammeln, sprachen wir mit Menschen, die für einen solchen Weg Schritte vorausgegangen sind, um ihre Vorstellungen deutlicher und praktischer werden zu lassen. Einige dieser Gespräche sind in diesen Band aufgenommen, so auch das mit Catherine David. Sie hat mit ihrer Konzeption der documenta die atlantische Selbstverabredung aufgebrochen für Beziehungen zu Afrika und Südamerika.

Seit langem war gegenwärtig, dass die europäische Aufklärung einer weiteren Aufklärung bedarf – und zwar über die von ihr ausgeblendeten Versäumnisse unserer Geschichte. In unserem neuen, weiten Zusammenhang wendete sich diese Einsicht zu der Aussicht auf wechselseitige Aufklärung im Gegenüber mit denen, denen wir bis dahin nur einen Mangel an Aufklärung vorzuhalten wussten. Eine neue Aufklärung eben im Miteinander.

Die Gespräche dazu mit Wim Wenders, Volker Hassemer und vielen anderen, die uns nur aus Notizen wieder aufleben können, sind so intensiv, dass wir ihren Blick hier aufnehmen in ihrer thesenartigen Form. So sprechen sie besonders fordernd über die Jahre zu uns. *Dass schon vor 10 Jahren – entgegen der vielfach beklagten Konzeptlosigkeit der offiziellen Planer – diese Ideen lebendig präsent waren und dass sie es vor allem – wiederum entgegen der Wahrnehmung auf Seiten der Institutionen und der sie tragenden Politik –, noch immer sind, daran sei doch hier auch erinnert.*

Für ein Miteinander muss man sich zunächst auf allen Seiten bereit machen. In einer groß angelegten Folge öffentlicher Auftritte ging es um die »Stimmen der Kulturen« mit Botschaften, Ansprüchen und Einladungen an uns zu diesem Entwurf. Begegnungen haben immer ihre Bedingungen, erst recht ein so großes Vorhaben. Und hier vor allem nach Geschichten so schwerwiegender Einseitigkeiten. Antworten auf diese Rückfragen machen von Ohashi bis Boutros-Ghali einen der Hauptteile unserer Beiträge aus. Mamadou Diawara hat, von seinem Leben in Mali und Frankfurt her, die westliche Fixierung auf »ethnologische Objekte« kritisiert, die doch nur als der Ausdruck von Lebensformen erfahren werden können. Eine Rückfrage an ihn von heute hat er erwidert, indem er uns den Bericht eines afrikanischen Flüchtlings übergeben hat.

Anlass, uns und Ihnen Fragen zu möglichen Perspektiven zu stellen.

Eine entscheidende Vorbedingung zeigt Maria Todorova auf, wo sie, geschichtsphilosophisch wie praktisch, andere, ferne Einflüsse als grundlegende »Vermächtnisse« der Kulturen aufweist.

Eine erste Erprobung jenes Entwurfs ging auf eine gemeinsame Initiative mit dem Verein »Spree-Athen e. V.« anlässlich des Berliner Wissenschaftsjahres 2010 zurück. Dabei kamen sechs Menschen aus vier Ländern zu dem Thema des Bandes in einem philosophischen Kettengespräch zusammen. Die Veröffentlichung nimmt frühere Positionen auf und gewinnt mit ihnen einige weitere hinzu, deren Ausrichtung durch neue Erfahrungen in Begegnungen zwischen den Kulturen bestimmt wird.

Über die Veröffentlichung aus diesen Gesprächsrunden und einigen der darin gehaltenen Beiträge sind dann während der Planungen für diesen Band einige weitere hinzugekommen, deren Ausrichtung durch neue Erfahrungen in Begegnungen zwischen den Kulturen bestimmt wird, nicht zuletzt von denen, die schon viel früher zu Erkundern der anderen Seite und zu Mittlern geworden sind. Zu den wenigen darin herausragenden gehört Galsan Tschinag zwischen Mongolei und Deutschland, zwischen umgesiedeltem Nomadenstamm und hoch industrialisierter Organisation. Einen exemplarischen Versuch erzählt eine »Pilgerreise von Fes in Marokko nach Berlin«.

Schließlich gingen die Überlegungen zu Wegen praktischen Lernens von und auch mit einander. Gisela Völger war bereit, von ihren Ausstellungen zu Problemen unserer Gesellschaft von Materialien ethnologischer Sammlungen her zu berichten.

Forderungen und Entwürfe aus interkulturellem Zusammenspiel hatten bereits Ranjit Hoskoté und Ilija Trojanow bei den »Stimmen« vorgetragen.

Unsere Zeitgeschichte entwickelt sich wesentlich zwischen Modernen, die so unterschiedlich sind und so verschiedene Wege gehen, wie die Geschichten es sind, aus denen sie kommen. In ihnen allen sind, noch im Gegensatz zu Gesellschaften grundlegend traditioneller Lebensformen, Elemente und Ansprüche der europäischen Aufklärung wirksam, in wiederum sehr unterschiedlichen Gewichtungen.

Entsprechend zeigen sich Gewinn und Verlust der Modernisierung so verschieden, dass sie zum Teil kaum noch vergleichbar erscheinen, am deutlichsten da, wo technischer und ökonomischer Fortschritt verselbständigt vorangetrieben werden und Bürgerrechte nicht interessieren. Wo Freiheit in Ausplünderung der Welt und der Menschen umschlägt. Sowohl im Hinblick auf unsere eigenen Verantwortungen als Glied und Akteur des Westens als auch auf die Gesamtheit der Weltbevölkerung müssen wir uns inzwischen der äußersten Existenzialität der faktischen Auswirkungen auf den Planeten und seine Menschen bewusst sein.

Zugleich beginnen wir, wenn auch zu zögernd und folgenlos für die Gegenwart, zu begreifen, wie unendlich viel unsere Kulturen aus den anderen für sich gestaltet haben, um uns zu dem Gegenüber im Unterscheiden und Abwägen zu ermutigen, das mit unserem Zeitalter großer Migrationen uns aufgegeben wird. Das können wir nur irgendwie erfolgreich angehen, wenn wir, alle für sich und viele miteinander, über die Formen des Zusammenlebens der Kulturen nachdenken.

Einige müssen darin vorangehen, sich zu engagieren in Achtung und Lernbereitschaft gegenüber den anderen Kulturen in anderen Ländern. Es ist gerecht, wenn es die trifft, die durch ihre Welteroberungen, zuletzt die Globalisierung die übrige Welt zusammengezwungen haben. Dann können wir zumindest Ängste und Wut über die Arroganz und die Vorherrschaft beruhigen, die so viele Modernen fundamentalistisch verzerren. Europa, der Westen haben solche Unterdrückung oder Verwerfung des Anderen nicht ausschließlich erfunden, aber mit ihrer Vormacht, auf die sie so stolz sind, hemmungsloser systematisiert. »Wer den Wind sät …« sagt Michael Lüders und ist nah bei Peter Scholl-Latour. Die äußerst konkrete Übungsaufgabe, die uns da zufällt, und zwar mit denen, die aus anderen Ländern und Kulturen zu uns kommen, sind die Fragen, wie wir in bestimmten Gesellschaften mit einander leben wollen. Integration ist oft ein hilfloses, eher statistisches Schlagwort. Die Forderung nach einer gemeinsamen Landessprache und vielleicht möglichst vielen weiteren Kommunikationsmöglichleiten, gerade auch vielen gemeinsamen Tätigkeiten, ist selbstverständlich, eben nicht nur schlecht und recht am Arbeitsplatz. Nur so wird die viel tiefere Grundlage entstehen, die man eine gesamtgesellschaftliche Resonanz mit ihren unterschiedlichen Amplituden nennen kann.

Dafür steht am Ende der Anstrengung dieses Bandes das Wirken von Kazim Erdogan. Auf einer solchen Grundlage, für die wir uns eben auch zwischen den Teilen der Welt bemühen müssen, können vielleicht in einzelnen Ländern, dann freilich ganz andere, Formen von »Parallelgesellschaften« dafür nützlich sein, dass die je eigenen Lebensformen und Weltdeutungen an einander wachsen, statt zu verkümmern. Assimilation muss zu klugen Überlegungen und Übereinkünften, nicht zu allgemeiner Einförmigkeit führen. So können sinnvoll neue Gesellschaftsgefüge sich auf ihren Weg machen, zum Beispiel indem unsere, schon von Kant beklagte »ungesellige Gesellschaft« etwa am afrikanischen *Wir* geselliger wird und den Menschen aus Afrika und dem Nahen Osten mehr von der kostbaren Einzigartigkeit aller Individuen ermöglicht. Indem wir so dem Glauben der Menschen den Mut übermitteln, auf Absolutheiten zu verzichten, und wir selber theologische Gläubigkeit nicht ersatzlos verlassen, sondern Frömmigkeit verwandeln in spirituelle Dankbarkeit, die Welt und Menschheit erhalten hilft.

Ohnehin machen wir ja schon Schritte hin zu anderen Umgangsformen, manchmal nicht nur formloseren, sondern wärmeren, sogar zu anderen Institutionen, etwa in der Justiz zur Mediation, also zur Vermeidung von clash, den unser System mit produziert. Beginnen können wir doch mit zwei Sätzen von Alfred Grosser: »Immer auch das Leiden der anderen zu achten«. Und: »Wie schon Kant uns aufforderte, mündig zu werden, indem wir Distanz gewinnen gegenüber unseren Zugehörigkeiten.«

I.

Grundlegende Aufbrüche von sehr verschiedenen Seiten öffnen eine Arena der Begegnungen. Nicht zufällig wurden viele der hier wieder versammelten und einander gegenübergestellten Texte bei Veranstaltungen für ein zukünftiges »Humboldt Forum« vorgetragen. Wilhelm und Alexander gehören zu den wenigen europäischen Vordenkern, die ebenso selbstverständlich wie bewusst nicht eurozentrisch in die Welt blickten. Diese Haltung gilt es nach zwei Jahrhunderten immer systematischerer Verfügungsstrategien bereit zu machen für eine gemeinsame Zukunft der Kulturen und Weltgegenden von heute.

Boutros Boutros-Ghali

Der Friede und die planetare Demokratie

Ich lasse mir nicht nehmen, trotz all der Jahre, trotz der Tragödien der Vergangenheit, der Gegenwart und zweifellos auch der Zukunft unerschütterlich daran zu glauben, dass die Einpflanzung des Friedens zwischen den Nationen auf der Basis einer globalen Demokratie zwar eine Utopie ist, aber zu denen gehört, die wir durchaus ins Auge fassen und auch verwirklichen können.

Ich möchte deshalb, dass wir uns für einige Augenblicke die Frage stellen, in welcher Beziehung Utopie und Realität denn zu einander stehen? War es nicht in den finstersten Zeiten, da Sklaverei eine Realität war, utopisch, sich vorzustellen, dass Sklaverei einst unmöglich gemacht würde? War es nicht utopisch, in den trostlosesten Zeiten der Realität des Zweiten Weltkrieges einen fortgesetzten Briefwechsel zu führen, wie Roosevelt und Churchill es taten, wie der Friede organisiert werden könne, als ob der Krieg bereits beendet sei?

Das bedeutet, dass die Realität von unsichtbaren Kräften oder, vielmehr, von Kräften durchzogen ist, die wir in einer bestimmten Zeit nicht wahrnehmen, die uns aber berechtigen, nicht allein die Hoffnung zu bewahren, vielmehr die Zukunft zu verändern!

Verstehen wir uns recht. Es geht nicht darum, eine momentane Realität auszublenden, um an ihre Stelle eine zeitlose Realität, eine der Perfektion zu setzen, eine Realität, die nichts zu tun hat mit Geschichtlichkeit. Wir müssen, ganz im Gegenteil, von der gegenwärtigen Realität ausgehen, mit allen ihren Bedrängnissen und ihren Versprechen, um sie für ein Ideal, eine Ethik der Gerechtigkeit und der Verantwortung einer Veränderung zuzuführen.

Viele Philosophen, Schriftsteller, Juristen haben im Laufe der Jahrhunderte und an vielen Orten eine neue Ordnung entworfen. Dubois, Dante, Erasmus, Sully, Leibniz, l'Abbé de Saint Pierre, Immanuel Kant, Thomas Morus, William Penn, Jeremy Bentham …

Aber wir haben auch die Denker der arabischen Welt, und das ist weniger bewusst, wie Al-Farabi, der im 10. Jahrhundert ein Gemein-

15

wesen der Tugend beschrieben hat, und Abd ar-Rahman al-Kawakibi, der Ende des 19. Jahrhunderts die ideale Stadt entwarf – Umm al-Qura. Wir wissen heute, dass diese Fantasmen dazu beigetragen haben, eine internationale Rechtsordnung zu installieren. Wir wissen, dass es diese imaginären Konstruktionen sind, die die modernen internationalen Organisationen begründet haben. Wir wissen, dass es diese abstrakten Denksysteme sind, die in dem positiven internationalen Recht am greifbarsten Gestalt angenommen haben, das beansprucht, die Geschicke der Völker und Nationen zu regeln.

Das bedeutet, die Arbeit ist noch nicht getan. Und dass es heute sehr wohl Raum gibt, uns eine moderne Utopie vorzustellen. Die Utopie einer weltweiten Demokratie als Basis des Friedens. Für eine globale Demokratie zu kämpfen, während die Welt mit blutigen Kriegen konfrontiert ist, während sich der Graben zwischen Norden und Süden unaufhörlich weiter vertieft, während die Globalisierung politische, ökonomische, soziale und kulturelle Mutationen ohne Gleichen provoziert, kann auf Anhieb als ein Vorhaben fern von allen Realitäten erscheinen. Ich bin für meine Person der Überzeugung, dass wir es hier mit einem grundlegenden Einsatz für die internationale Gemeinschaft von morgen zu tun haben. Es ist offensichtlich, dass wir in das Zeitalter der globalen Gesellschaft eingetreten sind. Ob es sich nun um die Menschenrechte handelt, den Kampf gegen Aids, die Beherrschung der demographischen Zukunft, die enorme Entwicklung der Technologie und der Genetik, es ist inzwischen offensichtlich, dass alle Fragen sich von nun in planetaren Maßstäben stellen und nur sehr partiell von den Nationalstaaten behandelt werden können. Wir befinden uns also heute in der unweigerlichen Verpflichtung, auf ein neues Projekt für das Leben in dieser Gemeinschaft hin zu denken, um den Staaten und den Nationen, den Männern und den Frauen der ganzen Welt konkrete Gründe der Hoffnung zu geben und die Menschenrechte zu fördern.

In dieser Perspektive nimmt die Idee der planetaren Demokratie ihre ganze Bedeutung ein. Im Angesicht der neuen Perspektiven des internationalen Lebens ist es von großer Bedeutung, nicht nur diese Idee der Demokratie stark zu machen, sondern auch in globalen Begriffen zu denken.

Wir müssen, damit die Demokratie einen realen Sinn bekommt, endlich begreifen, dass sie an allen Orten die Praxis bestimmen muss, wo Macht sich konzentriert. Zweifellos auf nationaler Ebene, aber ebenso auf internationaler und inzwischen auf transnationaler Ebene.

Die Demokratie ist ja nicht nur eine Regierungsform für Staaten oder zwischen Staaten. Sie muss die Art und Weise bilden, in der jede Macht, welche auch immer, in der zeitgenössischen internationalen Gesellschaft ausgeübt wird. Mit anderen Worten, mit dem Phänomen der Globalisierung der Ökonomie muss eine Bewegung der Globalisierung der Politik Schritt halten.

Ich sage dies sehr wohl in dem Bewusstsein, ein Paradox zum Thema zu machen und dabei einen Einsatz zu bestimmen. Das Paradox hängt mit der doch widersprüchlichen Bahnung zusammen, die eine Verbreitung der Demokratie gegenüber der Machtentwicklung auf internationaler Ebene bedeutet. In der Tat, selbst wenn die Staaten sich nach und nach demokratisieren und die Menschenrechte achten, entzieht sich die Macht in der Welt zunehmend den Staaten, in dem Maße, in dem die Globalisierung das Hervortreten neuer Machtfaktoren mit sich bringt, die die staatlichen Strukturen überschreiten.

Das Risiko ist entsprechend groß, die Staaten gleichzeitig zwar immer demokratischer, aber zugleich immer weniger Herr über die wesentlichen Entscheidungen werden zu sehen, die ihre Zukunft und die des ganzen Planeten bestimmen. Deshalb darf die Aufgabe einer globalen Demokratisierung nur so verfolgt werden, dass dies eben auf allen Ebenen wirksam wird, auf denen in der internationalen Gesellschaft Macht ausgeübt wird.

Das erfordert ohne Zweifel die Schaffung neuer politischer Institutionen, aber ebenso eine Reform der bestehenden internationalen Institutionen. Denn selbst wenn inzwischen die Demokratie auf der nationalen Ebene durchaus strukturiert ist, bleibt sie auf der internationalen erst zu erfinden. Auf der internationalen Ebene gibt es bis zum heutigen Tage keine Strukturen, die denen entsprechen würden, die in den demokratischen Staaten geschaffen worden sind. Sie müssen deren Geist entsprechen, nicht ihrer Form. Denn die planetare Demokratie darf nicht reduziert werden auf eine Übertragung der Strukturen, die national wirksam sind. Der Entwurf einer globalen Demokratie, einer planetaren Demokratie stellt also etwas Neues dar. Und gezwungenermaßen muss man feststellen, dass, wenn die politische Theorie sich immer damit begnügt hat, die Demokratie als ein Schema der Regierung zu betrachten, das man von Land zu Land übertragen kann, die großen Demokratien immer davor zurückgeschreckt sind, ihr Model von Regierung für die Beziehungen zwischen Staaten weiterzudenken.

Die »Agenden für eine Demokratisierung«, die ich am 16. Dezember 1996 den Vereinten Nationen vorgeschlagen habe, sind denn auch weitgehend mit Schweigen übergangen worden, genau in dem Maße, in dem sie, offensichtlich, ein Ärgernis für bestimmte Großmächte darstellen. Wie können wir zur Beförderung einer planetaren Demokratie beitragen?

Ich meine, dass wir in erster Linie die Demokratie besser im Schoße der Vereinten Nationen selbst befördern müssen. Noch vor einigen Jahren sprach niemand davon, dass es notwendig ist, das System der Vereinten Nationen zu demokratisieren. Heute ist diese Frage überall auf der Tagesordnung. Diese neue Tendenz erklärt sich weitgehend aus der Tatsache, dass neue Mitgliedstaaten sich seit kurzem der Demokratie geöffnet haben und dass die Generalversammlung sich auf diese Weise von der Forderung nach Demokratie überzeugt hat. Zugleich erachten es viele Mitgliedstaaten für notwendig, die Beziehungen zwischen der Generalversammlung und dem Sicherheitsrat neu zu denken. In demselben Geiste befürworten die Staaten eine Erweiterung des Sicherheitsrates, damit er besser und offener die Pluralität der Wahrnehmungen in der internationalen Gemeinschaft vertreten kann. Eben diese Tendenz erklärt auch weitgehend die Dezentralisation, die von der Weltorganisation seit einer Reihe von Jahren verfolgt wird und fortgesetzt werden muss. Dieser Wille zur Demokratisierung läuft Gefahr, zum Teil seines Sinnes beraubt zu werden, wenn gleichzeitig die Macht in den weltweiten Entscheidungen sich den Staaten entzieht und die neuen Machträume nicht ihrerseits nach demokratischen Prinzipien bestimmt werden.

Ich bin insofern überzeugt, dass allein ein neues Solidaritätskonzept erlauben wird, die unvermeidlichen Ausschließungen, die die globale Gesellschaft beinhaltet, zu vermeiden oder wenigstens abzumildern. Solidarität lässt sich jedoch nicht beschließen. Solidarität bedeutet vor allem, davon überzeugt zu sein, dass man zu ein und derselben Welt gehört. Solidarität bedeutet sodann das Bestreben, die Zukunft auf einen neuen Gesellschaftsvertrag zu gründen. Die Solidarität kann also nur aus einem kollektiven Engagement erwachsen, das heißt aus der Zustimmung der Staaten, aber auch der nicht staatlichen Akteure der zeitgenössischen internationalen Gesellschaft. Auf genau diese neue Phase der Demokratisierung bezieht sich das sehr weitreichende kollektive Nachdenken, das sich in den letzten Jahren auf ökonomischem, sozialem und juristischem Gebiet aus Anlass großer internationaler Konferenzen vollzieht, die sich mit großen transnationalen Problemen beschäftigen, von denen die Zukunft abhängt, das Geschick der Menschheit. Mit ihrer Einladung an die Versammlung der Staaten, sich für die Fragen zu engagieren, von denen die globale Zukunft des Planeten abhängt, hat die UNO ihren Willen bekundet, unnachgiebig von der zwischenstaatlichen Vereinbarung zur transnationalen Kooperation überzugehen und sich als wirkliche demokratische Versammlung für den Planeten zu konstituieren.

Das bleibt indessen ungenügend, weil, in letzter Analyse, nichts wahrhaft möglich ist ohne den entschiedenen Willen der Mehrheit der Staaten, sich für die Angelegenheiten der Welt verantwortlich zu fühlen.

Wir müssen also einräumen, dass eine Demokratisierung auf internationaler Ebene nicht möglich sein wird, dass es keine wirksame Solidarität geben wird, solange gewisse Akteure unilaterale Abkommen, Unbeweglichkeit und Isolationismus vorziehen werden.

Diese Demokratisierungsbewegung muss eben noch weiter gehen. Sie bedarf der Teilnahme der nichtstaatlichen Akteure. Dahin gehend müssen die Städte, die Parlamente, die Universitäten, die Gewerkschaften, die religiösen Gruppierungen eine Rolle in der Demokratisierung der internationalen Politik übernehmen. Und, so füge ich hinzu, die multinationalen Unternehmen. Sie in diesen Prozess einzubeziehen, ist unerlässlich, damit sie nicht als Beutegeier auftreten, die einander die Lücken der internationalen Sozialordnung zuspielen, sondern als die Handelnden der Entwicklung und die grundlegenden Faktoren der sozialen Integration des Planeten.

Abschließend will ich die Bedeutung hervorheben, die ich der Rolle der Nichtregierungsorganisationen in diesem Prozess beimesse. Um eine globale Demokratie zu begründen, die offen und lebendig ist, müssen wir nicht nur auf den Willen der politischen Subjekte und das Verhalten der Agenten der Ökonomie zählen können, vielmehr auch auf die Bestrebungen der sozialen und der kulturellen Akteure. Die Nichtregierungsorganisationen sind ein fundamentales Element in der Repräsentation der heutigen Welt. Ihre Beteiligung an der Erarbeitung internationaler Normen ist in gewisser Weise die Garantie für deren politische Legitimität. Auf allen Kontinenten werden diese inzwischen unaufhörlich immer zahlreicher. Diese Entwicklung bildet mit dem Streben nach Freiheit und Demokratie eine unerlässliche Einheit, die heute unter verschiedenen Formen die internationale Gesellschaft mit Leben erfüllt. In der Perspektive einer globalen Demokratisierung brauchen wir die internationale Beteiligung der öffentlichen Meinung und die Macht der Mobilisierung der Nichtregierungsorganisationen. Bei dieser Skizze für eine mögliche neue soziale und demokratische Ordnung ist mir sehr wohl bewusst, dass ich mich einer weitgehend prospektiven Reflexion anvertraut habe. Es ist jedoch möglich, dass der Realismus sich da verbirgt, wo man ihn nicht erwartet, dass ein Traum die äußerste Weisheit in der Politik wird. Es kann dahin kommen, dass in einer Welt der Gefahren, der Befürchtungen und der Dramen die Einbildungskraft sich als stärker erweist gegenüber den Kalkülen, der Wille gegenüber dem Immobilismus, die Hoffnung gegenüber der Resignation, die Solidarität gegenüber dem Gesetz des Stärkeren, der Geist des Friedens gegenüber dem Machtwillen. Es kann dahin kommen, dass gegen alle Erwartungen die Völker sich erheben für ein großes Vorhaben. Ein Entwurf kann dabei zum Ferment werden für einen ungemein glücklichen Schritt nach vorn. Eine Utopie kann dabei zu einem Motor der Geschichte werden. In genau diesem Augenblick verliert die Geschichte ihre Bannkraft, ein Fortschritt der Zivilisation wird möglich.

Übersetzt von Rudolf zur Lippe

Ryôsuke Ohashi

Der »Weg« der Kulturbegegnungen

2008, bei einem Podiumsgespräch über das Humboldt-Forum, machte ich die Bemerkung, das neue Weltkulturenmuseum müsse nicht nur »durchlässig« und »naturhaft«, sondern auch so »provisorisch« und »transportabel« wie ein Shinto-Schrein sein. Das erwies sich als erklärungsbedürftig.

Dass die Hintergründe für eine solche Bemerkung sowohl tief in der japanischen Kultur als auch in der europäischen zu finden sind, versuchte ich in einem Vortrag deutlich zu machen, den ich unter dem Titel »Der Weg der Kunstwerke. Humboldt-Forum, wozu?« bei dem gleichen Symposium hielt. Darin sagte ich unter anderem:

»In seiner Vorlesung von 1841 an der damaligen Friedrich-Wilhelms-Universität zu Berlin sprach F. W. J. Schelling von den ›fast unbeschränkt erweiterten Weltverbindungen‹, durch die Orient und Okzident sich im ›Weltbewusstsein‹ durchdringen. Der Weltgeist verwirklicht sich in der Gestalt der Weltphänomene einschließlich der Kunst. In diesem Sinne baute Schinkel 1830 das Alte Museum auf: In der geräumigen Rotunde wurden die griechisch-römischen Kunstwerke ausgestellt, die Hegel als Höhepunkt des Kunstschönen betrachtete. Allerdings war Hegel zufolge die Kunst als der Ort für den Weltgeist ›ein Vergangenes‹. Jetzt soll die Philosophie dieser Ort sein.

Seitdem hat die Kunst im Okzident ihrerseits Autonomie gewonnen und sich, statt zu vergehen, in äußerst mannigfaltiger Weise entwickelt. Es war auch die Zeit, in der Orient (Japan) und Okzident (Europa) in der Kunstwelt einander zunehmend durchdrangen. Heute muss man noch bewusster als Schelling von Weltverbindungen im Plural reden. Sie sind mannigfaltiger und zugleich enger geworden. Freilich drohen sie im globalen Netz der Kommerzialisierung zunehmend nivelliert zu werden. Umso stärker ist heute das Bedürfnis, einen Ort zu finden, wo sich diese Weltverbindungen lebendig darstellen können. Wo ist dieser Ort zu finden? Eine naheliegende Antwort könnte lauten: im Museum. Aber in was für einem Museum?

Ein Überblick über die inzwischen so zahlreichen Museumskonzepte kann hierfür Anhaltspunkte geben. Die zentralistisch überwältigende Perspektive der Säle wie im Louvre in Paris oder im British Museum in London gilt heute als klassisches Muster. Das Museum Without Walls – so wurde André Malraux' Idee vom Musée imaginaire ins Englische übersetzt und im Internet ausgebaut – ist eine moderne Variante. Der lichte Tempel der Neuen Nationalgalerie von Mies van der Rohe löst die Grenze zwischen Räumen und Gängen auf. Der White Cube, wie im MoMA in New York, bietet einen angeblich neutralen Raum für die Kunstwerke, wobei seine quasi-Neutralität auch als unterdrückend für die ausgestellten Werke wirken kann. Das Pariser Musée du quai Branly für außereuropäische Sammlungen versucht, den Blick auf die anderen Kulturen auch in räumlicher Konstruktion leichter zu machen. Es gibt noch viele weitere Konzepte.

Man kann dort Hinweise auf das Gefüge des Ortes finden, den wir suchen. Dieser Ort braucht kein bestimmtes Gebäude, kein Museum im gewöhnlichen Sinn. Die Gänge aber sind darin wesentlich, wobei die Wände zwischen den Kulturen nicht nur durchsichtig, sondern auch durch-gängig sein sollen. Die museale Neutralisierung der Kulturwerke als Objekte ist nicht mehr erwünscht. Sie sollen nicht ›ausgestellt‹ werden. Es gilt vielmehr, dass ihre Wege ›mitgegangen‹ werden können. Ein japanischer Beitrag zur Gestaltung des Orts liegt wohl im traditionellen Kunstbegriff ›Geidô‹, dem ›Kunst-Weg‹. Die Kunst wurde in Japan als Lebensweg gelebt und gegangen. Die Frage ist, ob und wie dieser Weg heute noch gegangen wird.«

Diese Anmerkungen möchte ich nun, zehn Jahre später, um einige Betrachtungen ergänzen, um zwei Ideen klarer zu formulieren: erstens die Idee der »Transportabilität« eines Gebäudes, die auch dem shintoistischen Schreinbau zugrunde liegt, sowie zweitens die des »Weges«, der in der Kulturbegegnung gegangen wird.

Was die erstere betrifft, so ist sie ein Ausdruck für die »Übersetzung« überhaupt. Die Kulturbegegnung ist immer eine Kulturübersetzung. Diese Übersetzung ist als Begegnung kein Alleingang im Sinne der Leistung durch die eine Seite in der Begegnung. Wer sie vollzieht bzw. mitmacht, befindet sich immer im »Mitgehen mit den Anderen«, auch wenn dieses »Mit« nicht unbedingt ein friedlicher

Umgang sein muss, sondern einen Konflikt oder ein Disharmonisches in sich beinhalten kann.

Die zweite Idee, die mit der ersten verbunden ist, ist der »Weg«. Jedes Mitgehen, das sich als Folge der Begegnung von Kulturen ergibt, findet auf einem »Weg« statt. Dass ein Gebäude als Ort für die Kulturbegegnung transportabel sein könnte, heißt, dass es einen Weg-Charakter in sich hat. Die früheren Nomadenvölker verwirklichten diese Idee, indem sie das Leben mit Zelten führten, und im Alten Testament taucht die Idee des »Tabernakels« auf, in dem Gott vorläufig weilt, wie der Gott im japanischen Shinto-Schrein.

Dieser entstand ursprünglich als »Schrein ohne Bau«. Ein Ort mit besonderen Naturdingen wie einem großen Baum, einem schwergewichtigen Fels, aber auch einem mit Wäldern gedeckten Berg konnte als solcher »Schrein« gelten. Bekannte Beispiele sind der »Omiwa-Schrein« in der Nara-Präfektur (wo der Berg Miwa die Funktion der Haupthalle übernimmt) oder der »Suwa-Großschrein« in der Nagano Präfektur (wo nur ein großer Pfeiler steht). Wie aus der Geschichte der japanischen Architektur bekannt ist, war der Shintô-Schrein in dessen Entstehungszeit kein architektonischer Bau, sondern ein heiliger Ort, wohin ein Gott (kami) während eines Festes kommt und verweilt, um nach dem Fest wieder zu entschwinden. Auch als die ersten Bauwerke als solche Götter-Orte entstanden, waren es oft provisorische Bauten, die nach dem Fest wieder geräumt oder abgebaut werden konnten.

Die Natürlichkeit der Natur als das »nicht-architektonische Element in der Architektur selbst« ist in der japanischen Architektur »das Vergangene, das nicht vergeht«. Sie ist auch und gerade in der modernen japanischen Architektur in verschiedener Weise wiederholt und je neu zum Ausdruck gebracht worden. In diesem Zusammenhang möchte ich einige Werke von Tadao Andô heranzuziehen, mit dem mich eine langjährige Freundschaft verbindet.

Das Motiv »Weg« ist schon in seinem Debütwerk »Reihenhaus in Sumiyoshi« (1976) zu sehen. In dieses Bauwerk kann ein neugieriger Beobachter nicht ohne Weiteres eintreten, da es bewohnt ist. Aber man kann die Konstruktion des Bauwerkes auf dem Bauplan sehen (siehe S. 24). In die Mitte einer Reihenhausreihe ist eine Betonschachtel eingefügt, die wiederum in drei Teile geteilt ist. Der mittlere Teil ist der Innenhof, wodurch das Licht in alle Zimmer fällt. Da die Betonschachtel den Eindruck macht, als könne sie prinzipiell zu jeder

Zeit aufgehoben, somit weg-transportiert werden, ist sie wie ein Shintô-Schrein als »provisorisch« zu verstehen. Die Fläche der Schachtelwohnung ist 57,3m², der Gebäudebereich 33,7m², und die Gesamtbodenfläche 64,7m². Um in diesem kleinen Gebäude von einem Zimmer zum anderen zu gehen, muss der Bewohner durch den Innenhof gehen, wo er der Natur stets ausgesetzt ist – bei Regen ist also ein Regenschirm angebracht. Dieser kleine Innenhof ist der »Gang« bzw. der »Weg im Häuschen«. Auf Kosten einer gewissen Unbequemlichkeit geht der Bewohner täglich diesen »Weg im Häuschen«, atmet die Außenluft und fühlt das Licht aus dem Himmel sowie den Wechsel der Jahreszeiten. »Wohnen« in dieser Wohnung muss heißen, den »Lebensweg« zu gehen, auf dem es für ihn mehr auf die Natur als auf die übliche Bequemlichkeit ankommt. Der Bewohner, der seit dem Aufbau in der Wohnung lebt, denkt nicht daran auszuziehen und will weiter dort wohnen.

Man könnte den Einwand gegen mich erheben, dass ich von *Kulturbegegnung* rede und die Architektur als Ansatzpunkt heranziehe. Warum sollte ein Beton-Häuschen, das öffentlich nicht zugänglich ist, als Beispiel für den Ort der Kulturbegegnung sein? Wäre nicht, da der Ausgangspunkt der Diskussion ein Museumsbau ist, ein Museum Andôs passender?

Zwar könnte ich auch anhand des oben gezeigten »Beton-Häuschens« meine Idee der Kulturbegegnung und ihres Wegcharakters weiter darstellen. Oder ich könnte die Kirchenbauten Andôs vorstellen, in denen er einen westlichen Gebäudetyp mit langer architektonischer Tradition mit Elementen der japanischen Architektur verknüpft. In der »Kapelle auf dem Wasser« in Hokkaidô setzt er das Kreuz in eine Wasserfläche, was z.B. an das berühmte Torii in Miyajima erinnert, das als Eingangstor zum Shinto-Schrein im Wasser steht. Als ein weiteres Beispiel könnte seine »Kapelle des Lichtes« in Ibaraki/Osaka herangezogen werden. Das »Kreuz« in ihr wird nicht wie gewöhnlich im Altarraum ausgestellt, sondern an der Wand *durchgebohrt*, so dass das Kreuz zum »Weg des Lichtes« wird. Durch das kreuz-förmige Loch strahlt das Sonnenlicht von draußen in den Innenraum der Kapelle hinein, wobei der Winkel des hineinstrahlenden Lichtes so wie dessen Stärke und Farbton sich je nach den Tages- und Jahreszeiten ändern. Die christliche Vorstellung des Göttlich-Ewigen am Kreuz und die japanische Naturempfindung begegnen hier einander.

Um schließlich als Ort der Kulturbegegnung ein Museum anzuführen, möchte ich aber auf ein anderes Werk Andôs hinweisen: »Nishida Kitarô Museum der Philosophie« in der Ishikawa Präfektur. Vor dem Museum läuft zunächst ein Pfad entlang. Der Pfad geht aufwärts, so dass das Museum vom unten gelegenen Ausgangspunkt dieses Pfads weit oben zu sehen ist. Seine Gestalt lässt an den Parthenon in Athen denken, von dem Andô, wie er oft gesagt hat, begeistert ist und inspiriert wurde. Auch in den Gängen dieses antik-griechischen Tempelrelikts können als ästhetischer Nachschein des nicht vergehenden Vergangenen aufgefasst werden. Die Kulturen begegneten sich dort einst, und auch heute begegnen sie einander.

Der Pfad zum Nishida-Museum wurde von Andô selbst »der Weg des Denkens« genannt. Das »Denken« ist in der ostasiatischen Tradition oft mit dem »Weg« assoziiert, der in Japan nicht nur im philosophischen Denken, sondern auch im Gebiet der Künste wie dem Schwert-Weg, des Bogenschießen-Weg, dem Blumen-Weg, dem Tee-Weg, Jûdô (Weg der alten Kampfkunst Jûjutsu) usw. überliefert wird. Die Idee, das Denken als »Denkweg« zu bezeichnen und zu gehen, ist aber kein Monopol der fernöstlichen Denker. Bekannterweise hat auch Martin Heidegger seine 102-bändige Gesamtasgabe mit dem Leitspruch »Wege – nicht Werke« bezeichnet. Das von Andô gebaute Nishida-Musem ist die Veranschaulichung eines »Philosophenwegs«, den Kitarô Nishida ging, und die Philosophie Nishidas war der Weg, auf dem die westliche und östliche Philosophie einander begegneten. Die Innenstruktur des Museums wird überall von dem Motiv »Weg« geprägt, der das ganze Gebäude innenräumlich vermannigfaltigt und in überraschenden Winkeln von einer Ecke zu einer anderen Ecke führt, wie im Denken Nishidas.

Wie steht es dort um die Idee der »Transportabilität«? Das Nishida-Museum gibt zwar zunächst einen imponierenden Eindruck, indem es fest auf dem Hügel steht. Es zeigt eine Tendenz zur Dauerhaftigkeit wie der Parthenon, der auf einem felsigen Hügel hoch heraufragt. Aber auch dieser göttliche Tempel aus der griechischen Antike konnte dem Zeitlauf nicht ganz widerstehen. Wie viele andere zu früheren Zeiten imponierende Gebäude war er der wechselvollen und veränderlichen Naturumgebung ausgesetzt. Die japanischen Häuser und Tempel sind prinzipiell aus Holz gebaut und an die Naturumgebung angepasst bzw. in sie eingepasst. Deutlich wird dies, wenn in einem imposanten Schloss die Zimmer mit Schiebetüren versehen sind und die Schiebetür-Malereien die Jahreszeiten der Natur ausdrücken, so dass die veränderliche Naturwelt in der architektonischen

Welt wiedergegeben wird. Die Anpassung und Einschmelzung in die veränderlich-vergängliche Natur ist im Fall des Nishida-Museums beim Herumschauen leicht festzustellen. Der »Pfad des Denkens« wird umgeben von hochgewachsenen Bäumen, so dass er auch als ein Waldweg bezeichnet werden kann. Ein harmonisches Verhältnis zur umgebenden Landschaft ist ebenfalls leicht zu sehen. Mit dieser Anpassung und Einschmelzung eines Bauwerkes in die Naturwelt wird auch der Begriff der Transportabilität transformiert. Die Transportabilität ist nämlich hier als »Ver-gänglichkeit« im wörtlichen Sinne zu verstehen. Das Gebäude geht von einer Saison zu einer anderen, von einem Zeit-ort zu einem anderen. Es steht als das Vergängliche und Transportable, ganz wie bei einem Shinto-Schrein.

Zu Bedeutung dieses »Natursinns« für das nicht-architektonische Element in der japanischen Architektur ließe sich noch vieles sagen, diesen Beitrag möchte ich hingegen beschließen, indem ich zum Weg der Kulturbegegnungen zurückkomme.

Jede Begegnung auf dem Weg ist einzig und einmalig, und insofern in sich je und je voll-endet, während in einem »System« zumindest nach der verbreiteten Vorstellung die Vollendung erst am Ende des Pro-

27

zesses kommt, in dem die Andersheit der Anderen aufgehoben wird. Die auf dem »Weg« sich Begegnenden gehen ihren eigenen Weg, der durch und durch ihr Weg ist, aber dennoch ist das der Weg, den auch die Anderen gehen, ohne dass irgendjemand eine systematisch zu beherrschende Mitte besetzt.

Der Dichter Basho machte zwei Versionen des einen Haiku-Gedichtes:
1. Dieser Weg – keiner, der ihn geht, am Herbstabend.
2. Menschliche Stimmen – Ich kehre heim auf diesem Weg, am Herbstabend.

Volker Hassemer

Wissenschaft als Gespräch

Bei diesem Text handelt es sich um eine Zusammenstellung von Äußerungen Volker Hassemers in Veranstaltungen der Jahre 2008 bis 2010.

1. Wenn es Alexander von Humboldt um »die fortschreitende Erweiterung des Weltbewusstseins« ging und darum, bei einem möglichst breiten Publikum (»Wissenschaft ohne Öffentlichkeit undenkbar«) ein komplexeres Bewusstsein von der Mannigfaltigkeit der Welten zu schaffen, wenn er das Denken »entprovinzialisieren« wollte angesichts der »Pluralität der Welten«, im Respekt vor »Eigentümlichkeit, Mannigfaltigkeit, Verschiedenheit«, dann versteht man, dass durch Ausstellungen allein dies nicht zu füllen ist. Dann muss man doch für das Humboldtforum fragen:

- ob das Forum inhaltlich nicht notwendig auch von Wissen und Wissenschaft und nicht nur von Ausstellung her gedacht werden muss;
- inhaltlich: Wie dort dieses »Projekt einer anderen Moderne« (»die sich im Plural denkt«) vorangetrieben werden soll, mit »Versuchen, (…) Konflikte als gemeinsame Aufgabe zu begreifen«;
- mit welchen internationalen, gleichberechtigten Partnern das – wie Alexander »das Moderne nicht mehr im europäischen Singular versteht« – unternommen werden soll, »da das Individuum ohne den andern nichts Neues erzeugen« kann; mit einem wie zu organisierenden Kontakt mit Öffentlichkeit?
- Was sind die Formen »menschlicher Beweglichkeit und Begegnungsfreude«, in denen wir mit den Kulturen der Welt in Berlin zusammentreffen wollen? Konkret: Sollte es z.B. Residenzmöglichkeiten (vielleicht bei anderen, kooperierenden Einrichtungen in Berlin) von Akteuren, von Wissenschaftlern für die Arbeit an

gemeinsamen Themen geben? Sollten daraus Konferenzen, Symposien im Forum erwachsen? Mit welchen internationalen Partnern sollten von Anfang an Kooperationen, Beteiligungen verabredet werden? Könnten diese Interesse an Dependancen in Berlin entwickeln, um die Zusammenarbeit zu festigen? Wer – welcher Typus von Verantwortlichen – ist nötig, um dafür Strategien zu entwickeln und Praxis zu erreichen?

2. Könnte nicht das Thema der Sprache, der Wilhelm von Humboldts »hauptsächliche geistige Leistung gilt«, ein aktuell wichtiger Schwerpunkt des Humboldtforums werden? »Der menschliche Gedanke entsteht als Sprache«, »sie ist die sich ewig wiederholende Arbeit des Geistes« und »ist erst vollendet, wenn auch der andere mein Wort gehört hat und wenn er es wieder an mich richtet«. Sprache als Konkretisierung: das Mittel zur Selbstentwicklung und zur Verständigung mit anderen.

Das Forum hätte damit die aktuelle Herausforderung, wie man der Bedeutung der eigenen Sprache gerecht werden kann, in einer »immer mehr auf globale, unkomplizierte Verständigung Aller tendierenden Welt«. Es würde außerdem seinen Charakter als offene, dialogische Einrichtung praktizieren, die ihre Partner mit ihren individuellen Voraussetzungen einlädt (ein »Ort Welten verbindender Begegnungen«).

3. Wenn Alexander ein neues »Wissenschaftsverständnis sowie Grundüberzeugungen zu Theorie und Praxis von Wissenschaftspräsentationen« entwickelte, wenn Wilhelm die Universität »in ihrem Kern (…) als eine Veranstaltung von Wissenschaft im Gespräch« entwarf, mit der »Idealvorstellung des Immer-im-Forschen-Bleibens«, muss dann das Forum nicht auch ein Ort des Arbeitens, Disputierens, Bewahrens der Idee der Universität, der Entwicklung und Vermittlung von Wissen werden? Nicht eine weitere wissenschaftliche Einrichtung – aber die Verkörperung des dialogischen »Prinzips von Wissenschaft« (»gemeinsames anringen an die Wahrheit«).

Konkret: tagen da die deutsche Rektorenkonferenz oder vergleichbare internationale Einrichtungen? Findet hier die gegenseitige Abstimmung der führenden deutschen Wissenschaftseinrichtungen untereinander und mit ihren internationalen Partnern über ihre Strategien statt? Gibt es dort auch einen Platz zur – beispielhaften, aber permanenten – Öffnung von Wissenschaft gegenüber Öffentlichkeit?

4. Die in das Humboldtforum einziehenden Ausstellungen werden viel Ausgangsmaterial, das für die o. g. Gedanken nötig und hilfreich ist, einbringen. Was noch hinzukommen muss, ist also nicht das »Sesshafte«: keine Exponate, aber auch keine Büroräume, keine »Einrichtungen, sondern Leben, Lebendigkeit, Dialog, gemeinsame Erarbeitung, Eindrücke, also auch Kunst (Musik, Tanz …)«. Keine eigene Forschung – aber Auseinandersetzung über Forschungsergebnisse (»Wissenschaft als Gespräch«) im Geiste des Hauses, Bestätigungen und Infragestellungen, Entwicklung von Strategien. Platz nicht nur für die Akteure und Mitwirkenden. Platz für Vertreter von Einrichtungen, die dabei sein wollen/sollen. Aber sie sind Gäste (einheimisch sind sie woanders) und arbeiten, tragen bei, erleben wie Gäste und mit den anderen Gästen zusammen.

5. Das Humboldtforum als ein Ort nicht nur der Anschauung, des Erlebens, sondern auch einer besonderen Art von Produktion, des Erzeugens von Wissen und Verständigung? Ein Zukunftsprojekt, eine – mit den Möglichkeiten seines Zuschnitts – Zukunftswerkstatt? In der Verbindung von Bestehendem und Neuem? Gemeinsame Arbeit angesichts der »machtpolitischen, (…) gedanklichen, mentalitätsgeschichtlichen Widerstände«, an denen, »Dialoge der Kultur« zu arbeiten haben? Gemeinsame Vergewisserung der Modernen, gemeinsamen Suche nach Schlussfolgerungen?

Zu all dem kann das Humboldtforum nur Geringes beitragen, die Prominenz seines Ortes und seiner Namensgeber nutzend (denen die Kompetenz seiner zukünftigen Betreiber gerecht werden muss). Dazu bedarf es Arbeitskonzepte, Bündelung, Disziplin, Auswahl, Netzwerkstrategien – vor allem also Partner, die zu Grundthemen bereits arbeiten: Nachhaltigkeit, gesellschaftliche und politische Zukunftsstrategien … Kunst (die Zusammenarbeit mit dem Haus der Kulturen der Welt erscheint mir z. B. als eine konstitutionelle Notwendigkeit). Die Gewinnung von Partnern (Organisationen, Institutionen, Einzelpersönlichkeiten) und die intelligente Verbindung, Einbindung in das Haus könnte die entscheidende Größe für das Gelingen des Projekts werden.

Denn das Humboldtforum wird seine Kraft, seine Kompetenz nicht in seiner »Grundproduktion haben, dazu ist das Themenspektrum zu breit (und zu hoch)«. Seine Charakteristik wird in der »Veredelung, in der Zuspitzung von vielfältig woanders Erarbeitetem« liegen; und dessen bedachte Öffnung gegenüber der Öffentlichkeit.

Wer sind, im Hinblick auf welche Konkretisierung die dem Thema angemessenen Partner, die Netzwerkpartner? Braucht es einen Rat solcher Netzwerkpartner, der fest an das Haus gebunden ist? Partner auch in einem Kreis von Einrichtungen, Stiftungen, Organisationen, auch einzelner Universitäten? Vor allem braucht es eine Intendanz, die dies alles mit Kompetenz und Anspruch auf Vertrauen ins Werk setzt.

Ist es zu erreichen, dass das »Projekt der Modernen« so angelegt wird, dass diese jeweiligen Modernen ein eigenes Interesse entwickeln, »dabei zu sein«? Dass man sie zunächst nur – mit der Überzeugungskraft einer vertrauenswürdigen Leitung, eines überlegten Konzepts – einladen, auffordern müsste, dabei zu sein (mit welchen Aktivitäten, in welchen Formen)? Dass sie dieses »Dabeisein« aus eigenem Interesse suchen: weil sie das Ihre zeigen und mit anderem in Verbindung bringen wollen? Dass sie eine solche Agora wie das Humboldtforum brauchen, um das Eigene und seine Bedeutung öffentlich zu machen, »auf den Marktplatz zu bringen; um sich zugleich im Verhältnis zu anderem zu sehen, sich zu bewähren«?

Ziel ist immer, mit jeweils geringstem Aufwand möglichst viel von dem zu bewirken, was den Brüdern Humboldt und dem ihnen zugeschriebenen Geist entspricht. Wissend: letztlich geht es nicht um sie, nicht um ein »Memorial für die Brüder Humboldt«, sondern um das, wozu sie gearbeitet haben, wofür sie stehen und heute stehen würden.

Mamadou Diawara

Und wenn der Andere schon da ist ...

Für unseren Zusammenhang hat Mamadou Diawara uns auf die Notizen von den Gesprächen und seinen mündlichen Ausführungen zum Humboldt Forum verwiesen, über deren Aktualität kein Zweifel besteht. Dass sie von Fragen ethnologischer Sammlungen in Europa ausgehen, ist nicht nur für die Konzeptionen westlicher Ausstellungen und Museen von Bedeutung. Vor einem »Dialog der Kulturen« sind die anderen Kontinente kulturell wesentlich immer so anwesend gewesen wie unsere Ethnologie auch noch glaubt, sie präsentieren zu dürfen. Die afrikanische Philosophie ist eben auch nicht stärker aus eigenem Recht bei uns bekannt und vertreten. Die Wirklichkeiten Afrikas noch weniger.

Wie auch Hans Belting schon betont hat, ist die Trennung zwischen den Werken der Kunst gegenüber anderen Gegenständen der Kultur in der europäischen Moderne ebenso problematisch wie willkürlich. Sie ist bei uns durch die Befreiung der Künste von dem Dienst für Kirche und Absolutismus in dieser kategorialen Form entstanden. Der Westen setzt dies inzwischen aber allgemein voraus auch für die anderen Kulturen und hat den Zugang dazu verloren, dass Kultur sich nicht wesentlich autonom, sondern in den Lebensformen selber und in ihren Gegenständen ausdrückt. Dann lässt sich die Bedeutung nicht grundsätzlich an Künstlerindividuen und deren Leistungen festmachen. Genau dies sind aber die Kriterien, nach denen heute noch unsere Kunstsammlungen sich von denen der Gebrauchsgegenstände und eben genauso von den ethnologischen unterscheiden.

Damit wird auch ein Problem beleuchtet, das in den westlichen Ländern deutlich zu werden beginnt, ohne schon zu einem grundlegend neuen Verständnis des Zusammenhangs von Kultur und Lebensformen zu führen. Unterscheidungen wie die zwischen U- und E-Musik etwa oder der Status und die Aufgaben von Design weisen uns freilich längst darauf hin, dass wir die Autonomie des Kunstwerks nicht nur gegenüber dem einstigen ideologischen Dienst zu verteidigen haben, sondern den Lebenszusammenhang mit dem Gesamt unserer Lebensformen bis hin zu Arbeit und Ökonomie neu bestimmen müssen. Zusätzlich verfestigen in den Museen für die anderen Kulturen Eigentumsrechte und Verwaltungspraxis die Trennungen, die wir auf alles, was die übrige Welt hervorgebracht hat, projizieren.

Allein der Umgang mit den Dingen in ihrer kulturellen Lebenssituation macht sie zu dem, was ihre Bedeutung bildet. Die menschlichen Sinnesorgane müssen als Medien ins Spiel kommen. Die Europäer reduzieren die Darstellung der anderen Kulturen zu Objekten des Sehens. Selbst wo das spektakulär inszeniert wird, setzen sie in der Regel das Schema von Zentrum und Peripherie fort. Dialog hat aber zur Bedingung, dass dieses Schema nicht nur gedanklich überwunden wird. Dies ist nur möglich durch die Bereitschaft zu viel weiteren und lebendigeren Dimensionen der Wahrnehmung. Das ist nicht in isolierten Bezirken, die Museen zu Tempeln stilisieren, möglich, sondern braucht Öffnungen zu Erfahrungswelten, z. B. auch in wirklichen kultischen Handlungen, und auf ein umfassendes Einbildungsvermögen. Leibliche Bewegtheit mit allen Sinnen gehört dazu.

Das bedarf der Überarbeitung, Anregung durch Aufführungen und Lesungen, der Begegnung mit, selbstverständlich interdisziplinären, Forschungsgesprächen, der Durchlässigkeit zwischen dem, was man zeigen will, in seinen Aspekten wie nach außen. Und das bedeutet eben auch, dass ein öffentliches Bewusstsein für die Vielfalt im eigenen Lande gefördert wird.

Solche Überlegungen gingen zurück auf die intensiven Gespräche, die sich früher schon am Wissenschaftskolleg zu Berlin entwickelt hatten und die Diawara ebenfalls in diese Zusammenfassung aufgenommen wissen will. Auch sie waren zunächst um die Trennung von Kunst- und anderen Kulturgegenständen entstanden und hatten die Notwendigkeit ihrer Überwindung betont.

Der Kompromiss einer dritten Kategorie zu Kunst und Gebrauchsgegenständen, nämlich das Völkerkundemuseum, hat in Wahrheit die Trennung dadurch aufrechterhalten, dass ethnologisches Material im selben Gegensatz zu Kunst gesehen wurde. Daraus folgt das zweite Hauptthema. Allein der Umgang mit den Dingen in ihren kulturellen Lebenssituationen macht sie zu dem, was ihre Bedeutung bildet. Zum Schrein gehört die Atmosphäre der Rituale, zum Schild seine Funktion im Kampf oder in der Zeremonie. Schon an dieser Stelle wird offensichtlich, wie viel Forschung an dem ansetzen muss, was uns gezeigt werden soll. Diese Dimension wird in den letzten Jahren mit den Unesco-Charten zur Vielfalt der Kulturen und zum immateriellen Erbe in den Mittelpunkt der Aufmerksamkeit gestellt. Entsprechende Erfahrungen im Präsentieren und Heranführen von Publikum existieren aber nur in Ansätzen. Ein Forum muss ebenso mit wissenschaftlicher Forschung zusammenarbeiten wie mit Erprobungen medialer Pädagogik; insbesondere müssen hier die menschlichen Sinnesorgane als Medien ins Spiel kommen. Kontext darf nur unter anderem durch Erläuterungen in Wort und Schrift, dokumentarisches Video und Abbild hergestellt werden.

Umso interessanter sind zeitgenössische Beispiele für andere Zugänge, die freilich erst Versuche darstellen, aber Richtungen vorgeben. Das Londoner Britisch Museum öffnet seine Höfe für Feste von religiösen Gruppen oder Volksgruppen unterschiedlichster Kulturen. Am Züricher Ethnologischen Museum hat Michael Oppitz tibetanischen Mönchen Räume für ihre Mandala-Bilder und die entsprechenden Rituale anvertraut. Im Dezember 2006 hat sich in Rom eine Konferenz der Museen mit solchen Fragen und Entwürfen beschäftigt. Gerade in der Folge unterschiedlicher Kulturen am selben Ort werden Eindrücke deutlich, Analogien spürbar.

Das alte eurozentrische, heute westliche Schema von Zentrum und der Welt als Peripherie überhaupt zu erkennen, geschweige denn zu überwinden, bleibt entscheidend. Indem in unseren Metropolen die anderen Kulturen von uns für uns dargestellt werden, reduzieren wir sie zu Objekten unserer Sicht, damit reduzieren wir aber auch uns selbst zu distanzierten Beobachtern. So werden die Werke archäologisiert, in Friedhöfe verbannt. Exotismus muss dekonstruiert werden, sowohl der, den die westliche Zivilisation den Kulturen auferlegt – das haben wir im eigenen Lande ebenso, nur Jahrhunderte früher gemacht –, wie der inzwischen selbstgewählte Exotismus der anderen als Antwort auf Tourismus usw.

Die Darstellungen der Anderen mit Hilfe von Gegenständen, die von ihnen stammen, aber auf deren Besitz wir stolz sind, sind nicht nur zu sehr auf spektakuläre Schau ausgerichtet, sie dienen auch einer Selbstvergewisserung im Stile des Feldherrnhügels. So werden beide Seiten auf etwas Festes, Feststellbares reduziert, statt in den Dialogen ihr Verständnis für sich und die Anderen entfalten zu können. Der freien Verständigung stehen auf westlicher Seite zwei wesentliche Vorurteile entgegen, die sich aber in scheinbar neutralen Forderungen verbergen. In vielen rational erscheinenden Formen machen wir Voraussetzungen für Dialog und Verstehen, etwa die Annahme, es müsse sich um Kulturen handeln, die vergleichbar sind, und das erst bedeute, dass sie als gleichrangig gelten könnten. Die Rede von »den Weltkulturen« gehört dazu. Sehr leicht führt die Suche nach Vergleichbarkeit zur Unterstellung, der Andere müsse irgendwie doch gleichartig sein. Was uns dunkel bleibt, wird leicht für obskur erklärt. Dessen Aufklärung in unserem Licht wird dann zum geistigen Extremsport.

Die »Jaspers Vorlesungen zu Fragen der Zeit« haben immer wieder solche Probleme gezeigt, gerade weil der Umgang miteinander vertrauter wurde. Gerade Wilhelm von Humboldt hat, wie Goethe und andere um 1800, dem Verstehen keine absoluten, vorgefassten Ziele gesetzt und Dialog vom möglichen gemeinsamen Reichtum her gedacht und geübt.

Das dritte Hauptthema ergibt sich aus dem vorigen und ist bereits durch die wichtigsten Aspekte berührt. Wenn heute vom Museum der Räume (Vorherrschen der Architektur), vom Museum der Dinge (wie immer respektvoll oder liebevoll ausgestellte Warenlager) und vom Museum der Menschen gesprochen wird, ist wenig zu hören, wie von den Menschen her gedacht werden kann. Dabei geht es immer um die Erfahrungswelten, für die die gezeigten Dinge stehen, und das Einbildungsvermögen, wie diese irgendwie erfahrbar gemacht werden können. Beispiele sind wieder Kultgegenstände, die Öffnung für wirkliche Kulthandlungen, wenn vielleicht auch nur anderer, näher liegender Religionen, und Filme, in denen das heutige Leben an den Orten der Kultur lebendig wird – mit allen seinen Beziehungen und Spannungen zur Bedeutung der Gegenstände, von denen man ausgeht. Andere Beispiele sind etwa Kalligraphien, deren Wesen durch eingeladene Kalligraphen und eigene Übungsansätze der Besucher erlebt werden kann, oder Spiele wie das Mühlebrett mit ihrem möglicherweise mythologischen Ursprung wie ihrem heutigen Alltagsgebrauch.

Es geht um eine wirkliche Umkehrung des Ausstellungswesens. Die Orte müssen insgesamt ein vielschichtiges Erleben anregen. Es geht mehr um wirkliche leibliche Bewegtheit mit allen Sinnen als um einzelne listige oder rummelplatzmäßige Attraktionen. Bereits der große Pädagoge und Wissenschaftsvermittler Frank Oppenheimer hat erkannt, dass nur eine auch leiblich, also ganz die Menschen bewegende Bildung demokratisch sein kann. Das haben zunächst Naturwissenschaftsmuseen wie das »Exploratorium« in San Francisco, dann in vielen Städten auch Europas begonnen. Beiträge dazu, eine entsprechende Atmosphäre zu schaffen, sind aber auch z. B. im »Metropolitan Museum« zu erkennen, wenn dort die Hallen an den Wochenenden voller Musik aus verschiedenen Kontexten sind. Die Freie Universität von Mexico eröffnet ein Forum für zeitgenössische künstlerische Produktionen des Landes. Zu wünschen ist eine Art permanente Berlinale für die wichtigen Filme anderer Kulturen, die man ja sonst kaum zu sehen bekommt. Ebenso verfügbare Bühnen und Spielräume zwischen den Ausstellungsteilen, für Lesungen, Gespräche der Forschung und Vermittlung, wie sie das »Humboldt Center« in Mexico veranstaltet. Auch Projekte wie das in Lubumbashi konzipierte zu den Zusammenhängen zwischen dem »Kongo und Haiti«, das in beiden Ländern gezeigt wird, sind Modelle.

Die Aufgaben der Korrespondenz, hier mit den Berliner Einrichtungen, allen voran den Universitäten und Forschungsinstituten sowie den Akademien der Wissenschaften und der Künste oder des Wissenschaftskollegs, verlangen offensichtlich ebenso große Anstrengungen, wie sie Anregungen in interdisziplinärer und transdisziplinärer Richtung versprechen. Dafür sind Alexander und Wilhelm von Humboldt herausfordernde Vorbilder mit ihrer Auffassung von Forschung, in der Staunen, Wissen und Entdecken auf vielfältige und anregende Weise verbunden werden.

Maria Todorowa

Historische Vermächtnisse und Flüsse

Es ist mir eine große Ehre, dass mich das Humboldt Forum zur Übermittlung dieser Botschaft eingeladen hat. Ich möchte bei dieser Gelegenheit meine Gedanken zu einer der derzeit größten Herausforderungen für die Geisteswissenschaften mit Ihnen teilen: Wie kann man in unserer Zeit der durchlässigen Grenzen, intensiven Bevölkerungsbewegungen und Sofort-Kommunikation, der hohen gegenseitigen Durchdringung von Ideen und Dingen Differenz angemessen und sinnvoll darstellen. Dabei fühle ich mich doppelt privilegiert und möchte mich ganz herzlich bei Rudolf Prinz zur Lippe für seine Anerkennung meiner Idee der historischen Vermächtnisse und für diese Einladung und die Möglichkeit, meine Gedanken vorzustellen, bedanken.

Die Herausforderung von Begegnungen, die die Menschheit seit frühester Zeit begleitet, hat sich seit der Öffnung der europäischen Welt in der frühen Neuzeit und der Entdeckung von Völkern mit unterschiedlichen Lebensweisen und materiellen Kulturen dramatisch verschärft. Dieser Herausforderung sind die Europäer mit unterschiedlichen Mitteln begegnet: Eroberung, Ausrottung, Versklavung, Umsiedlung, Konversion, Isolation, Gettoisierung, Segregation, Duldung, Anpassung, Aufnahme oder Identifikation. Auch im Bereich der philosophischen Ideen haben diese Strategien ihre Analoga: Diese reichen von der Hegel'schen Möglichkeit der Harmonisierung durch Vereinigung, wobei alles Andersartige sich in einer erweiterten Identität, im universellen Geist, assimiliert oder zumindest harmonisiert, bis zum Postulat der überwindbaren Andersartigkeit, der grundsätzlichen Unmöglichkeit, das »Andere« mit dem »Selbst« gleichzusetzen. Der zweite Gedankengang beruht auf der Annahme, dass Identitätsbildung unausweichlich auf dem Mechanismus der Exklusion und Austreibung des als »anders« Konstruierten beruht (Bataille, Sartre, Lyotard, Lévinas und vor allem Foucault). In der heutigen Herausforderung, in einer in der Entstehung begriffenen globalen Welt zurechtzukommen, wobei wir es uns zur Aufgabe gemacht haben, alte Vorurteile und Stereotype zu überwinden, greifen wir oft auf das konzeptionelle Instrumentarium der Aufklärung zurück. Das betrifft insbesondere Vorstellungen von Kultur und Zivilisation. Ungeachtet der überzeugenden Kritiken und Neuinterpretationen dieser Vorstellungen, üben sie dennoch bis heute einen starken Einfluss aus.

Was meinen wir zum Beispiel, wenn wir vom »Dialog der Kulturen« sprechen? Ich jedenfalls höre hier die Annahme der Existenz voneinander getrennter, unterschiedlicher Kulturen und die Idee der »Kulturkreise« heraus. Das Konzept der Kulturkreise kommt von Ernst Troeltschs Theorie der Kulturgeschichte. Troeltsch postulierte, dass sich die moderne Wissenschaft nicht mit der Menschheit als Ganzes befassen könne. Der Grund, warum dieses Projekt unmöglich erschien, liegt nicht in der schier unfassbaren Größe der Menschheit, sondern vielmehr darin, dass »(d)ie Menschheit als ganzes (…) keine geistige Einheit und daher auch keine einheitliche Entwicklung (hat)«. Troeltsch zufolge war diese Aporie mit der Kategorie der »geschlossenen Kulturkreise« zu lösen: Jeder dieser Kulturkreise hatte seine eigene spezifische Entwicklung und Geschichte. Troeltsch selbst identifiziert verschiedene Kulturkreise: den ägyptischen, hinduistischen, chinesischen, mediterran-europäisch-amerikanischen. Letzterer war einheitlich, aber Troeltsch schloss den Orient explizit aus diesem Kulturkreis aus – aus folgendem Grund: »Den nichteuropäischen Völkern« sei »das Bedürfnis und die Fähigkeit historischer Selbstanschauung und kritischer Kenntnis der Vergangenheit nahezu unbekannt.«

In der Vergangenheit hat es Bemühungen gegeben, Troeltschs Idee weiterzuentwickeln, und besonders in Bezug auf den Nahen Osten hat der große Orientalist Carl Heinrich Becker lobenswerte Anstrengungen unternommen, den Islam von »allen anderen Asiatischen Kulturkreisen« zu erretten, basiert auf seinem Begriff der »Verwandtschaft der kulturellen Grundlagen«. Er definierte drei »Urgewalten«, die der islamischen Zivilisation zugrunde lagen: der antike Orient mit seinen jüdischen, persischen und babylonischen Elementen, die klassische, hauptsächlich hellenistische Antike und schließlich das Christentum. Vor einigen Jahren hatte ich die Möglichkeit, hier in Berlin über Becker zu sprechen, aber an dieser Stelle möchte ich nur sagen, dass seine Auffassung trotz ihrer bezeichnenden Offenheit gegenüber dem Nahen Osten dennoch auf einer grundsätzlich dichotomischen Perspektive und einer reifizierten Interpretation von Kulturkreisen als in sich geschlossenen monolithischen Blöcken basiert. Lediglich die Suche nach Elementen des einen Phänomens im anderen genügt nicht. Geht man so vor, setzt man immer noch zwei voneinander getrennte Entitäten voraus. Dies ist auch der Grund dafür, warum die Mantras der aktuellen politischen Rhetorik vom »Dialog zwischen Islam und Christentum« oder »Dialog der Kulturen« so hohl und kraftlos klingen. Mir gefällt viel besser »Stimmen der Kulturen«, und vielleicht könnten wir bald sogar von »Stimmen der menschlichen Kultur« sprechen.

Im Folgenden werde ich zunächst kurz meine Idee der historischen Vermächtnisse entwickeln und zeigen, wie sie auf den Balkan und das östliche Europa – meine regionalen Schwerpunktgebiete – angewandt werden kann. Danach werde ich versuchen, einige der konkreten Herausforderungen anzusprechen, mit denen etwa Museen heute konfrontiert sind, und inwiefern das Konzept der historischen Vermächtnisse hier hilfreich sein kann.

Wie die meisten anderen Gebilde (etwa Staaten, Regionen, Städte, Dörfer) sind auch Zivilisationen am einfachsten durch den Umriss ihrer Grenzen zu definieren. Tatsächlich waren Grenzen lange Zeit ein bevorzugtes Forschungsobjekt, insbesondere in der Identitätsforschung. Da Identität und Alterität offenkundig in einer symbiotischen Beziehung zueinander stehen, können jene Charakteristika, die am eindeutigsten definiert sind, dann am besten artikuliert werden, wenn sie einander an der Grenze begegnen. Folglich wurde die Alterität eine fundamentale Kategorie sowohl der sozialen Erfahrung als auch der Gesellschaftsanalyse. Es zeigte sich jedoch, dass es problematisch ist, Grenzen als ersten Gesichtspunkt zu wählen, da die excessive Beschäftigung mit Grenzen eine ungesunde Obsession für Unterscheidung, für Alterität und Differenz hervorgebracht hat. Jüngst hat es eine große Verschiebung gegeben – weg von der Grenzforschung und hin zur Kategorie des Raums. Dieser Zugang widmet den Kohäsionsprozessen und Strukturen innerhalb des Gebildes die Aufmerksamkeit, die sie verdienen. Er hat wertvolle Arbeiten hervorgebracht, aber er birgt auch Gefahren in sich, besonders wenn er auf statische und ahistorische Strukturanalysen hinausläuft.

Vor diesem Hintergrund möchte ich den Begriff des historischen Vermächtnisses einführen. Dieser Begriff hat zahlreiche Vorteile gegenüber anderen, eher strukturellen Analysekategorien – wie Grenzen, Raum, Territorialität usw. Durch ihn können die Dynamik und der Fluss historischen Wandels deutlicher zum Ausdruck gebracht werden. Er vermeidet die Verdinglichung der modernen Regionen und scheint daher die geeignetste Kategorie für die Analyse regionaler Entwicklungen in einer Langzeitperspektive zu sein. Meines Erachtens ersetzt er den Begriff des Raums nicht; stattdessen erhält er die wertvollen Aspekte der Raumanalyse, während er gleichzeitig dem Zeitfaktor größere Beachtung schenkt und den Raum historisch genauer spezifiziert.

Jede Region kann als komplexes Ergebnis des Zusammenspiels vieler historischer Perioden, Traditionen und Vermächtnisse verstanden werden. Ich unterscheide zwischen Vermächtnis als Kontinuität und Vermächtnis als Wahrnehmung – und dies aus einem rein erkenntnistheoretischen Grund. Vermächtnis als Kontinuität ist das Überleben, aber auch das allmähliche Verschwinden von Merkmalen eines Gebildes, nachdem es aufgehört hat zu existieren. Vermächtnis als Wahrnehmung bezeichnet die Art und Weise, in der das Gebilde zu verschiedenen Zeiten von unterschiedlichen Individuen oder Gruppen gesehen wird. Dies ist jedoch nicht als eine Gegenüberstellung von »echten« im Unterschied zu »imaginierten« Merkmalen zu verstehen, wie der vielleicht etwas unglückliche Gebrauch der Begriffe »Kontinuität« und »Wahrnehmung« nahelegt. Die Merkmale von Kontinuität sind selbst oft eine Frage der Wahrnehmung, und Wahrnehmungen sind nicht minder eine Frage der Kontinuität realer gesellschaftlicher Tatsachen. Es ist besser, den Unterschied so zu definieren, dass die Kategorien in beiden Fällen gesellschaftliche Tatsachen bezeichnen, diese Tatsachen aber jeweils unterschiedlich weit von der Erfahrung entfernt sind. Im Fall der Wahrnehmung ist das gesellschaftliche Faktum von der unmittelbaren Wirklichkeit noch einmal einen Schritt weiter entfernt, und vielleicht kann man den natürlichen Status im Unterschied zum kulturellen oder textförmigen Status sozialer Interaktion nebeneinander stellen. Ich möchte nun die Kategorie des historischen Vermächtnisses auf das Beispiel Südosteuropas anwenden.

Wenn wir die zahlreichen historischen Vermächtnisse betrachten, von denen Südosteuropa geprägt ist, stellen wir fest, dass einige synchron verliefen oder sich überlappten und andere aufeinander folgten oder komplett voneinander getrennt waren; einige wirkten im selben geographischen Raum, andere bezogen die südosteuropäische Region in jeweils unterschiedliche Makroregionen mit ein. Ein Beispiel der ersten Tendenz wären die byzantinische und die osmanische Epoche und ihre jeweiligen Vermächtnisse. Bis zum 16. Jahrhundert fielen die Einflusssphären des Byzantinischen und des Osmanischen Reichs räumlich beinahe vollständig zusammen – sowohl in Europa als auch in Kleinasien. Nach dem frühen 16. Jahrhundert expandierte das Osmanische Reich in Nordafrika und in anderen Regionen, aber für Südosteuropa fallen die beiden historischen Epochen sowohl räumlich als auch in Bezug auf ihre Vermächtnisse zusammen. Als Beispiel der zweiten Tendenz lassen sich zwei weitere Epochen und Vermächtnisse heranziehen: das Römische Reich, das Südosteuropa in einen Raum mit einschloss, der sich von den britischen Inseln bis zum Kaspischen Meer und nach Mesopotamien erstreckte (weite Teile Nord- und Zentraleuropas jedoch ausschloss) und die Ära und das Vermächtnis des Kommunismus. Hier waren Teile Südosteuropas in einen Raum integriert, der das gesamte östliche Europa über die eurasische Landmasse bis nach Zentralasien umfasste (und in manchen Auffassungen sogar noch China mit einschließt).

Man kann sie auch anhand ihres Einflusses auf die verschiedenen Sphären des gesellschaftlichen Lebens klassifizieren: auf das politische, wirtschaftliche, demographische und kulturelle Vermächtnis etc. Es ließen sich viele aufzählen: das römische, das byzantinische, das osmanische, das kommunistische – um nur einige der wichtigsten politischen Vermächtnisse zu nennen. Im Bereich des Religiösen wären die christliche, die muslimische und die jüdische Tradition mit ihren zahlreichen Sekten und Untergruppierungen hervorzuheben; im Bereich der Kunst und Kultur das vorgriechische und das griechische Vermächtnis sowie jene der zahlreichen ethnischen Gruppen, die auf der Halbinsel siedelten; in gesellschaftlicher und demographischer Hinsicht das Vermächtnis der großen und fortgesetzten Wanderbewegungen, der ethnischen Vielfalt, des Halbnomadentums, des ausgedehnten und egalitär strukturierten landwirtschaftlichen Bereichs, einer späten Urbanisierung bei gleichzeitiger Kontinuität der städtischen Kultur seit der Antike.

Unter den politischen Vermächtnissen, die die südosteuropäische Halbinsel als Ganzes geprägt haben (das griechische Altertum, der Hellenismus, die römische Herrschaft usw.), sind zwei hervorzuheben, die bis zum 19. Jahrhundert von zentraler Bedeutung waren. Das eine ist das byzantinische Jahrtausend mit seinem tief greifenden politischen, institutionellen, rechtlichen, religiösen und allgemein kulturellen Einfluss. Das andere ist das halbe Jahrtausend osmanischer Herrschaft, das der Halbinsel ihren Namen gab. Diese

Zeit war auch die längste Periode politischer Einheit, die die Halbinsel bis dahin erfahren hatte. Nicht nur erhielt ein Teil Südosteuropas im Verlauf dieser Epoche einen neuen Namen, es sind vor allem die osmanischen Elemente – oder jene, die als osmanisch wahrgenommen werden – die das gegenwärtige Balkanstereotyp am stärksten geprägt haben. Man kann also behaupten, dass der Balkan das osmanische Vermächtnis im engeren Wortsinn ist.

Das Vermächtnis als Kontinuität entspricht im Allgemeinen nicht den Besonderheiten der gesamten osmanischen Gesellschaft oder der osmanischen Epoche. Es handelt sich dabei um einen Prozess, der beginnt, nachdem das Osmanische Reich für bestimmte Regionen, die sich selbst zu Nachfolgestaaten formierten, nicht mehr existierte. Es ist eine Anhäufung von Merkmalen, die hauptsächlich aus der historischen Situation des 18. und des 19. Jahrhunderts überliefert wurden. Ich habe versucht, einen systematischen Überblick über das Wirken des osmanischen Vermächtnisses als Kontinuität in der politischen, kulturellen, sozialen und wirtschaftlichen Sphäre zu vermitteln, wo es sich durch einen jeweils unterschiedlichen Grad an Nachhaltigkeit auszeichnete. Mit Ausnahme des demographischen Bereichs und der Alltagskultur vollzog sich der Bruch in praktisch allen Sphären beinahe unmittelbar, nachdem die einzelnen Balkanstaaten ihre politische Unabhängigkeit erlangt hatten. Dieser Prozess war zum Ende des Ersten Weltkriegs abgeschlossen. Danach wurde das Vermächtnis zu einem wahrgenommenen Vermächtnis. Im demographischen Bereich wirkte das osmanische Vermächtnis allerdings noch eine Zeitlang nach und, was entscheidender ist, es hat sich mit dem Einfluss des türkischen Nationalstaats verflochten, in den es allmählich überging.

Das osmanische Vermächtnis als Wahrnehmung ist andererseits der Interaktionsprozess zwischen einer sich stetig weiter entwickelnden und akkumulierenden Vergangenheit und den sich stetig weiter entwickelnden und akkumulierenden Wahrnehmungen von Generationen von Menschen, die ihre Bewertung der Vergangenheit immer wieder neu definieren – kurz: es ist nicht eine Frage der Rekonstruktion, sondern der Konstruktion der Vergangenheit in historiographischen, belletristischen und journalistischen Werken ebenso wie im Alltagsdiskurs. Als einer seiner wichtigsten Pfeiler ist das Vermächtnis als Wahrnehmung fest im Diskurs des Balkannationalismus verankert und zeigt in allen Balkanstaaten auffällige Ähnlichkeiten. Eben weil der Diskurs für die Sicherung der gegenwärtigen sozialen

Ordnung und vor allem für die Legitimierung des Staates zentral ist, wird er zwangsläufig noch eine Zeitlang fortwirken.

Geschichte im Sinne historischer Vermächtnisse zu denken, mit ihrer Gleichzeitigkeit, ihren Überlagerungen und ihren allmählich nachlassenden Auswirkungen, ermöglicht uns, die Komplexität und Plastizität des historischen Prozesses hervorzuheben. Dieses Denken ermöglicht uns im speziellen Fall Südosteuropas, es vor einer kraftraubenden zeitlichen und räumlichen Gettoisierung zu bewahren und in vielgestaltige Vorstellungsrahmen einzubetten. In dieser Betrachtungsweise entsteht Europa als ein komplexes Palimpsest verschieden geformter Gebilde, das nicht nur die Durchlässigkeit innerer Grenzen zeigt, sondern auch die absolute Stabilität äußerer Grenzen in Frage stellt.

Nun würde ich gerne noch der Frage nachgehen, wie wir diese Gedanken vom Bereich des Textuellen in den Bereich der Bilder übertragen können – oder genauer von der Welt der Bücher in die Welt des Museums. Museen sind Orte, zu denen und durch die Kulturen reisen. Sie zeigen Objekte, was im akademischen Jargon mit »Repräsentation von Kultur« übersetzt wird. Klischeehaft ausgedrückt sind sie Orte, an denen unterschiedliche Kulturen zusammentreffen und an denen ihr Dialog befördert wird. Diese letzte Behauptung möchte ich gewissermaßen »enthüllen« und problematisieren.

Lassen Sie mich mit einem Beispiel anfangen, das einerseits offensichtlich und allgemein bekannt ist und andererseits »typologisch« nah genug an Berlin ist, um eine Analogie zuzulassen. Im vergangenen Herbst war ich zu einem Vortrag in London und habe mir an meinem freien Tag noch die gerade eröffnete Moctezuma-Ausstellung im British Museum angesehen. Ich hatte bereits in Mexiko viele Artefakte aus dieser Zeit gesehen, doch es war erstaunlich, wie viele Exponate aus der Sammlung des British Museum selbst kamen. Was mich jedoch am meisten verwunderte, waren nicht die Ausstellungsgegenstände, sondern die Ausstellungsbesucher. Die Hälfte der Besucher waren Mexikaner. Sie gingen im Rahmen ihres Londonbesuchs in die Ausstellung, um »ihre eigene« Kultur zu sehen – und sich vielleicht auch in ihr zu sonnen. Was für Kontakte bewirkte also die Moctezuma-Ausstellung? Der offenkundige und propagierte (und dabei der oberflächlichste und nur teilweise zutreffende) war die Begegnung mit der mexikanischen Kultur im Allgemeinen: Der Ausstellung über das alte Mexiko sollte direkt eine über das moderne folgen. Dies beinhaltet zwei Komponenten. Die eine ist die »Antiquierung« von Identitäten seit der Renaissance und besonders seit der Aufklärung, das Bedürfnis, in der Antike nach Wurzeln, Inspiration und Legitimation zu suchen. Ob der Fokus dabei auf Ägypten, Rom oder Griechenland liegt – beinahe alle europäischen Eliten, insbesondere die nordeuropäischen, deren Staaten territorial nicht (oder nur peripher) in die antike Welt eingebunden waren, nahmen an diesem Prozess teil. Die andere begleitende oder symmetrische Komponente, die aus einer etwas späteren Zeit stammt (der Herausbildung von Nationalstaaten im 19. und 20. Jahrhundert), ist die nationale Aneignung der Antike – die Vorstellung, sie gehöre den Staaten, die sich auf dem Boden der antiken Kulturen gebildet haben. Die enorme zeitliche Distanz wird dabei durch das Beharren auf absoluter Kontinuität überbrückt. Es ist diese zweite Komponente, die es den mexikanischen Besuchern erlaubt, sich mit »ihrer« Kultur zu identifizieren, doch sie wird implizit auch von den Ausstellungsmachern vorausgesetzt. Der amerikanische Anthropologe Michael Harkin nennt dieses Phänomen, den Prozess der künstlichen Konstruktion und Rekonstruktion von Kulturen durch Kuratoren und »Einheimische«, »Ethnomimesis«.

Die gleiche Szene fand ich vor, als ich mich auf den Weg machte, um zu sehen, ob die Anordnung der Parthenon-Skulpturen seit der Eröffnung des Neuen Akropolis-Museums in Athen verändert worden war. Gruppen griechischer Studenten und aufgeregte griechische Pärchen spazierten zwischen den Steinen umher. Aber natürlich ist dieser Fall sehr viel komplizierter als der der Moctezuma-Ausstellung, was sich auch in der Ausstellungsgestaltung niederschlug. Einerseits gab es hier einen Vorraum mit grandiosen virtuellen Rekonstruktionen des Parthenon-Frieses – das Aufeinandertreffen der Vermächtnisse einer untergegangenen Zivilisation und der neusten technischen Revolution. Zudem gab es eine ausführliche schriftliche Erklärung zum Ursprung der Parthenon-Skulpturen, die bei meinem letzten Besuch vor einigen Jahrzehnten noch nicht vorhanden gewesen war. Und es wurde ein Pamphlet an die Besucher ausgegeben, in dem neben der Position des British Museum die andauernde Kontroverse um den Druck der griechischen Regierung, die Skulpturen an ihren Ursprungsort zurückführen zu lassen, dargelegt war.

Ich muss sagen, dass diese Erklärung recht unaufrichtig erschien. Sie besagte, dass Lord Elgin, der britische Botschafter im Osmanischen Reich, die Hälfte der Skulpturen »mit voller Kenntnis und vollem Einverständnis der osmanischen Behörden« entfernt hatte.

45

Der Text enthielt auch ein kaum lesbares Faksimile der handgeschriebenen italienischen Übersetzung des entsprechenden sultanischen Erlasses, ohne eine englische Übersetzung zur Verfügung zu stellen. Diese fehlende Übersetzung hätte klargestellt, dass der Erlass es einer Gruppe von Malern erlaubt hatte, ein Gerüst um den antiken Tempel zu errichten, Gipsabdrücke von den Ornamenten und Skulpturen zu nehmen, die Überreste anderer Gebäude zu vermessen und Fundamente freizulegen, um eventuelle vorhandene Inschriften zu entdecken. Lediglich am Ende dieser langen Liste wurde in allgemein gehaltener Sprache erwähnt, dass einige Steine mit alten Inschriften oder Teile von Statuen entfernt werden dürften, doch vom Abbau ganzer Skulpturen und der Beschädigung von Gebäuden war sicherlich nicht die Rede. Der Vermessungs- und Aufzeichnungsauftrag wurde schnell in eine Demontageaktion umgewandelt. Darüber hinaus wurde der Originalerlass nie gefunden und es bestehen Zweifel, ob er überhaupt je existiert hat. Das Pamphlet präsentierte also eine Halbwahrheit, die nur Spezialisten, die eng mit der Sachlage vertraut sind, erkennen konnten. Die andere Halbwahrheit bestand in der Behauptung, dass ein Parlamentsausschuss 1816 das Vorgehen von Lord Elgin untersucht und für rechtmäßig erklärt hatte. Technisch gesehen stimmt das, denn es eröffnete dem British Museum die Möglichkeit, die Marmorstücke zu kaufen, doch die Rechtmäßigkeit des Verkaufs der Stücke an das British Museum ist bis heute umstritten.

Allein die Tatsache, dass das British Museum es überhaupt für angebracht hielt, eine Erklärung abzugeben, kann als Teil des Vermächtnisses des Postkolonialismus angesehen werden. Die früheren Kolonialmächte müssen sich ihrer Vergangenheit stellen, Erklärungen abgeben und Wiedergutmachung leisten, was in den meisten Fällen in der Form medial stark beachteter politischer Entschuldigungen geschieht, die jedoch keine materiellen Kompensationen nach sich ziehen. Dieses Phänomen ist zu einem der lachhaftesten und heuchlerischsten Rituale der derzeitigen globalen politischen Kultur geworden, aber es veranschaulicht sehr gut das angesprochene Vermächtnis. Die Erklärung selbst dokumentiert ein früheres Vermächtnis, nämlich das des Kolonialismus, und insbesondere den Zeitpunkt, an dem sich eine deutliche Verschiebung in den kolonialen Machtverhältnissen abzeichnete. In der zutreffenden Beschreibung James Cliffords sind Museen nicht mehr Zentren der Sammlung von Weltreichen, sondern eine Verhandlungszone zwischen dem aufstrebenden »Anderen« und dem schwächer werdenden Zentrum. Doch das ist nur die eine Seite der Gleichung. In Wahrheit sind die Dinge weitaus komplizierter.

Folgt aus dem oben Gesagten, dass die Parthenon-Skulpturen zurückgegeben werden müssen? Lassen Sie mich meine persönliche Antwort auf diese Frage vorwegnehmen: Nein, absolut nicht. Jedoch folge ich dabei nicht der Argumentation der Kuratoren des British Museum. In einer weiteren pompösen Formulierung behaupten diese, das British Museum existiere, »um die Geschichte der weltweiten kulturellen Errungenschaften zu erzählen, vom Anbeginn der Menschheitsgeschichte über zwei Millionen Jahre bis hin zum heutigen Tag«. Auch das ist absolut unaufrichtig. In der berechtigten Replik eines griechischen Ministers meint dieser, das British Museum solle in diesem Fall wohl besser in »The World Culture Museum« umbenannt werden. Stattdessen trägt es noch immer stolz den Namen »British Museum«, der die imperiale Vergangenheit und das Vermächtnis des imperialen Geschmacks widerspiegelt. Offensichtlich sind nicht alle Weltkulturen hier vertreten, sondern nur diejenigen, die zu der Zeit, als die Sammlungen entstanden, als wertvoll und wichtig angesehen wurden. Dazu gehören an erster Stelle die Artefakte der »Wiege der westlichen Zivilisation«, von der der Balkan in moralischer, aber weitgehend auch in materieller Hinsicht ausgeschlossen und enteignet worden ist. Das sollte deutlich klargestellt werden. Bei der Aussage, die Skulpturen seien Teil eines allgemeinen Erbes, transzendierten kulturelle Grenzen und legten Zeugnis vom universellen Vermächtnis des antiken Griechenland ab, hat das British Museum jedoch nicht ganz unrecht. Natürlich könnte man diesbezüglich aber auch einwenden, dass sie in Athen sicherlich die gleiche Funktion erfüllen könnten.

Mein Einwand gegen die Rückgabe der Skulpturen hat wenig mit dem wichtigsten praktischen Grund zu tun, nämlich dass Museumskuratoren die Schaffung eines Präzedenzfalls fürchten wie der Teufel das Weihwasser. Dies könnte zu einer empfindlichen Dezimierung der Schätze der größten Sammlungen der Welt in Europa und Nordamerika führen. Mich bewegen eher intellektuelle Überlegungen. Eine Rückgabe der Skulpturen würde den zweiten Trugschluss, den ich oben beschrieben habe, stärken: die Nationalisierung und Territorialisierung der Antike auf dem Boden der späteren Nationalstaaten. So unangenehm Eurozentrismus und imperiale Überheblichkeit auch sind, der Nationalismus ist sicherlich nicht das geeignete Heilmittel. Somit werde ich wohl bei dem Zusammenprall imperialer und nationaler Argumente und Vermächtnisse Agnostikerin bleiben.

All dies kann treffend mit einem pädagogischen und, sehr weit gefasst, humanistischen Ideal in Verbindung gebracht werden. Ich will meine Botschaft nicht noch durch weitere Facetten verkomplizieren, aber zum Ende möchte ich noch kurz die Idee der rhizomatischen Identität einführen, die in den 1980er Jahren von Gilles Deleuze und Félix Guattari entwickelt wurde. Sie bezogen sich dabei auf eine Kategorie, die bis dahin nur von Botanikern angewandt worden war. Letztere unterscheiden zwischen Pflanzen mit Wurzeln (wie etwa Bäume und die meisten Blumen) und solchen mit Rhizomen, das heißt horizontalen Strukturen (wie etwa Bambus, Spargel, Ingwer, Schwertlilien oder Maiglöckchen). Das rhizomatische Modell und rhizomatisches Denken sind also horizontal, nicht-hierarchisch, erstrecken sich über Grenzen, stellen unerwartete Verbindungen her und bauen Netzwerke auf. Das arbolische Modell wird durch eine baumartige Struktur dargestellt – vertikal, hierarchisch und verzweigt, wobei sich die Zweige in immer kleinere Kategorien von abnehmender Bedeutung aufgliedern. Dies zeichnet in vielerlei Hinsicht die Epistemologie aus, die das gesamte westliche Denken prägt. Wo arbolisches Denken linear, hierarchisch, sesshaft, stratifiziert, vertikal und steif ist, ist rhizomatisches Denken mannigfaltig, nichtlinear, nomadisch; es erstreckt sich in unterschiedliche Richtungen und verknüpft sich mit vielen anderen Strängen des Denkens, Handelns und Seins.

Ich glaube nicht, dass wir uns kategorisch zwischen Rose und Iris, Schneeglöckchen und Maiglöckchen oder Weide und Bambus entscheiden müssen. Ein bescheidenerer und konstruktiverer (wenngleich auch schwierigerer und zeitaufwendigerer) Weg bestünde darin, uns an der Idee der multiplen Vermächtnisse zu orientieren, wie ich sie oben theoretisch kurz angerissen habe. Vermächtnisse sind flexibel, mannigfaltig und auf komplizierte Art und Weise ineinander verwoben, aber sie haben auch die Tiefe von Wurzeln. Sie sind zugleich vertikal und horizontal. Dies mithilfe schriftlicher und visueller Techniken phantasievoll umzusetzen, ist eine ganz andere Herausforderung.

Catherine David

Sich der Kunst und Kultur
der anderen Kontinente öffnen

*Catherine David hat die folgenden Notizen von unseren damaligen
Gesprächen noch einmal durchgesehen und als gültig für eine neue
Veröffentlichung erklärt. Sie wollte zunächst unter Umständen einige Ergänzungen vornehmen, hat dies aber letzten Endes ebenso wenig für notwendig gehalten wie wir.*

Sie ist die Leiterin einer documenta, die dieses Unternehmen atlantischer Selbstverständigungen und Selbstverabredungen auf Afrika,
Asien, Süd- und Mittelamerika geöffnet hat. Was hat sie sich dabei
vorgenommen? Und auf welche Probleme ist sie dabei gestoßen? Wie
immer bescheiden die Verwirklichung ausfallen muss, auch sie sollte
vor allem das binäre Denken überwinden: Wir im Zentrum, und die
anderen sind die Peripherie. Aber die paternalistischen, die neokolo-
nialistischen Einstellungen und Vorstellungen materialiter aufzulösen, ist schwieriger, als die Absicht zu fassen. Nur von einem Grund-
konzept der vielen Modernen auf den verschiedenen Hintergründen
der Länder und ihrer Geschichten rund um die Welt her kann der
Versuch begonnen werden. Dabei können ja nicht deren viele, globale
Orte gezeigt werden, sondern nur das Problem, sich ihnen in einer
großen Ausstellung zu nähern. Grundvoraussetzung dafür ist eine
absolute Zeitgenossenschaft, die von den gegenwärtigen Situationen
her die klischeehaften Kategorien von Wir und die Anderen, entsprechend Soziologie und Ethnologie, zerstört. Aus dem heutigen Leben
der Kulturen gilt es, Unterscheidungen zu begreifen: Was ist Kunst,
was Folklore, was Ritual, was Wandbilder im öffentlichen Raum (etwa Mexiko)? Wenn sie sich mit Ägypten beschäftigt, muss sie dort
eine längere Zeit am Leben teilnehmen, die Vorgeschichte der Gegenwart kennen. Sie muss erleben, welche Bedeutung dort moderne
künstlerische Werke und Biographien haben, die in vielen Ländern
öffentlich sehr unbefriedigend präsent sind. Entsprechende Studien
in Ägypten sind Catherine Davids Beitrag zu der Gruppe »Islam und

Moderne« des Wissenschaftskollegs zu Berlin. Als Alain Daniélou in den 60er Jahren sein Berliner Institut auf die Authentizität der musikalischen Traditionen der Welt jenseits Europas ausrichtete, warnte er vor wohlgemeinten, unreflektierten Hybridisationen, wie sie im Zusammenspiel von Ravi Shankar mit seiner Sitar und den Beatles oder Jehudi Menuhin Furore machten. Während die Wogen der »world music« ihm immer deutlicher recht zu geben scheinen, ist Catherine David, im Einverständnis mit manchen anderen, zu einer neuen Fragestellung übergegangen. Vielleicht kann man sie so zusammenfassen: Welche Niveaus, Aspekte, Erscheinungsformen bringen die gegenwärtigen Lebensformen der Vermischungen, Verschiebungen, Umdeutungen hervor? Im Schaffen eines Oiticica in Brasilien, das sich auch auf Angola bezieht, aber auch den Nationalheros Pele feiert? Welchen Ausdruck findet die Existenz von Franzosen afrikanischen, magrebinischen, antillischen Ursprungs? Catherine David wirft das Problem von »grauen Zonen« auf. Mehr noch als die an sich bekannte Vielfalt der Kulturen werden diese unter der »Totalisierung« der Welt erstickt. Dagegen Aufmerksamkeit zu begründen und zu wecken, ist umso schwieriger, als der politische Raum eine Leere darstellt. Politik fragt nicht einmal nach den Bedingungen der gegenwärtigen Lebensumstände und beschäftigt sich noch weniger mit Konzeptionen, die sinnvoll und in eine Zukunft führend auf sie antworten könnten. Das macht jede Beschäftigung mit ihnen so schwierig – und umso notwendiger.

In dieser Situation muss unsere Beziehung zu den Gegenständen, die wir ausstellen, erforschen, hervorheben, befragen, radikal über alle historischen Einordnungen hinausgehen: »Ein Objekt erfindet sich und erfindet sich immer neu im Heute – es gibt keine anderen Traditionen. Das bedeutet es, vom »objet anthropologique« zu sprechen; das ist »das ästhetische Privileg«. Die soziologischen Dimensionen soll man kennen und vermeiden: Man muss sich weigern, mit Kunstwerken soziale Probleme zu illustrieren. Zeitgenössische Afrikaner, andere Kulturen überhaupt geraten in der europäischen Moderne in ganz falsche Bedingungen: Es bedarf besonderer Anstrengungen unsererseits, damit wir nicht, selbst unbewusst und unabsichtlich, jede Begegnung im Grunde dadurch verhindern, dass wir das Andere in unreflektierten Vergleichen mit uns vorab klassifizieren. Ein Unternehmen wie das Humboldt Forum muss dieser Gefahr vorbeugen durch seine Arbeitsweise. Es darf nicht mit einem Gebäude, nicht einmal mit dem Schlossplatz als solchem identifiziert werden. Das war und bleibt der Fehler des Centre Pompidou, Beaubourg. Solch ein Ort muss, für die Experten wie das breiteste Publikum, als ein Kreislauf von Vorstellungen und Bildern gegenwärtig sein, nicht als ein weiterer Ausstellungsort, ein Ding. Er muss ebenso in seinen großartigen, unverwechselbaren Sammlungen, Museen bis in die Belebungen der U-Bahngänge zum Bewusstsein kommen. Die Gestaltung sollte zwischen Architekten verschiedenster Herkunft und denen, die ihre Formen der Bespielung erproben, über einen langen Zeitraum zu immer neuen Modellen entwickelt werden. Dazu sollten dann alle Stimmen, jedes Echo aufgenommen werden. Die Ausstellungen und Veranstaltungen sollten in einem Wechsel einander folgen, aber nicht beliebig, sondern in einem Kreislauf, der die jeweilige Auswahl, die Verbindungen und Zusammenhänge offensichtlich macht, mit einem stark bestimmenden »auditorium un peu comme au Louvre«, in Räumen, die auf die Zukunft hinweisen, als Dialog ausgewiesener Kompetenzen zwischen den Museumsleuten und allen möglichen anderen Wissens- und Fragezugängen, wie das etwa Derrida und Mme. Viate für die »Exposition sur les aveugles« getan haben. So können »pôles d'exellence« entstehen.

Dabei sollten sich die besonderen Geschichten und Charaktere einzelner Sammlungen fortsetzen, z. B. die Durchlässigkeit der ägyptischen Abteilung in Berlin oder die anregenden Nachbarschaften sehr unterschiedlicher Objekte in der indischen Abteilung.

Die konventionelle Trennung zwischen Erscheinungsbild und Funktion, also zwischen »schön und nützlich«, ist noch keineswegs überwunden. Das kann auch nur erreicht werden auf dem Hintergrund der gemeinsamen zivilisatorischen Zusammenhänge. Von daher geht es um die Annäherungen an wesentliche Bedeutungen, die einen Gegenstand – ob »Kunst«, »Handwerk«, »Ritual« usw. – tragen und die er, seinerseits, zur Wirkung zu bringen hat. Aus Gründen der Bewahrung werden sich die dafür sicher störenden Ausstellungstechniken – Vitrinen usw. – kaum vermeiden lassen, so dass die erforderlichen Kontexte auf andere Weisen präsent gemacht werden müssen: Beziehungen zwischen den ausgewählten Objekten schaffen.

Die wesentlichen Kontexte, ebenso wie eindrucksvolle Fragen der eigenen Gegenwart zu diesen Kontexten, können nur von Arbeitsgruppen von Museumsleuten und Ethnologen, Anthropologen, Philosophen und jeweils auch ganz anderen Kennern bestimmter Gebiete erarbeitet werden. Das bedeutet notwendig flexible Formen der Zusammenarbeit mit allen möglichen Einrichtungen und Einzelnen, die das Forum aus Berlin und der Welt immer neu zusammenholt, denen es aber auch praktisch-technisch Arbeitsbedingungen schaffen muss. Solche Kontexte sind für versunkene, vergessene Traditionen, bei uns wie bei anderen, oder z. B. durch die Kolonialherrschaft beschlagnahmte (confisquées) Kulturen viel schwieriger zu vergegenwärtigen als für zeitgenössische Lebenswelten wie z. B. die Kanomble-Ma-cumba Brasiliens, in denen z. T., wenn auch natürlich verwandelt, fortlebt, was Afrika und seine Yeruba usw. verloren haben. Das bedeutet, nicht von rekonstruierten »reinen Traditionen« einer Vergangenheit auszugehen, um deren historische Verwandlungen zu analysieren oder zu bewerten. Vielmehr muss man Bedeutung und Niveau heutiger Formen zu ihren traditionellen Quellen zurückverfolgen und andererseits in ihren gegenwärtigen Bedingungen und Wirkungen untersuchen: Jede Tradition erfindet sich immer neu; indem sie auf andere Fragen ihrer Gesellschaft antwortet, differenzieren sich technische Disziplin und kultureller Horizont, auch wenn z. B. beim Flamenco eine anthropologische Grundstimmung, ein Motiv der Kultur deutlich bleibt – wo nicht Kommerzialisierung Technik und Motiv verdirbt. Authentizität ist eben mehr in den kulturellen Funktionen der Gegenwart als im Vergleich zu einer absolut gesetzten vergangenen Form zu suchen. Für derartige Unterschiede sensibel zu machen und die Aufmerksamkeit eines breiten Publikums zu wecken, muss sich ein Humboldt Forum auch zur Aufgabe machen. Dabei können Musik, Tanz, Malerei, Skulptur, Alltagskünste einander wechselseitig beleuchten, so dass der gesamte Ort Korrespondenzen und Synergien zwischen Ausstellungen und Aufführungen, also zwischen Ausstellungsräumen und Bühnen, zwischen innen und außen, ständigen Sälen und vorübergehenden Spielflächen nicht nur ermöglichen, sondern geradezu nahelegen muss. Damit werden implizit Formen der Kommunikation mit dem Publikum, nicht nur zwischen den Künsten und Wissenschaften, in Gang gebracht. Das Tribunal des ästhetischen Urteils verwandelt sich in die Bühne der aneignenden wie befragenden Erfahrung. Szenografie in ihrer vollen Bedeutung. Explizit wird an Verbindungen der Beteiligten, innerhalb des Gastlandes und zwischen Kulturen, gearbeitet. Außenkulturpolitik für die differenzierten Ansprüche aller Seiten angesichts der Probleme einseitiger Globalisierung, »world music«, bloßer Universalisierung der modernen Kunst usw. Catherine David weist nachdrücklich darauf hin, dass wir nicht hinter Einsichten und Methoden des Surrealismus zurückfallen dürfen, der etwa bei Michel Leiris eine – auf seine Weise vorbildliche – ästhetische Wahrnehmung mit einer Politik der geistigen Befreiung verbunden hat.

Überleitung zwischen den Texten von
Catherine David und Wim Wenders

Auf diese unsere Situation gegenüber den anderen Völkern hat Wim Wenders dann mit dem »dritten Ort« die radikalste Antwort gegeben. Die Absurdität, uns im Zentrum zu sehen und die anderen als Peripherie, kann nur aus einer grundlegenden Wechselseitigkeit aufgelöst werden. Offensichtlich wartet der Westen noch immer, um dies wirklich zu begreifen, so lange, bis es durch die Machtverhältnisse faktisch geschieht. Im Kulturellen haben wir aber gerade die große Möglichkeit, uns den Anderen von uns her, von innen zu öffnen. Begegnung zu suchen, wo sie in die gemeinsame Zukunft führen kann, wie dies ja in wenigen glücklichen Augenblicken und einigen Abenteuern des Geistes immer wieder auch schon wahr geworden ist, seit Jahrhunderten und Jahrtausenden, wenn auch ohne den Horizont einer Zukunft wirklich der ganzen Menschheit. Freilich zögern wir auch heute noch, uns vorzustellen, was das Denken in Flüssen und Vermächtnissen bedeutet, wenn es über die Regionen, von denen Maria Todorowa spricht, denn wirklich hinausgehen soll. Auch Wenders denkt ausdrücklich nur für eine noch überschaubarere Weltgegend. Gerade weil er aber doch grundsätzlicher zu verstehen ist, sind wir dankbar, seine früheren Gedanken, wie er sie im Gespräch mit Ottmar Ette, Volker Hassemer und Rudolf zur Lippe zum Ausdruck gebracht hat, hier aufnehmen zu können, obwohl er sie dann doch nicht mehr rechtzeitig hat weiterführen können.

Wim Wenders

Zusammenarbeit von allen Seiten als gemeinsamer »dritter Ort«

Das Humboldt Forum soll ein Ort weltweiter Unterschiedlichkeit und Gemeinsamkeit sein, ein Ort des Interesses für einander, des Lernens über einander und von einander. Immer auch des Lernens über uns selbst. Ein Ort für vielfältige, unterschiedliche Geschichten und Erfahrungen, Überzeugungen, Kulturen. Mit der Herausforderung, die Zukunft für eine gemeinsame Welt anzugehen.

Ein solch aktuelles Forum hat die Aufgabe, auf dieser Grundlage gemeinsam mit Akteuren dieser Gesellschaften und Kulturen an der Vermehrung des Wissens über einander, des Verständnisses für einander zu arbeiten, an Dimensionen einer Zukunft, die gegenseitige Missverständnisse, Selbstmissverständnisse, Unverständnisse und Konfrontationen immer weniger zulassen darf.

Dies ist also ein inhaltlicher, ein programmatischer Auftrag. Was da geschieht, wie da gehandelt wird, muss von diesem programmatischen Auftrag abgeleitet werden und immer wieder auf ihn zurückführen, wie jeweils ein solches Forum sich in musealen, musikalischen, theatralischen, bildnerischen, verbalen Formen künstlerisch, intellektuell und auch technisch realisiert.

Das Humboldt Forum ist deshalb kein Museum, es ist ein Weltforum der Kultur. Es ist der »dritte Ort«, von dem aus die Orte, die Gesellschaften und Kulturen der Welt betrachtet werden können. Europa, dann der Westen haben bisher immer alle anderen als Peripherie gesehen, und zwar selbstverständlich, ja, unbewusst, in deren Weltgegenden. Wir müssen gemeinsam den dritten Ort schaffen, an dem wir alle von allen geschichtlichen Orten her erleben und denken. Ganz bewusst von uns ausgehend, aber zugleich von den Anderen her, so dass daraus sowohl die Kritik an der eigenen Sicht als auch ein Blick auf die Beziehungen zwischen den Seiten erfahren werden kann. Auf diese Weise entsteht ein Interaktionsort, und der gehört der Welt und wird für die multilateralen Fragen einer Kulturpolitik der Kontinente und Länder gebraucht. So ist etwa die Bedeutung, die

Brisanz der aktuellen Präsenz Chinas in Afrika weder in Afrika noch in China objektiv genug zu verhandeln. An Verhandlungen an einem »dritten Ort« könnte auch das Interesse der Afrikaner und der Chinesen selbst gegeben sein.

Ein zweites Beispiel: Die Verbindung der arabischen Welt mit Mexiko (arabische Mode dort) oder mittelamerikanischer Musik in New York. Solches ist zu analysieren und zu verhandeln, und zwar so, dass alle sich bewusst werden, in einem in die Zukunft gerichteten gemeinsamen Interesse mit einander zu handeln. Dafür müssen alle ebenso daran arbeiten, für einander glaubhaft zu werden. Mit den Aufgaben, die man angeht, muss auch das Vertrauen aufgebaut werden, aus dem allein ein wirklich gemeinsames Handeln, ja, schon ein solches Gespräch erwächst. Also wird man den Stimmen der anderen zuhören, die Ausdrucksformen ihrer Kultur auch von ihnen her wahrnehmen. Sollen dies »authentische« Stimmen und Wahrnehmungen sein, können sie nicht aus einem europäischen (oder gar deutschen Blick) heraus genommen werden. Für all dies muss die Verantwortung in demselben Maße international getragen werden. Dies muss in einem immer klareren Bewusstsein geschehen, dass wir uns selbst in diesem Prozess zu wirklichen Begegnungen teilweise auch erst fähig machen müssen. Deutschland und Berlin wollen ein Humboldt Forum organisieren. Sie dürfen es aber, wenn es seinem Grundauftrag gerecht werden soll, nicht aus eigener Macht bespielen. Es muss dann zugleich »Humboldt Foren in der Welt« geben. Dort sollte in einem gemeinsamen Geiste und mit vergleichbaren Methoden zu konkreten Themen und konkreten Anlässen gearbeitet werden. Eine Arbeit im Humboldt'schen Geiste zwischen den Ländern und Kulturen sollte über eine örtliche Wirkung hinaus für eine Methode stehen und einstehen, die Verhältnisse der Kulturen zu einander in einer nachbarschaftlichen Welt zu verhandeln und zu behandeln. So könnten ihre Vertreter jenseits üblicherweise binationaler Strukturen aktiviert werden; etwa arabische Fellows an einem Humboldt Forum in Mexiko, chinesische Fellows in London oder Nairobi berichten.

Auch das braucht einen »Talente-Campus«. Er muss Ideen entwickeln, Wege ebnen, um junge Menschen mit dieser Arbeitsweise zu konfrontieren. Wege auch, sie in diese Arbeit einzubinden. Wege, um jeweils zu einem Arbeitsanlass eine Zahl ausgewählter junger Menschen aus aller Welt tätig werden zu lassen. So hat z. B. der »Talente-Campus« der Berlinale die Verbindung aktiver Junger zu diesem Filmfestival hergestellt. So entstehen Orte des Übersetzens. Auf der einen Seite wird Achtung gewonnen vor der originalen Sprache und Darbietung, der man begegnet, auf der anderen Seite lernt man, sich verständlich zu machen aus seiner Sprache heraus für Andere. Nur so können die Voraussetzungen geschaffen werden für wirkliche Mitteilungen zwischen den Sprechenden und ihren Adressaten. Überzusetzen heißt in Wirklichkeit, übersetzen von der eigenen Position, dem eigenen Verständnis und Hintergrund her auf die Seite des Anderen. Die Orte, die wir entwerfen, dürfen Orte harter Auseinandersetzungen sein. Die Abstände unterschiedlicher Positionen wird man nicht verdecken. Man wird den Mut und die Wege finden müssen, um sie auszuhalten, damit Schritte aus der Konfrontation heraus möglich sind. Damit die Dimension des Fraktalen erreicht werden kann: das Gesamte in den einzelnen Splittern zu suchen.

Mit diesen hohen Anforderungen wird eine bisher nicht erreichte Qualität möglich. Aus ihr müssen dort Dinge getan, Methoden angewandt und entwickelt werden, die man vor wenigen Jahren noch nicht für möglich hielt und die auch heute noch nur wenig begriffen sind. Die Aufgabe ist unausweichlich, dafür »wirkmächtige« Akteure von ihrem bisherigen Gebiet auf dieses völlig neue Terrain mit dem Versprechen der außergewöhnlichen Chance zu locken.

Dafür muss man auf allen Seiten im Innern höchst flexibel sein. Eine »Drehbühne«, auf der Unterschiedliches jeweils in den Vordergrund gestellt werden kann. Ein Mobile, bei dem die Hierarchien, die Platzhalter nicht von vornherein schon vorbestimmt sind. So müssen Sammlungen im Innern vollständig durchsichtig und für andere Voraussetzungen auch wieder programmgemäß aufteilbar sein. So wie ein Haus völlig ausgeräumt wird für die nächste Ausstellung, so muss das Humboldt Forum vollkommen ausgeräumt werden können für die nächste Programmarbeit. Ein Filmregisseur ist für die Aussage, die Spannung, die Vollendetheit seines Films in der Lage, alle Schauspieler, die Umgebung, die Musik, die Requisiten in vollkommener Entsprechung einzusetzen.

Das Humboldt Forum kann sich auf die fabelhaften Sammlungen der Dahlemer Museen stützen. Es ist jedoch kein Museum. Wie die Ausstellungsstücke, so stehen die Arbeitsformen der Musik, des Theaters, des Argumentenaustausches, vor allem auch der wissenschaftlichen Arbeit zu Gebote. Das Humboldt'sche Prinzip des »transdisziplinären« Arbeitens muss das Erkennungsmerkmal werden, querfeldein gehen. Die Arbeit beginnt mit der außergewöhnlichen Aufgabe. Die einzelnen Disziplinen stehen zur Realisierung dieser

Arbeit zur Verfügung, sie bestimmen diese jedoch nicht umgekehrt. Mobile Arbeitsformen sind erforderlich, unterschiedliche Wissenschaftlerinnen und Wissenschaftler in unterschiedlichen Konstellationen. Die ganz eigene, neue Qualität der Aufgabe verlangt, dass Wissenschaft die Arbeit nicht nur begleitet. Die Begegnungen müssen selbst wissenschaftlich produktiv werden und in die öffentliche Wirkung einbezogen werden. Deren Texte und Thesen könnten im Netz, vielleicht aber auch für das jeweilige Publikum in Leuchtschriften aufgezeigt werden.

Dafür gibt es Organisationsbeispiele, etwa die Regionalwissenschaften gerade Berlins sind international anerkannt. Eben auch ein Humboldt Forum muss sich solcher Kompetenz bedienen. Zugleich müssen solche Kompetenzen aber auch die internationalen Partnerschaften erschließen. Dies ist ein Beispiel dafür, dass sich das Stützen auf Kooperationspartner gerade nicht als eine Beschränkung auf die erweiterten Ortsansässigen verstehen darf. Sie muss vielmehr Kompetenzen zur Einbeziehung der Weltkompetenz vermitteln.

Das so skizzierte Zusammenspiel wird nicht auf Anhieb und nach Masterplan funktionieren. Vielmehr muss so etwas in vorbereitenden Prozessen durch eine Reihe von modellhaften Projekten aus unterschiedlichen Kompetenzen und mit unterschiedlichen Themen und Fragen erprobt werden. Die Themen und Fragen müssen auch die Anteilnahme einer ganz breiten Öffentlichkeit – mit vermutlich ganz unterschiedlichen Interessen – ermöglichen. Erfahrungen dieser Art in der ganzen Welt sind dafür zu sichten und neue Wege für neue Einstellungen zu finden. Dem Dialog mit der Welt muss ein Dialog im eigenen Lande, in der eigenen Stadt entsprechen.

Ranjit Hoskoté

Anmerkungen zu der Möglichkeit eines transformativen Zuhörens

1.

Im Unterschied zum Sehen, das unsere Epoche der Touchscreens, der computergenerierten sozialen Netzwerke, VR-Spiele und sich unendlich ausbreitenden Fernsehprogramme dominiert, wird der Hörsinn extrem unterbewertet. Daher schätzen wir nur noch selten die Komplexität der Stimme, obwohl sie ein magisches und ausdrucksstarkes Medium ist, das uns mit sinnlicher, wenn auch flüchtiger Unmittelbarkeit anspricht und auf unsere Intuition einwirkt, und obwohl – oder vielleicht weil – die Stimme auch eine klassische Trope für die Mehrdeutigkeiten der Suche nach Wissen und Perfektion darstellt.

In den narrativen Epen und schriftlichen Traditionen der Welt verkörpert die Stimme auf ihre kraftvoll entkörperte Weise den Weg zu verlorenem Wissen, versteckten Schätzen und unentdeckten Gefahren; sie dient auch als Aufforderung, sich einem übergeordneten Schicksal zu fügen, dazu, das Ich zu überwinden. Ich denke an die Stimme des unsichtbaren Yaksha oder Seelenführers, der im Mahabharata den Prinzen Yudhishthira durch ein Labyrinth ethischer Fragen führt – bei jeder Wendung lauert die Möglichkeit des Irrtums und der Niederlage. Ich denke ebenso an die Gesänge der Sirenen der Odyssee, die mit Liebe locken und die Gewissheit der Zerstörung verschleiern. Dabei muss das Ich mit seinen eigenen schwächeren Impulsen kämpfen. Denken wir auch daran, dass der heilige Koran seinen Zuhörern als eine Abfolge von elegant geformten Rezitationen begegnet: Allah, der eine Gott, trägt sie dem Engel Jibreel vor, der sie an den Propheten weitergibt, der wiederum zum Boten wird, al-Rasul, mit dem die Leser kommunizieren und im Akt der Kommunikation eine Gemeinde von Zuhörern bilden. Und im Zentrum der jüdischen und christlichen Traditionen gibt es die Stimme des brennenden Buschs, von der die wichtigsten Glaubensgebote ausgehen; die Stimme, die den Propheten zu seinem Versteck führt; die Stimme, die den vorübergehend blinden Mann herausfordert und anspornt und ihn auf eine Reise führt, die er nie geplant hat.

In all diesen Fällen vermittelt die Stimme nie eine einfache Verfügung oder ein klares Versprechen. Sie ist plötzlich da, ohne Vorwarnung; sie sprengt die Texturen der Erfahrung des Hörers, statt sie zu glätten; sie verlangt, dass der Hörer sich mit seinem ganzen Körper mit der Bedeutung auseinandersetzt und dabei seine Existenz aufs Spiel setzt. Sich einer solchen Stimme zuzuwenden, der Stimme des Anderen, des zuweilen erhabenen und furchteinflößenden Anderen, sprengt das zuhörende Ich und setzt es wieder neu zusammen. Die Einsicht, die eine solche Stimme bietet, ist eine indirekte, ihr Ton ist zart und verletzlich, auch wenn die eigene Unfehlbarkeit verkündet wird. Während sie eine Verkündigung artikuliert, kann eine solche Stimme danach rufen, geprüft zu werden und sich in der Praxis zu bewähren.

Ich muss mich für den etwas theologischen Charakter meiner Einleitung entschuldigen, doch ich habe einen bestimmten Grund, meinen Vortrag mit diesen kurzen Gedanken zur Stimme zu beginnen. Denn sie erlauben mir, die Andeutung von chorischer Schönheit und Ordnung anzusprechen und zu verkomplizieren, die Andeutung einer aus unähnlichen Elementen bestehenden Symphonie, die der Titel der heutigen Diskussion *Stimmen der Kulturen* im Humboldt Forum nahezulegen scheint, sowie die Vorstellung eines Gastes als Katalysator, Ermöglicher und Einberufer, dessen Namen längst mit dem des Ortes, an dem wir versammelt sind, dem Haus der Kulturen der Welt, verbunden wird.

Wir wissen, dass den Stimmen der Kulturen der Welt zuzuhören – in Museen, Galerien, Diskussionsplattformen und Auditorien – unser Wissen um die vielfältigen Milieus, politischen Kontexte, spirituellen Sichtweisen und topografischen Unterschiedlichkeiten dieser Welt erweitern kann. Dadurch können unsere ästhetischen Genüsse in Hinblick auf die weltweiten Errungenschaften in Musik, Literatur, Tanz, Theater, materieller Kultur, in den bildenden Künsten und im Kino gesteigert werden. Ohne dass wir kosmopolitisch sein oder uns eingehend damit beschäftigt haben müssen, kann dies vielen von uns sogar ein gewisses Maß an kosmopolitischer Behaglichkeit und genüsslicher Empfänglichkeit in Anbetracht der immensen Vielfalt der Welt bieten. Und es kann uns, als begeisterte Gastgeber fremder, unvorhersehbarer und zuweilen unfügsamer Gäste, beträchtliche emotionale Erfüllung verleihen. Und doch bleibt dieses Zuhören der

Weltkulturen an eine Weltsicht gefesselt, deren zugrunde liegende Annahmen sie extrem beschränken. Im Mittelpunkt dieser Weltsicht steht die Vorstellung eines souverän erlebenden Subjekts (letztlich des ›euro-amerikanischen‹ Ichs), das die Produktionen des Anderen von einem sicheren und zentralen Ort aus (d. h. vom ›Westen‹ oder ›Norden‹) konsumiert – sicher und zentral in Bezug zur restlichen Welt, die merkwürdigerweise der ›Nicht-Westen‹ oder, etwas genauer, der ›globale Süden‹ genannt wird. Daher ist diese Weltsicht im Wesentlichen eine anthropologische, d. h., sie betrachtet das Andere als Gegenstand des Interesses und der Befragung und beschäftigt sich damit, die symbolischen Diskurse anderer Kulturen innerhalb der sozialen Systeme, die ihnen ihre wahre Bedeutung verleihen, einzubetten. In jedem Fall erlaubt es diese Weltsicht, fremde Kulturen als andere Universen zu betrachten, von denen wir Signale empfangen und sie dann genießen, Signale, die uns jedoch nicht unbedingt berühren oder unseren eigenen Zugang zur Welt, unsere eigene Persönlichkeit, verändern.

Es sei angemerkt, dass ich ›wir‹ und nicht ›sie‹ sage, wenn ich vom Westen und seinen diskursiven, repräsentationsbezogenen und indexikalischen Praktiken spreche. Wenn Europa zutiefst mit den arabischen, afrikanischen, persischen, türkischen, chinesischen und indischen Lebenswelten verbunden ist, wie Ilija Trojanow und ich dies in unserem Buch *Kampfabsage* von 2007 behauptet und demonstriert haben, dann sind die Bewegungsabläufe dieser Lebenswelten mit den europäischen und amerikanischen verflochten. Hier ein Beispiel: In Anbetracht der relativ jungen und doch prägenden Geschichte der kolonialen Expansion sowie der weitaus längeren Geschichte der kulturellen Verbindungen zu Griechenland, Rom und dem römischen Orient kann Indien nicht ohne Bezug zum Westen, zu dem es in einer sowohl feindlichen als auch genetischen Beziehung gestanden hat, vorgestellt werden – oder sich selbst vorstellen. Mit den Worten des im späten 19. Jahrhundert tätigen, philippinischen Romanautors und Nationalhelden Jose Rizal – den Benedict Anderson im Titel seiner 1998 erschienenen Studie zu den nationalistischen Vorstellungswelten in südostasiatischen Gesellschaften bekannt machte – arbeitet die postkoloniale Subjektivität unter dem Zeichen des ›Gespensts der Vergleiche‹, *el demonio de las comparaciones*.

Rizal schrieb, dass er nicht über die Themen und Fragen Manilas nachdenken konnte, ohne gleichzeitig an diejenigen zu denken, die Paris oder Heidelberg begeisterten oder irritierten und umgekehrt.

Für viele von uns in den vormals kolonisierten Regionen der Welt bildet ein solch komplexes und bewegtes Bewusstsein die Grundlage der Normalität.

Mit Blick auf diese Rizal'sche Einsicht sage ich Ihnen, dass der Akt, den Stimmen anderer Kulturen Aufmerksamkeit zu schenken, ein Akt voller disruptiver oder (um es optimistischer auszudrücken) transformativer Möglichkeiten ist, ein Akt, der Mut und Kraft erfordert. Mit einer gewissen Intensität ausgeführt, kann er uns weit jenseits der Sphären kulturellen Konsums und eines ›Kosmopolitismus light‹ führen. Indem wir aufgefordert werden, die Krisen und Notlagen, die die kreativen Ausdrucksweisen ferner Kulturen beeinflussen und formen, zu thematisieren; indem gezeigt wird, wie die Geschichten dieser fernen Gesellschaften tatsächlich eng mit unserer eigenen Gesellschaft verbunden sind, kann der Akt, den Stimmen anderer Kulturen zuzuhören, eine radikale Veränderung unsererseits einfordern. Er kann dazu führen, dass wir unsere eigenen Annahmen eines unhintergehbaren und wohl verstandenen Selbst in Frage stellen; dass wir unsere Verantwortung und unsere Empfänglichkeit als Gastgeber des Anderen in Augenschein nehmen und dass wir darüber nachdenken, wie wir das Einbahnstraßen-Syndrom, von dem ein Großteil des kulturellen Austauschs befallen ist, überwinden und durch eine sich entwickelnde Gegenseitigkeit ersetzen können, in der das Selbst und das Andere, die betrachtende und die betrachtete Subjektivität, die Rollen tauschen können, mit dem Ziel, ein Verständnis zwischen den Kulturen herzustellen, das wahrhaftig lebendig und produktiv ist und eine wesentliche Rolle bei der Verwirklichung der utopischen Hoffnung einer miteinander geteilten globalen Zukunft spielen kann.

2.

In der Arena der Praxis finden alle großen Ideen ihr Grab. Also bete ich, dass es dem Vorschlag eines transformativen Zuhörens, den ich eben umrissen habe, *nicht* so ergeht. Hier in Berlin, mit der Initiative Humboldt Forum, hat die Welt die historische Chance, das Potential des interkulturellen Dialogs auszuschöpfen. Ich schaue mit so viel Hoffnung auf diese Phönix-Stadt, als jemand, der ihre Zeiten der Unruhe und Momente der Selbstbefragung lieben gelernt hat, ihre gespenstischen Geschichten und ihre Fähigkeit, die Vergangenheit von

Gewalt und Leid zu überwinden – mit Vorschlägen der Selbsterneuerung, die sie nicht nur mit einer Region oder einem Kontinent verbinden, sondern auch mit dem weitergehenden Schicksal der Welt. Die Verwirklichung eines solchen transformativen Zuhörens als Form einer produktiven Kommunikation zwischen den Kulturen, die in naher Zukunft in Berlin stattfinden könnte, verlangt mindestens drei große Verschiebungen.

Die erste Verschiebung, die ich befürworten würde, hat mit einer Bewegung weg von der lange Zeit gehaltenen Position eines souveränen, euro-amerikanischen Subjekts und seiner Ersetzung durch ein partizipatorisches und kooperierendes Subjekt zu tun. Es kann nicht länger eine privilegierte Position geben, von der aus man den Stimmen der Kulturen zuhört: Der Gastgeber kann nicht mehr nur ein Einberufer und Genießer sein, jemand, der die Spielregeln festlegt. Es ist wichtig zu akzeptieren, dass es diese herrschende Sicht der Rolle des Gastgebers war, inspiriert durch den Willen zum enzyklopädischen Wissen, die Europas Willen zur Macht seit dem 17. Jahrhundert stützte und aufrechterhielt.

Es ist wichtig, die Idee aufzugeben, dass jemand die Welt besitzen und kontrollieren kann, nur weil er die Mittel hat, sie mit Landkarten und Messungen zu erfassen, eine Idee, deren Kern in den langen, bahnbrechenden Projekten der Erforschung und Taxonomie des Alexander von Humboldt liegt.

Der Besitz von Chronometrie, Telemetrie, Geschwindigkeit, den Konventionen der Breiten- und Längengrade und den fast telepathischen Kommunikationsweisen löst nicht das Problem der kulturellen Andersartigkeit. Er ermöglicht es, diese Andersartigkeit in der einen oder anderen Version der Wunderkammer zu erfassen, in ihrer primitiven Form als Kuriositätenkabinett, dem man heute eher im Gewand einer ethnografischen Analyse begegnet. Doch ob als Kompendium von Artefakten oder erläuternde Anthologie – es bleibt ein Prokrustesbett. Ich werde nicht den Zusammenhang zwischen ideologischen Konstruktionen von Andersartigkeit innerhalb von Wissenssystemen und der materiellen Unterwerfung des Anderen durch politische Systeme bemühen – dieser Zusammenhang ist hervorragend von Edward Said, Homi K. Bhabha, Gayatri Spivak und anderen Kritikern des Orientalismus und Kolonialismus attestiert worden –, doch ich bringe den Gedanken ins Spiel, dass das Subjekt sich nicht dem Anderen und seinen Äußerungen hingeben kann, ohne zuvor seine Komplizenschaft mit der Krise des Anderen einzugestehen. Lasst das Gespenst der Vergleiche im ›Westen‹, so wie dies auch im ›Nicht-Westen‹ geschieht, eine Instabilität der Identität hervorrufen, eine Suche nach versiegten Zusammenflüssen im tiefen Archiv des kulturellen Selbst.

Die zweite Verschiebung würde dementsprechend die Aufgabe der Prämisse, dass der ›Westen‹ und der ›Norden‹ die einzigen wahren Orte sind, von denen aus die Welt dargestellt werden kann, nach sich ziehen. Das moderne Zeitgenössische wird nicht mehr in den Metropolen Europas und Amerikas entworfen. Seine breit gefächerten Ausgangspunkte liegen stattdessen in den multiplen regionalen Modernismen von Lagos und Kairo, Bangalore und Chiang Mai, Mexiko-Stadt und Buenos Aires, Vilnius und Ljubljana, sowie in den Zonen der Unschlüssigkeit und Turbulenzen innerhalb des, wie es richtig heißt, ehemaligen ›Westens‹. Jedes dieser lebhaften Theater des Jetzt thematisiert seine eigenen Dilemmata, erkennt jedoch, dass es durch die Verstrickung in internationalen Umständen beeinflusst ist. Im Verkehr der Zeichen zwischen diesen multiplen Zentren kultureller Produktion und politischer Auseinandersetzung wird das globale Zeitgenössische transversal koproduziert, statt wie zuvor vertikal aufoktroyiert.

Folglich kann im Westen und anderswo die kulturelle Individualität nicht länger die einfache und axiomatische Tatsache sein, die sie einst war. Ausgehend davon, dass die Welt zunehmend von einem Kaleidoskop hergestellt wird, ja, tatsächlich aus einem kaleidoskopischen Strom transkultureller Erfahrungen und Ideen, kulturellen Materials und ökonomischer Chancen, Bildern und Erzählungen besteht, befindet sich jede Gesellschaft heute im Zustand des Übergangs; der postkoloniale Zustand herrscht überall, und das Andere ist dem Selbst weitaus näher, als es den Anschein hat. Die Bewegung weg von der souveränen Perspektive und dem privilegierten Ort des Betrachters würde daher den Weg ebnen für eine kritische Gemeinsamkeit – oder, politischer ausgedrückt, eine ›kritische Transregionalität‹, wie die Kulturtheoretikerin Nancy Adajania und ich dies an anderer Stelle bezeichnet haben –, als die notwendige Basis des interkulturellen Dialogs.

Die dritte Verschiebung, die ich befürworte, betrifft folglich die Methode. Jede Institution, die sich das transformative Zuhören zum Ziel setzt, müsste die authentische Artikulation heterogener Perspektiven auf die gleiche Thematik zulassen. Konventionellerweise, und fast unweigerlich, gehen Institutionen, die irgendeine Weltkultur thematisieren, so vor, dass sie eine weite, doch nur lose verbundene und letztlich ethnographische kuratorische Überschrift formulieren. Diese Überschrift wird dann mit künstlerischen und diskursiven Beiträgen gefüllt, die sie als Beweismaterial elegant unterfüttern und damit ein modisches Klischee, eine bequeme Gegenüberstellung oder ein Schlagwort bestätigen, sei es in Bezug auf Indien, Mexiko, Asien oder welche Kultur auch immer (unglaublicherweise sind ›Tradition und Moderne‹, ›städtisch und ländlich‹, ›Mobilität und Verwurzelung‹, ›Zweifel und Glaube‹ immer noch die Standardgegenüberstellungen, die ewigen Topoi in diesem Spiel. Wie der Kunsttheoretiker Hal Foster bezüglich der anthropologischen Konstruktion anderer Gesellschaften feststellte, ist »dort draußen« oft gleichbedeutend mit »damals«.)

Eine Institution, die sich ernsthaft dem transformativen Zuhören widmet, würde sich jenseits eines solchen verbrauchten kuratorischen Modells entwickeln. Sie würde die vereinheitlichende, erklärende Überschrift zu Gunsten des Modells einer widerspenstigen Versammlung aufgeben. Sie würde aktiv alternative und womöglich unvereinbare Stimmen zu einer gegebenen Thematik aussuchen, einladen und zusammenbringen. Diese Stimmen würden sich in parallelen Ausstellungen, Symposien, Performances und Präsentationen, die sich nicht gegenseitig bestätigen, sondern aktiv befragen, ausdrücken. Die gastgebende Institution würde daher nicht als ein Haus mit Decken und Wänden funktionieren, sondern als Zeltstadt, in der vielen nomadischen Archiven, temporären Museen und performativen und provisorischen Varianten zum Thema Platz geboten wird.

Diese Strategie würde den Besuchern der Institution eine bereichernde und überraschende Perspektivenvielfalt bieten, denn es gibt in der Tat ein Publikum, eine mögliche Gemeinschaft, die darauf wartet, von diesen potentiell bewusstseinserweiternden Produktionen, die nicht in einem Vakuum stattfinden, zu profitieren. Diese Strategie würde auch, und das ist ebenso wichtig, die aktive Teilnahme des Publikums an der Produktion von Wissen fordern. Dabei würde sie ein für alle Mal mit dem schädlichen Dogma brechen, dass es eine einzige und privilegierte Sichtweise auf irgendeine Kultur gibt und dass der Gastgeber die Spielregeln bestimmt.

Übersetzung von Karl Hoffmann

Ilija Trojanow

Über das Humboldt Forum

Wenn Sie heute Abend zwei Stimmen hören, in zwei Sprachen, in denen die Sprechenden nicht bemuttert wurden, wenn Sie zwei Männer sehen, denen verschiedene Traditionen eingeflößt und dann die Encyclopædia Britannica aufgesattelt wurde, die sich erst befreien mussten zu einem Denken in Unwägbarkeiten und Überraschungen, zwei Autoren, die unabhängig voneinander zu einer Sicht der Geschichte gefunden haben, die das Essentielle so sehr beargwöhnt wie sie dem Fluiden vertraut, dann erleben Sie ansatzweise das, was uns vorschwebt, wenn wir vom Humboldt Forum reden, als zwei Kosmopoliten, die so vieles trennen müsste, glaubte man den Apologeten der Differenz.

In Vorbereitung auf dieses Jugalbandi (wie in Indien das gemeinsame Konzert zweier Solisten heißt) trat ich an mein Bücherregal, genauer gesagt an die Ostseite meiner neuen Bibliothek, froh um jeden Anlass, mich an dem hellen Holz und der buchbestandenen Steilwand zu erfreuen. Ich zog jene Bücher heraus, die mich in den letzten Jahren beeindruckt haben, darunter Hans Beltings »Florenz und Bagdad. Eine westöstliche Geschichte des Blicks«, Dzevad Karahasans »Das Buch der Gärten. Grenzgänge zwischen Islam und Christentum« und Kurt Flaschs »Meister Eckhart: Die Geburt der Deutschen Mystik aus dem Geist der arabischen Philosophie«. Es ist gewiss kein Zufall, dass der Kern dieser drei, um neue Sichtweisen bemühten Publikationen in den gepfefferten Untertiteln begraben liegt, die auf jeweils unterschiedliche Weise eine Dynamik behaupten, die jenseits der etablierten Strukturen und Kategorien wirken soll. »Westöstlich« impliziert eine Ebenbürtigkeit und gegenseitige Beeinflussung, auf die bislang im toten Winkel unserer Wahrnehmung lag, auch wenn wir den *Diwan* schätzen und seit fast zweihundert Jahren wissen, dass Orient und Okzident nicht mehr zu trennen sind. Doch leider ist dies zum geflügelten Wort geworden und aus unserem intellektuellen

Alltag entschwebt. Die »Grenzgänge« öffnen den Raum dem Peripheren, erkunden den Wildwuchs im Dazwischen und deuten an, dass es einen Blick in Bewegung braucht, um das Bewegte, das uns geformt hat, zu erkennen. Die »Geburt des Ureigenen aus dem Urfremden« behauptet eine organische Verschmelzung und löst die essentielle Grenze zwischen dem Eigenen und dem Anderen einfach auf. Die drei genannten Bücher entlarven das Statische und Homogene als Potemkin'sche Fassade, hinter der das wahre Gelebte wuchert. Und alle drei widersprechen einem wissenschaftlichen Ansatz, der seit Anbruch der westlichen Welteroberung Differenzen akkumuliert und klassifiziert, um mit dieser Erbsen-, Linsen- und Maniokzählerei die kosmische Ordnung aufrechtzuerhalten, die durch die schwarze Flut der Differenzen bedroht ist – die Adepten von Hegels Weltgeist erwiesen sich als Philatelisten, und jede Ausformung von Kultur als Briefmarke.

Es ist kaum Zufall, dass Bücher mit solch erfrischendem Antidualismus in den letzten Jahren verstärkt erscheinen, hat doch die vielbeschworene Mobilität in den globalisierten Gesellschaften einerseits viele unterschiedliche und sich teilweise radikal voneinander unterscheidende Denk- und Sichtweisen zu Tage gefördert, andererseits zu komplexen Annäherungen geführt, die Gemeinsames verdeutlichen, die eine geographische Zeitkarte der Kultur zeichnen, auf der erstaunliche Herkünfte sichtbar werden. So wird auf diesen Karten, auf denen sich westlich südlich von östlich befindet, nachvollziehbar, dass die arabisch-muslimischen Denker den Sieg des kritischen Rationalismus über die fundamentalistische Bigotterie vorbereitet haben, auf dem die europäische Identität gegründet wird. Die freiheitlichen Denker der Christenheit erhielten ihr Rüstzeug nicht nur von Aristoteles und Platon, sondern auch von Avicenna und Averroes, mit dem sie gegen die erdrückende Orthodoxie der Kirche kämpften, eine Befreiungsbewegung, die in die Renaissance mündete.

Stattdessen benutzen wir weiterhin althergebrachte Landkarten, auf denen die Namen der Flüsse irreführend sind, denn eine willkürliche geographische Konvention schreibt vor, dass die Quelle, die von der Mündung am weitesten entfernt ist, als Ursprung des Flusses zu gelten hat. So trägt der Flusslauf einen einzigen Namen, der die Beiträge der sogenannten Neben- und Zuflüsse verschweigt. Wenn ein Strom das Meer erreicht, hat sein Inhalt mit dem ursprünglichen Quellwasser nur noch eine vage Erinnerung gemein. Der Name aber negiert die entscheidende Qualität jedes Flusses, die Vielfalt an Zusammenflüssen. Wenn man dieses Prinzip fortwährender Konfluenz begreiflich machen will, muss man die Begrifflichkeiten umdeuten oder neu erfinden, die Perspektiven erweitern und manch anderes auf den Kopf stellen. Die Aufgabe ist keineswegs von rein akademischer Bedeutung. Das friedliche und fruchtbare Zusammenleben der Menschen mag für die meisten von uns gegenwärtig das vordergründigste Anliegen sein, noch wichtiger erscheint mir eine grundlegend neue Haltung zur Natur. Die ungehemmte Zerstörung der Umwelt beweist, wie sehr wir in einer selbstzerstörerischen Dichotomie von Natur und Kultur gefangen sind. Was wäre das für eine Leistung, wenn das Humboldt Forum die gemeine Gegenüberstellung von natürlichen Gemeinsamkeiten und kulturellen Unterschieden auflösen könnte.

Aber die Aufgabe ist enorm, denn, wie der Brasilianer Viveiros de Castro neulich formulierte: »Die Anthropologie ist heutzutage überwiegend dekolonialisiert, aber ihre Theorie ist noch nicht dekolonialisiert genug.« Der besitzergreifende und bestimmte Blick des Westens hat sich keineswegs gesenkt. Viele unterliegen der Illusion, ein gesteigertes Interesse am Anderen beweise das Gegenteil, dabei kommt es in diesem Zusammenhang nicht darauf an, woran man Interesse hat, sondern wie man interessiert ist. Natürlich hat es in den letzten Jahrzehnten immer wieder Versuche gegeben, das Bekannte in ein neues Licht zu setzen, gemeinsame Quellen sichtbar werden zu lassen. Die Bilder und Skulpturen jener Künstler, die unter der Gruppenbezeichnung »Die Brücke« firmierten, wurden neben den afrikanischen und ozeanischen Ritualobjekten ausgestellt, die sie einst beeinflusst haben. Gauguin und van Gogh sind schon einmal mit Hokusai und Hiroshige in Verbindung gebracht worden. Und doch dominiert in westlichen Museen weiterhin das Kuriositätenkabinett, und selbst die radikalste neue Perspektive wird darin ausgestellt wie ein weiteres Kuriosum, anstatt das gesamte Kabinett aufzubrechen.

Wir wissen inzwischen, dass die Vorstellung einer festgelegten Identität eine Schimäre, dass kulturelle Existenz ein dynamischer Prozess ist. Und doch werden bei jedem Projekt, bei dem Machtinteressen involviert sind, die Schubladen geöffnet und das Verquere feinsäuberlich hineingepresst. Man muss kein Prophet sein, um eine solche Entwicklung auch für das Humboldt Forum zu befürchten. Doch wie sollen wir mit distanzierter Abgeklärtheit das Fremde darstellen, wenn das Fremde schon längst in uns selbst ist?

Gisela Völger

Plädoyer für die Notwendigkeit, durch kulturvergleichende ethnologische Ausstellungen aufzuklären und zu bilden

Als erstes Signal kulturvergleichender Ausstellungen gilt die Fotoausstellung »Family of Man« 1955 im Museum of Modern Art (MOMA) in New York. Dieses gigantische Unternehmen – 503 Aufnahmen von 273 Fotografen aus 38 Ländern – wurde initiiert von Edvard Steichen, seinerzeit Leiter der Fotoabteilung des New Yorker Museums. Mit seiner Auswahl aus über zwei Millionen Fotos hat er wahrlich ein Werk unüberbietbarer Superlative geschaffen, für das Steichen mehrere Auszeichnungen erhielt. Die Ausstellung wurde in 38 Ländern gezeigt, darunter, in den Jahren des Kalten Krieges, auch in Ländern des Ostblocks. Über 10 Millionen Menschen haben sie angeschaut, UNESCO hat sie 2013 zum Weltdokumentenerbe erklärt. Sie war als ein umfassendes Porträt der Menschheit konzipiert und fand 1994 einen dauerhaften Standort in Schloss Clairvaux in Steichens Herkunftsland Luxemburg.

Nach den verheerenden Kriegen der Vierziger- und Fünfzigerjahre war es die politische Absicht des MOMA, mit Hilfe von 37, den menschlichen Lebensumständen gewidmeten Themen wie Liebe, Glaube, Geburt, Arbeit, Familie, Kinder, Krieg und Frieden etc. Brücken zu schlagen und alten Feindschaften mit Hilfe der allgemein verständlichen Sprache der Fotographie entgegenzuwirken. Mit der Ausstellung sollte gezeigt werden, dass alle Menschen der Welt in der Bewältigung des Lebens mit den gleichen oder ähnlichen, jedoch überwindbaren Problemen konfrontiert sind, wie die Bilder der Ausstellung von lachenden Individuen aller Hautfarben verdeutlichen sollten.

So erfolgreich die Tournee der Ausstellung durch die Welt war, blieb ihr scharfe Kritik aus Europa nicht erspart. In seinem Werk »Mythen des Alltags« (1957, deutsch 1964) wendet sich Roland Barthes nachdrücklich gegen den in der Ausstellung vertretenen religiös begründeten amerikanisch-suprematistischen Positivismus eines humanistischen Menschenbildes. Für Barthes verkörperte die Ausstellung ein Beispiel, wie der Mythos des »Adamismus« und der conditio humana funktioniere: Er stütze sich »auf eine sehr alte Mystifikation, die seit jeher darin besteht, auf den Grund der Geschichte die Natur zu setzen« (Barthes 1964: 17). Auch Rudolf zur Lippe, der Herausgeber dieses Bandes, hat seine damalige Kritik in der Heidelberger Presse in einem Schreiben an die Autorin vom 25. 4. 2017 kurz zusammengefasst: atlantischer Eurozentrismus, eine gewisse Banalität, die Kulturen der Welt dargestellt nach dem Gesellschaftsmodell des mittleren Westens der USA.

Mit Blick auf die »Family of Man« (wohlgemerkt: MAN und nicht MEN) widmete sich die Autorin dieses Beitrags in ihrer 21-jährigen Tätigkeit als Direktorin des Kölner Rautenstrauch-Joest-Museums von 1979 bis 2000 in vier kulturvergleichenden Ausstellungen tatsächlichen, in der Bundesrepublik seinerzeit heftig diskutierten gesellschaftlichen Problemen und spiegelte sie ethnologisch. Der Grundgedanke dieser von mir verantworteten Ausstellungen, davon drei über die Spielarten der Geschlechterbeziehungen, war die Erkenntnis, dass erst durch den Vergleich mit anderen Kulturen die uns selbstverständlich erscheinenden hiesigen Verhältnisse als eine von vielen Möglichkeiten erfahren werden – nicht minder »exotisch« als die entfernter Völker. Erst im Vergleich mit dem Fremden werden Einsichten ermöglicht, die uns davor bewahren, das Eigene als das einzig Richtige anzunehmen.

Den Auftakt bildete 1981 die Ausstellung »Rausch und Realität. Drogen im Kulturvergleich«. Vier Jahre später folgte »Die Braut. Geliebt, verkauft, getauscht, geraubt«; 1990 war dem Projekt »Männerbünde, Männerbande. Zur Rolle des Mannes im Kulturvergleich« gewidmet; der vorläufige Abschluss der Trilogie zur Geschlechterbeziehung vereinte 1997 die beiden Geschlechter unter dem Thema »Sie und Er. Frauenmacht und Männerherrschaft im Kulturvergleich«.

Da diese Fragestellungen inhaltlich weit über das Fach Ethnologie hinausgingen, wurde jedes Projekt interdisziplinär mit internationaler Autorenschaft in rund 100 Beiträgen wissenschaftlich erarbeitet. Die Ergebnisse wurden in einer jeweils zweibändigen Begleitpublikation offengelegt. Zudem gab es zu allen Ausstellungen einen Kurzführer, der jeweils in einem zweisemestrigen Seminar mit Studenten erarbeitet wurde und die Grundlage der Ausstellungstexte bildete. Zu den Materialienbänden der ersten drei Projekte schrieb der emeritierte Kölner Soziologe René König (1906–1992) die Einführungen. Die ersten drei Projekte entstanden in enger vertrauensvoller Zusammenarbeit mit der Vizedirektorin des Museums Karin v. Welck. Nach zehnjähriger Arbeit für das Kölner Museum wurde sie 1991 Direktorin des Mannheimer Reiss-Museums, übernahm 1997 die Leitung der Kulturstiftung der Länder in Berlin und war von 2004 bis 2010 Kultursenatorin im Senat des Bürgermeisters Ole von Beust in Hamburg.

Rausch und Realität. Köln 1981

Die Durchsetzung des ersten Projekts meiner Tätigkeit am Kölner Rautenstrauch-Joest-Museum war beschwerlich. 1981 war der Höhepunkt der Drogenproblematik, der kulturvergleichende Ansatz war neu und fremd. So war es verständlich, dass das Kulturamt zunächst skeptisch reagierte. Nie zuvor und nie mehr danach musste sich ein Kölner Museumsleiter im Kulturausschuss zu seinem Vorhaben befragen lassen; den Politikern genügte normalerweise der schriftliche Antrag. Aber zu Beginn der Achtzigerjahre erfüllte eine Drogenausstellung in einem ethnologischen Museum die politisch Verantwortlichen mit Bedenken, weil sie eine Verherrlichung des damals unter Jugendlichen zahlreiche Todesopfer fordernden Drogenkonsums befürchteten. Sie ließen sich jedoch von der Solidität des (ersten?) kulturvergleichenden ethnologischen Ausstellungsprojekts überzeugen, und der Erfolg bestätigte schließlich ihre Entscheidung.

Ansatz der Ausstellung war die Tatsache, dass viele in die »westlichen Gesellschaften« eingesickerten Pflanzendrogen aus außereuropäischen Bereichen stammen und dort in einem gewachsenen, kontrollierten soziokulturellen Zusammenhang stehen, der für diese Drogen bei uns nicht existiert.

Dass die Ausstellung vom Publikum geradezu gestürmt wurde, lag nicht nur an dem spannenden Thema, sondern hatte auch mit ihrer großzügigen Anschaulichkeit und Schönheit zu tun. Wir rekonstruierten eine sehr gemütliche Opiumhöhle mit altem Inventar, einen lichten jemenitischen traditionellen Qat-Raum mit originalen Einrichtungsgegenständen, und es gab eine großartige Apotheke aus dem 18. Jahrhundert zu bewundern, in der zu der Zeit allerlei »Drogen« angeboten wurden. Fast ein Drittel der Ausstellung war der realistischen Wiedergabe der aktuellen Drogenszene in der Kölner Südstadt bis hin zum Fixerklo gewidmet – ein »Gesamtkunstwerk« des damals in Köln lehrenden Daniel Spoerri und seiner Studenten. Ich bin seitdem der Überzeugung, dass man in einer ethnologischen Ausstellung die eigene Kultur nicht ethnologisch wissenschaftlich darstellen sollte, sondern besser eine »Brechung« durch eine gegenläufige künstlerische Sicht einbringt. Hätten wir dasselbe mit unseren Studenten gestaltet, wäre es bieder erschienen. Die Künstler stellen in diesem Fall die überzeugendere und glaubwürdigere Autorität dar als WissenschaftlerInnen.

Aufgrund des überwältigenden Zuspruchs war der Katalog rasch ausverkauft, wurde aber umgehend von Rowohlt in einer dreibändigen Taschenbuchausgabe nachgedruckt. Für den Verlag war der Nachdruck unter anderem deshalb attraktiv, weil das Werk Originalbeiträge berühmter »Drogenpäpste« enthielt, zum Beispiel des Erfinders des LSD, Albert Hofmann (1906–2008), und des »Vaters der Ethnobotanik« und Direktors des Botanical Museum der Harvard University, Richard Evans Schultes (1915–1999), dessen Name 120 medizinisch nutzbare südamerikanische halluzinogene Pflanzen tragen.

Die Braut. Köln 1985

Als nächstes wandten wir uns einem Thema zu, dessen Anschaulichkeit sich von selbst versteht: »Die Braut«, das heißt, wir konzentrierten uns auf die Darstellung von häufig prachtvollen Hochzeitsriten, fokussierten dabei aber ausschließlich die Braut. Bei dieser und den beiden Folgeausstellungen ging es um die inter- und transkulturelle Reflexion der Geschlechterbeziehungen in den verschiedenen Kulturen der Welt.

Anders als in den christlichen Gesellschaften spielt die Familie in den meisten außereuropäischen Gesellschaften auch nach der Hochzeit eine bestimmende Rolle für das junge Paar. Es hängt unter anderem mit den üblicherweise die männliche Seite favorisierenden Verwandtschaftsstrukturen zusammen, dass die Frau nichts besitzt, nichts erbt und – häufig als Fremde und in jugendlichem Alter – in die Familie des Mannes ziehen und der Schwiegermutter dienen muss. Im Falle einer Trennung gehören ihre Kinder in der Regel der Familie des Mannes. Das ist der in der Welt vorherrschenden patrilinearen Abstammungsregel geschuldet, die die matrilineare Abstammungsregel inzwischen fast vollständig verdrängt hat, obgleich diese die ursprünglichere und »natürlichere« Verwandtschaftsstruktur darstellt. Unter anderem hat das mit dem kulturgeschichtlich relativ rezenten Auftreten und der Durchsetzung der Offenbarungsreligionen zu tun – Buddhismus, Judentum, Christentum und Islam. »Warum eigentlich ist Gott ein Mann?« Diese unbeantwortbare Frage stellen sich Feministen und Feministinnen der ganzen Welt. Auch wenn patriarchalische Strukturen heute weltweit verbreitet sind, heißt das nicht, dass es immer so war, dass sie ein ewig gültiges »Naturgesetz« sind.

Für die Brautausstellung, die – wie bereits die Drogenausstellung und auch die beiden Folgeprojekte – die ganze Welt in den Blick nahm, entwarfen wir eine Gliederung nach Kultur- und Wirtschaftsformen: 1. Jäger- und Sammlerinnen (3 Installationen, z. B. »Kinderverlobung als Schutz vor Mädchentötung«); 2. Bäuerinnen (5 Installationen, z. B. »Der ›Erbhof‹ im Besitz der Frau – Minangkabau in Indonesien«); 3. Traditionelle Stadtkulturen (5 Installationen, z. B. »Der Harem – goldener Käfig der Damen und Sklavinnen«); 4. Nomaden (5 Installationen, z. B. »Die verkaufte Braut? Beduinen im Negev«) 5. Hochzeit im Wandel (8 Installationen, z. B. »›Du heiratest ja doch!‹ Die Braut, die nicht Braut sein will«); 6. Alte Hochkulturen (3 Installationen, z. B. »Selbstbewusst und eigenständig – Die Frau im Alten Ägypten«).

Die deskriptiven Titel der Installationen zielten auf die Neugier der Besucher, Antworten auf Fragen zu suchen, die sie selbst bewegen könnten. Für unsere Betextung nahmen wir uns gut gemachte Zeitungen wie die FAZ zum Vorbild: Eine bereits informierende, in dicken Lettern gesetzte Überschrift, darunter eine fettgedruckte kurze Inhaltsangabe, gefolgt von vertiefenden knappen Erläuterungen in einfacher Sprache. Wer dieses Informationsangebot nicht nutzen und sich ausschließlich der Augenfreude überlassen mochte, verfehlte trotzdem nicht die Botschaft der Ausstellung, dass es tiefere Verbindungen und Gemeinsamkeiten in den Gesellschaften der Welt gibt als Edvard Steichens eingangs erwähnte globale Fotoausstellung »Family of Man« nahelegte.

Weil zeitgenössische Kunst zur Situation der Frauen im 20. und 21. Jahrhundert direkter spricht als Didaktik und Wissenschaft, haben wir Arbeiten von zwei Künstlerinnen ausgewählt, die ihr Unbehagen am »Brautsein« in ihren Werken zum Ausdruck bringen: die 1930 geborene und 2002 verstorbene Niki de St. Phalle und Verena v. Gagern (geb. 1946).

Niki de St. Phalle, die als elfjährige Diplomatentochter von ihrem Vater, der – nomen est omen, tatsächlich de St. Phalle heißt – missbraucht wurde, schuf eine ganze Serie zum Thema »Braut«, die sie »als Identifikations- und Schreckensbild« vorstellt (Susanne Henle, Aufsatz 42, Materialienband 1; ein Werk aus dieser Serie konnten wir aus belgischem Privatbesitz ausleihen). Für die Künstlerin war das Brautmotiv ein Mittel leidenschaftlicher Kritik an den Einengungen, die die männlich dominierte Welt der Frau in Ehe und Mutterschaft auferlegt. Als Fünfzigjährige hat sie 1980 in einem Katalog ihre Wut geäußert: »1960 war ich eine sehr zornige junge Frau, zornig auf die Männer, zornig auf ihre Macht. Ich fühlte, dass sie mir meinen eigenen Freiraum geraubt hatten, in dem ich mich individuell entfalten konnte. Zornig auf meine Eltern spürte ich, dass sie mich für den Heiratsmarkt großgezogen hatten« (zit. bei Henle ebd.).

Das zweite europäische Kunstobjekt, Verena v. Gagerns in der Abteilung »Hochzeit im Wandel« präsentiertes Foto »Abschied von der Braut«, entstammt einer Serie, die zwischen 1980 und 1984 bei einem Aufenthalt der Künstlerin in den USA entstand. In den Jahren dieser Reise führte sie ihr Brautkleid von 1968 samt Schleier und ein schweres Stativ mit sich und stellte mit sich selbst »die Braut ins Bild … In die amerikanische Gegenwart« (V. v. Gagern, Die Antwort des Bildes, FOTOHOF edition 2016, Bd. 231, S. 103–109).

Bei öffentlichen Präsentationen ihres Projekts später in Deutschland bezeichnete sie es als »Gratwanderung für die Fotografin als Braut und die Braut als Fotografin, zwischen Performance und Realität …« (ebd. S. 108). Das Publikum war meist ratlos angesichts der Verwechslung zwischen Spiel und Wirklichkeit. Am Ende einer solchen Veranstaltung fragte ein männlicher Besucher die Künstlerin: »Sie sprechen nur von der Braut, ist das nicht etwas narzisstisch? Wo bleibt der Bräutigam und wie war die erste Nacht?« Da konnte die Vortragende nicht schnell genug die Bühne verlassen. Im Fahrstuhl sprach sie ein Kunstkritiker an: »›Verena, was war das, ich habe nichts verstanden!‹ Jahre später ließ er mich wissen, dass er inzwischen die Sache mit der Braut und meine Performance verstanden hätte und hochaktuell fände und damals einfach überfordert gewesen sei« (ebd. S. 109).

In der Nähe von Verena v. Gagerns Foto waren prächtige Hochzeitsgewänder ausgestellt, unter anderem das Polterabendkleid aus dem Jahr 1854 der unglücklichen Kaiserin Elisabeth von Österreich und die Hochzeitsrobe der 1981 ebenso unglücklich verheirateten

Lady Diana. Wer die Botschaft von Verena v. Gagern und Niki de St. Phalle verstanden hat, dessen Blick wird bei aller Freude an der Opulenz der Roben nachdenklich gewesen sein, zumal man von weitem gleichzeitig die von der unvergessenen ehemaligen Kabarettistin, Filmschauspielerin und Ordensschwester Isa Vermehren (1918–2009) betreute Szene einer Nonnenweihe zur Braut Christi betrachten konnte.

Männerbünde, Köln 1990

Eine ethnologische Ausstellung über Männerbünde muss zunächst viel kulturhistorischen Ballast aus dem Weg räumen. Der dickste Brocken war 1902 die verhängnisvolle Einführung des Begriffs »Männerbund« durch den Bremer Ethnologen Heinrich Schurtz (1863–1903) in seinem Werk »Altersklassen und Männerbünde. Eine Darstellung der Grundformen der Gesellschaft« – über Jahrzehnte ein in 24 Sprachen übersetzter Bestseller. Dabei war Schurtz' Buch bei näherem Hinsehen eine simple, nur vermeintlich ethnologische Antwort auf die 1861 erschienene, in der Gegenrichtung bahnbrechende, aber zunächst bei weitem nicht so erfolgreiche Publikation des Basler Rechtshistorikers, Altertumsforschers und Anthropologen Johann Jacob Bachofen »Das Mutterrecht«. Aber von Bachofen (1815–1887) wollte in der männerbündischen Hochstimmung der ersten Hälfte des 20. Jahrhunderts in Deutschland keiner etwas wissen; inzwischen ist sein Buch im Gegensatz zu Schurtz' Werk ein »longseller« und Grundlagenwerk der feministischen Forschung. Schultz' Thesen war allerdings zunächst anhaltender Erfolg beschieden. Sie wirkten sich in den Freikorps-Kämpfen aus und erfuhren schließlich im aufkommenden Nationalsozialismus ihre konsequente Ausformulierung und Umsetzung: »Durch die Männerbünde des Heeres, der SA, SS und des Arbeitsdienstes planten die Nationalsozialisten den deutschen Mann an Leib und Charakter zu formen: Die Männerbünde sollten zur Keimzelle des Staates werden« (Reulecke, Aufsatz 1 in der Materialiensammlung). Schurtz' Werk übte außerdem einen starken Einfluss auf Hans Blüher aus, den Ideologen der Wandervogelbewegung. Man staunt, wie unverblümt Schurtz und Blüher den erotischen Aspekt der Männerbünde ansprechen. Ein Epigone von Schurtz war der Volkskundler Will-Erich Peuckert mit seinem 1951 erschienenen Werk »Geheimkulte«, das 1988 eine unverdiente zweite Auflage erlebte – trauriger Beweis für die Zählebigkeit dieser üblen, im Gewand der Wissenschaft einherkommenden Frauenverachtung.

Die Ausstellung umfasste gut dreißig Bünde, die in sechs Sektionen geordnet waren 1. Jugendbünde und Initiation (5 Beispiele), 2. Berufsgemeinschaften (7 Beispiele), 3. Kultgemeinschaften, Bruderschaften, Orden (12 Beispiele), 4. Politik und Wirtschaft: Soziales Netzwerk (10 Beispiele), 5. Männerbünde und ihre Gründer (4 Beispiele), 6. Kriminelle Männerbünde (3 Beispiele).

Die Gestaltung der europäischen Themen, wie Rotary, Seefahrer, Studentenverbindung und Künstlerbünde, legten wir in die Hände der Künstler Stephan Andreae und Andreas Schmid. Der WDR produzierte im Zusammenhang mit der Ausstellung einen Film, in dem die Riten einer Göttinger schlagenden Verbindung mit den Kulten in einem Männerhaus der Asmat in Neuguinea verglichen wurden. Das funktionierte erstaunlich gut und ergab im Sinne der Ausstellung überraschende und lachhafte Parallelen.

Plakat und Kataloge zeigten Kloketen der inzwischen ausgestorbenen kleinen Gruppe der Selk'nam auf Feuerland, die der österreichische Missionar und Ethnologe Martin Gusinde zwischen 1918 und 1924 bei mehreren Feldaufenthalten erforschte. Gusinde hat die Mythe vom Ursprung der Kloketen aufgezeichnet, einen Gründungsmythos, der paradigmatisch auch auf viele »westliche« Männerbünde passt, denn auch in ihnen geht es immer um die Geheimhaltung von Banalitäten. »Das Kloketen-Geheimnis wurde strengstens gehütet. So wurde jedem neu aufgenommenen jungen Mann eingeschärft, niemals eine Frau wissen zu lassen, was sich in Wahrheit in der Kloketen-Hütte abspielt. ›Beachte wohl, wir Männer haben diese Feier nicht erfunden. Sie stammt von den Weibern aus früherer Zeit, denen wir sie abgenommen haben. Bewahre gewissenhaft und unverbrüchlich dieses Geheimnis‹ (Kurzführer S. 73: »Kloketen: der Männerbund bei den Selk'nam Indianern Feuerlands«).

Sie und Er, Köln 1997

1997 präsentierte das Rautenstrauch-Joest Museum das (vorläufig) letzte Projekt des Zyklus zur Ideengeschichte der Geschlechterbeziehung. Das verheerende frauenfeindliche Verdikt des Aischylos (525– 456 v. Chr.) aus der Rede des Apollon in der Orestie stellten wir als

Motto der Ausstellung und dem Katalog voran: »Die man wohl Mutter heißt, ist des Gezeugten Zeugerin nicht, ist Amme nur des frisch gesetzten Keims. Es zeugt, der sie befruchtet; sie hütet Anvertrautes nur, dem Gut des Gastfreunds gleich ...« Den zweiten Band und die Abteilung »Künstlerpaare« am Ende der Ausstellung versahen wir als Antwort auf Aischylos ebenfalls mit einem Leitmotiv, diesmal aus dem Mund der österreichischen Künstlerin Valie Export: »zur mythologie unserer christlichen zivilisation gehört als geheimes fundament die infame gleichsetzung des männlichen und des schöpferischen prinzips« (Katalog »Split:Reality«, Wien 1997). In der Ausstellung »Sie und Er« ging es um einen Einspruch gegen das Primat der Zeugung und des künstlichen männlichen Gebärens durch geistiges Schaffen über das reale Gebären der Frauen. Sinn und Ziel dieser »Männerphantasie« ist, die Frau für alle Zeiten auf ihre Rolle als Gattin und Mutter einzuschränken.

In literarischen, theologischen, wissenschaftlichen und philosophischen Werken beschreiben männliche Autoren seit eh und je männliche Kulturtaten, Produkte, Konzepte und Theorien bis hin zu der des Staates mit Bildern des Gebärens leiblicher Kinder oder geistig geschaffener abstrakter, aber lebendig vorgestellter Organismen und Körper. Die variantenreiche kulturelle Ausgestaltung des kompensatorischen Motivs des Mannes, der Gebärfähigkeit der Frau eine Ersatzleistung entgegenzustellen, blieb bis ins 20. Jahrhundert wissenschaftlich weitgehend unbeachtet. Die Grundlage für die derartige Polarisierung der Geschlechter liefert die Religion, den Rahmen die Staatslehre. Nachdem sich die feministische Wissenschaft lange Zeit ausschließlich mit Frauenthemen befasst hat, dürfte ihre gegenwärtige Hinwendung zum Mann als dem »dunklen Kontinent« einen Quantensprung bedeuten, wie etliche Aufsätze der zweibändigen Materialiensammlung zu »Sie und Er« aus der Feder von WissenschaftlerInnen verdeutlichen.

Bahnbrechend für das Thema war aber ein Aufsatz aus dem Jahr 1979 des französischen Ethnologen Claude Meillassoux (1925–2005) mit dem Titel »Le mâle en gésine« (»Der kreißende Mann«). Laut Meillassoux ist die größte historische Unternehmung des Mannes die Erfindung und Durchsetzung der Patrilinearität, mit deren Hilfe er sich der Reproduktionsfunktion der Frauen bemächtigte und gleichzeitig die Macht, die Frauen daraus schöpfen, im Zaum zu halten wusste. Der Erreichung dieses Ziels dienten Gewalt, Krieg, Erziehung, Sklaverei, Gesetze, Ideologien und – vor allem – Mythen. Meillassoux weist darauf hin, dass weltweit Mythen, wie die oben erwähnte der Kloketen, erzählen, dass die Frauen einstmals die Natur beherrscht hätten. Aber durch eine Unvorsichtigkeit verloren sie ihre Macht. So postulieren die Mythen die Unfähigkeit der Frauen, die Natur zu zivilisieren. Nach Meillassoux ist die Zähmung der »wilden Früchte der Frau« durch die Zivilisation, die jenseits der physischen die soziale Reproduktion ermöglicht, der entscheidende gesellschaftliche Beitrag des männlichen Kulturheros.

Ein Kind, das eine Frau zur Welt bringt, gilt dem Mann als unvollständig, wenn er es nicht nach der Geburt in einem blutigen Akt verändert und es dadurch zu SEINEM Kind macht. Im Talmud wird ausdrücklich erwähnt, dass kein jüdischer neugeborener Junge perfekt ist, bevor er nicht beschnitten wurde. Im Christentum gilt ein ungetauft gestorbenes Kind nicht als Mensch. Unter den sozialen Geburten, die Männer weltweit in Bünden unterschiedlichster Art bis ins hohe Alter praktizieren, sind die jüdische Beschneidung und die christliche Taufe – beide besiegeln den Bund mit dem männlichen Gott – die einzigen, die im jüngsten Alter vollzogen werden. Im Islam und in afrikanischen Lokalgesellschaften werden erst halbwüchsige Knaben beschnitten, der Buddhismus kennt gar keine Beschneidung.

Trotz der Künstlichkeit der in weiten Teilen der Welt anzutreffenden Patrilinearität ist es erstaunlich, dass die biologisch näherliegende matrilineare Abstammungsregel heute nur noch selten anzutreffen ist. In der Ausstellung »Sie und Er« wurde diese Frage nachdrücklich erörtert. Acht verschiedene matrilineare Gesellschaften stellt die zweibändige Materialiensammlung vor, darunter eine so berühmte wie die auch durch Filme bekannt gewordenen Mosuo in Südwestchina, aber auch weniger bekannte Beispiele aus den Anden, aus Südmexiko und Afrika und von der mikronesischen Insel Palau. Die Ausstellung selbst, die zwischen den beiden Zeitpolen Aischylos und Valie Export spielt, gliederte sich in 20 Abteilungen mit vielen Einzelbeispielen. Zu Beginn der Schau standen Werke zur Androgynie, die hier als ausschließliche Männerphantasie vorgestellt wird. Der Androgyn als Symbol männlich besetzter Fruchtbarkeit hat in Europa, Afrika und Ozeanien weibliche Brüste und ein männliches Genital und ist damit weit entfernt von der Idealgestalt, die er vorgibt zu sein, denn es fehlt ihm der gebärende weibliche Schoß. Dennoch verkörperten zum Beispiel in Neu-Irland großartige aus Holz geschnitzte doppelgeschlechtliche Uli-Figuren in den Augen der Männer ein alles zeugendes und gebärendes männliches Urwesen, aus dessen Körper als »Beleg« für seine Fruchtbarkeit kleine Figuren herauswachsen. Solche mannshohen Figuren standen im Mittelpunkt ausgedehnter Totenfeiern, von denen die Männer klugerweise die Frauen, die es besser wussten, fernhielten. In der Abteilung zeigten wir auch einen hermaphroditischen Torso aus Holz von Ossip Zadkine (1880–1967) als Hinweis, dass diese kulturhistorisch uralte Männerphantasie nicht totzukriegen ist.

Die Klage von Valie Export hat auch in Afrika Gültigkeit. Das zeigt das Beispiel der Töpferei der Mangbetu in Zentralafrika. Die Frauen töpfern dort die schlichten Alltagsgefäße, die figürlich verzierten Palmweintöpfe verfertigen die Männer. Figürliche Arbeiten sind den männlichen Spezialisten vorbehalten und gelten als »ihre Kinder«. Da Frauen Kinder aus Fleisch und Blut erzeugen, ist ihnen in der Männerlogik die Bildhauerei verboten. Eine nigerianische Bildhauerin, die in London lebt, berichtet, dass es für sie als Frau unmöglich wäre, ihrem Beruf in ihrer Heimat nachzugehen. Sie würde geächtet, ihre Werke seien dort unverkäuflich. Dem hält Barbara Plankensteiner – seit kurzem Direktorin des Hamburger Völkerkundemuseums und spezialisiert auf afrikanische Kunst – im Gespräch mit der skeptischen Autorin entgegen, dass nach ihrer Kenntnis diese Sicht in den Hauptstädten des Kontinents inzwischen keine Gültigkeit mehr habe.

Ein zentrales Anliegen der Ausstellung war das Thema »Krieg und Kinderkriegen – vom Blutvergießen der Männer und Frauen«, das das Konstrukt der Geschlechterhierarchie besonders grell beleuchtet. Da Frauen menstruieren, gilt ihr Blut als unrein und gefährlich für die Allgemeinheit, besonders für den Mann. Das als negativ eingeschätzte mütterliche Blut, das auch im Körper des Mannes vorhanden ist, versucht der Mann aus seinem Körper in Ritualen der Selbstverletzung, in denen er selbstbestimmt und willentlich »menstruiert«, zu tilgen. Das ist unter anderem der gedachte Hintergrund der Beschneidung. Besonders deutlich wird die antagonistische und gleichzeitig komplementäre Beziehung zwischen dem im Krieg vergossenem Heldenblut und dem weiblichen Blutverlust beim Gebären und bei der Monatsblutung auf den indonesischen Inseln Sarawak und Timor. Die kunstvollsten und kostbarsten Textilien, die dort die Frauen webten, standen in engem Zusammenhang mit der Kopfjagd. Das Weben dieser Tücher, deren Motive die Weberin im Traum erfuhr, wurde dem Kopfjagdzug gleichgesetzt. Bei der Heimkehr von einer erfolgreichen Kopfjagd nahm die Frau den erbeuteten Schädel auf einem solchen Tuch in Empfang. Auf Timor musste sich eine junge Mutter nach der Geburt für mehrere Wochen im Haus verbergen. Zum Abschluss dieser Seklusion durfte sie sich einen Tag lang mit dem sonst nur von verdienten Kopfjägern getragenen Schmuck in der Öffentlichkeit präsentieren. So vereinnahmt der indonesische Mann die Frau als Komplizin seines Mordens bei der Kopfjagd. Zur Illustration des Themas gab es eine Installation von Kindertragen, eine weitere mit Hieb- und Stichwaffen aus aller Welt und eine dritte mit zum Teil aufwendig verzierten Schädeltrophäen, sowie zwei Exemplare der erwähnten Zeremonialtücher.

Kulturvergleichende Ausstellungen anderer Museen

Einige Museen haben inzwischen begonnen, vereinzelt ebenfalls kulturvergleichende Ausstellungen zu veranstalten. Das Rautenstrauch-Joest-Museum ist jedoch das einzige, das in kulturvergleichenden Ausstellungen ein Thema – die variantenreiche Geschichte der Beziehung der Geschlechter – über Jahre kritisch reflektierte. Die heutige elektronisch vernetzte Welt und die zunehmend verbesserten Reisemöglichkeiten, die uns selbst die verstecktesten Winkel der Erde für Kurzreisen erschließen, lassen die Menschen zwar theoretisch einander näher rücken, die Frage nach einem verbesserten Verständnis füreinander dürfte aber meist offenbleiben. An diesem Punkt ist ein Völkerkundemuseum gefordert – wie auch immer es sich heute nennen mag. Inzwischen haben aber auch traditionelle Kunstmuseen Erkenntnis und Aufklärung durch Kulturvergleich auf ihre Fahnen geschrieben.

Celebration. Washington 1982

Victor Turner (1920–1983), ein englisch-amerikanischer Ethnologe und Spezialist der Ritualforschung, verantwortete als Gastkurator 1982 in der Renwick Gallery des National Museum of American Art in Washington die Ausstellung »Celebration – A World of Art and Ritual«. Die Erwartung, dass ein Experte wie Turner diesem Thema gewachsen sei, wird jedoch enttäuscht. So weit überschaubar, war es die einzige Ausstellung seines Lebens. Vielleicht rührt die Enttäuschung daher, dass er zu viel wusste, um für dieses unübersehbare

Feld der »Feier« (Celebration) eine nachvollziehbare Struktur schaffen zu können. Jedoch liest man mit Gewinn seine kenntnisreichen Einführungen zum Katalog über die Sprache von Objekten (Objects speak) und Elemente des Feierns (Elements of Celebration). Aber im Eigentlichen der Ausstellung, den Übergangsriten (Rites of Passage) wie Geburt und Intiation, wird er arbiträr, islamische Beschneidung fehlt hier ebenso wie Kommunion und Konfirmation. Im Abschnitt Werben und Heiraten (Courtship and Marriage) mit insgesamt 30 Nummern werden die USA, Japan, China und Hindu-Indien entschieden ausführlicher dargestellt als die viel größere Gesamtheit der indigenen Völker der Welt mit ihren variantenreichen Kulturen. Visueller und inhaltlicher Höhepunkt der Ausstellung war die Sektion »Shrines and Altars«, darunter ein eindrucksvolles Ensemble rätselhafter Objekte eines Voodoo-Altars aus Haiti sowie ein szenisch gestalteter, großer Altar eines Pilgerfestes 1962 in Orissa im Golf von Bengalen. Die Crux der Ausstellung und ihres Katalogs waren die abschließenden, dem Spezialgebiet des Gastkurators gewidmeten zwei Abteilungen, in denen er die Unmöglichkeit der Trennschärfe zwischen »Celebrations of Increase« (Vermehrungsriten) und »Celebrations of the Polity« (Feste für die Gemeinschaft) eingesteht und einräumt, dass jede Ausübung der Religion durch Spezialisten und Führer die Mitglieder einer Gesellschaft manipuliert. Fazit: Diese schöne und interessante, aber ahistorische Ausstellung enttäuscht aus denselben Gründen wie Edvard Steichen's eingangs vorgestellte Fotoausstellung »Family of Man«.

Orakel. Museum Rietberg, Zürich 1999

»Der erste Prophet war der erste Schurke, der einem Dummkopf begegnete, also kommt alle Weissagung aus dem grauen Altertum« – mit diesem Diktum Voltaires aus dem Zeitalter der Aufklärung beginnt Albert Lutz, Direktor des Museum Rietberg in Zürich, seine Ausführungen über die Sonderausstellung zur Jahrtausendwende »Orakel – Der Blick in die Zukunft«. Als Herausgeber des inhaltsreichen Katalogs geht er mit diesem Zitat auf kritische Distanz zum Sujet und hält damit das Thema offen für die Diskussion. Die 21 Aufsätze bieten – entsprechend dem Aufbau der Ausstellung – in sechs Themengruppen einen kulturgeschichtlich spannenden und wissenschaftlich tief schürfenden Überblick über die vielen Seiten des vielschichtigen Themas. In der nicht regional, sondern thematisch gegliederten Ausstellung geht es um das allgemein menschliche Interesse, zu wissen, was kommt und was einen Menschen, einen Herrscher, ein Volk oder einen Staat erwartet.

Zum Motiv, Orakel zu befragen, sagt das chinesische Yijing, das auf das dritte Jahrtausend v. u. Z. zurückgeht: »Es ist vorteilhaft, wenn es etwas gibt, wohin man geht«. Dieser Satz wurde als Leitmotiv der Ausstellung und dem Katalogbuch vorangestellt.

Altäre. Museum Kunstpalast, Düsseldorf 2002

Eine weitere kulturvergleichende Ausstellung mit Vorbildcharakter ist das Projekt »Altäre. Kunst zum Niederknien« von Jean-Hubert Martin im Museum Kunst Palast in Düsseldorf. Die opulente Schau bot einen anregenden Parcours durch 31 Installationen aus Asien, nur einem einzigen Beispiel aus Ozeanien, 12 Auftritten aus Afrika, 14 aus den Amerikas und an letzter Stelle 9 aus Europa. Der wie ein Handbuch strukturierte Katalog enthielt neben Beiträgen ausgewiesener französischer Wissenschaftler viele lesenswerte Aufsätze bedeutender international arbeitender Experten, wie Marc Augé, der mit dem Werk »Orte und Nicht-Orte, eine Ethnologie der Einsamkeit« (1994) hervorgetreten ist, der Finne Veikko Antonnen, der mit Arbeiten über »comparative religion« Ruhm erlangte, Michael Houseman, dem einschlägige Publikationen zu Ritualpraxis und »ritual action« zu verdanken sind; zudem gehören der Doyen der indischen Kunstgeschichte und Kenner der Weltreligionen, Jyotindra Jain, dazu, außerdem der mit vielen akademischen Ehren versehene Yacouba Konaté aus Côte d'Ivoire sowie der vielseitige, auf vielen Feldern der afrikanischen Kunst ausgezeichnete Amerikaner Robert Farris Thompson. Sie und noch einige andere sind Garanten für die Qualität und Solidität des ambitionierten Katalog- und Ausstellungsprojekts. Die nach dem Leben gestalteten Altäre wurden von ihren als »Künstler« bezeichneten Priestern in der Ausstellung aufgebaut. Vielfach stammen die fremdländischen Altäre aus unserer eigenen Mitte. »Mit den Migranten haben sich ihre Götter auf Wanderschaft begeben«, heißt es in der Einführung des Katalogs von Philippe Peltier (S. 16). So befanden sich in der Ausstellung auch aus Europa stammende Altäre verschiedenster Religionszugehörigkeit, zum Beispiel ein tibetischer buddhistischer Altar aus Frankreich. An den ausführlichen informativen Texten zu den einzelnen Altären hat nahezu die gesamte deutsche und französische Ethnologenschaft mitgeschrieben.

Pilgern, Sehnsucht nach Glück?
Rautenstrauch-Joest-Museum, Köln 2016

Zum Abschluss soll ein rezentes Projekt der relativ seltenen Spezies kulturvergleichende Ausstellung gewürdigt werden: die Kölner Pilgerausstellung. Das gesamte wissenschaftliche Team des Hauses war ein Jahr lang auf Reisen, um das Leben und Treiben an vierzehn der berühmtesten Pilgerstätten der Welt zu dokumentieren und Gegenstände für die Ausstellung zu sammeln. Es war eine ethnologisch grundlegende Forschung, die in eine profunde Ausstellung mündete, in der die vierzehn aufgesuchten Pilgerorte facettenreich und lebendig mit dem Gesammelten präsentiert wurden. Dazu erschien ein kleiner Katalog in deutsch und englisch, der sich ausschließlich auf die rezenten Beobachtungen der jungen Forscher stützte und sich – leider – nicht auch mit naheliegenden psychologischen Betrachtungen zur tieferen Motivation des weit verbreiteten Drangs zu Pilgerreisen befasste. Obgleich das Fragezeichen im Titel auf eine psychologische Relevanz des Pilgerns hinweist und dieser Aspekt zweifellos eine interessante Fragestellung ist, blieben die Ethnologen des Museums strikt bei ihrem Leisten.

Gisela Völger

Überleitung zwischen den Texten von Gisela Völger und Adrienne Göhler

Die Aufklärung hat in unseren europäischen Entwicklungen Teile der Kultur von einander getrennt und damit teilweise auch auf das Abstellgleis geschoben. Die Aufklärung der Aufklärung, die unsere Aufgabe ist, muss jene Bereiche wieder eingliedern, die in die Problematik von Sonderbereichen gebannt worden sind. So haben die Künste, und mit ihnen das Ästhetische insgesamt, wesentlich sogar auch die Wahrnehmung, ihre Autonomie gegenüber Staat und Kirche nur um den Preis erhalten, am Rande von Gesellschaft und Geschichte gesehen zu werden. Bereits im Mittelalter, zur Zeit der ersten kirchlichen Universitätsgründungen, war bereits die Kontemplation von der Epistemologie, also die Bildung der Seele vom System der Erkenntnis, getrennt und hinter den Mauern der Klöster zur Aufbewahrung abgegeben worden. Seit einigen Jahrzehnten spricht man, wohl ohne ein Bewusstsein von solchen Grundzügen unserer Geschichte damit zu verbinden, mit dem Club of Rome von verschiedenen Kulturen nun im Reich der Wissenschaften – Geistes-, Sozial- und Naturwissenschaften. An das, was die Künste an Einsichten und reflektierten Beziehungen zur Welt schaffen, müssen die Wissenschaften ihrerseits anzuknüpfen lernen. Alexander von Humboldt wollte der Welt noch »mit Wissen und Genuss«, etwa den Landschaften gerade durch die Malerei, begegnen.

So müssen wir die Künste, die Ästhetik, das reflektierte Wahrnehmen als die Teilkultur begreifen, die wir mit den anderen in unsere Kultur aufzunehmen haben. An der existenziellsten der Fragen unserer Zeit, kritischer Bewahrung von Menschheit und Planet, sind künstlerische Wahrnehmung und ihre ästhetischen Anregungen, ja, Forderungen in den Alltag hinein außerdem unabdingbar notwendig geworden.

Immer noch allein die Naturwissenschaften sollen es richten, wo unbelehrte Technik und falsche Ökonomie die Bahn ihrer Zerstörungen ausbreiten. Aber gerade hier müssen sie von anderen Wahrnehmungen und ihrer Gestaltung zur exemplarischen Anschauung lernen.

Unter anderen Gesten der Vergegenwärtigung ausgeblendeter Wirklichkeit kommen dabei auch Ansätze experimenteller Künste ins Spiel.

In der Ausstellung *ZUR NACHAHMUNG EMPFOHLEN! expeditionen in ästhetik und nachhaltigkeit* – konzipiert als sich durch immer neue spezifische Ausprägungen globaler Dringlichkeiten des Überlebens verändernd – versammelt Adrienne Goehler für Orte rund um die Welt und mit Künstlerinnen und Künstlern aus den verschiedensten Ländern Stationen eines solchen neuen Bewusstseins. Ihre Expeditionen führten sie in den vergangenen Jahren vor allem in die sogenannten Schwellenländer, von China, Indien bis Peru und Chile, die in größter Eile das traditionelle Wissen gegen die ökonomischen Verheißungen des Raubbaus an der Natur eintauschen. Sie verbindet das Engagement dagegen in unterschiedlichsten Ländern mit einander. Immer sind Gespräche zwischen verschiedenen Akteuren und Akteurinnen, Künstlern und Künstlerinnen Bestandteil.

Oft sind es die Künstler, die selbst NGOs in ihrer Unverbundenheit erst zusammenbringen, so der Künstler Hermann Josef Hack, der mit seiner Aktion auf Klimaflüchtlinge hinweist, überall dort, wo Klimaerwärmung erzeugt wird, also vor Konzernzentralen wie politischen Regierungen. Er hat erstmals Klima-Aktivisten und -Aktivistinnen mit Migrationsinitiativen zusammengebracht zum gemeinsamen Handeln. Auf den Reisen kommen immer neue Arbeiten hinzu, zeigen das Spezifische der globalen Auswirkungen des Klimawandels und des Artensterbens, zeigen aber auch hoffnungsvolle Konzepte dagegen in ihren jeweiligen Ländern auf, manche Arbeiten bleiben dort zurück, so findet ein ständiger Austausch statt.

Adrienne Goehler

Mit einander die Nachhaltigkeit erlernen – Künstlerinnen und Künstler von China bis Chile

> Only when people are in a position to use their own creative potentials,
> which can be enhanced by an artistic imagination, will a change occur [...]
> Art can and should strive for an alternative that is not only aesthetically
> affirmative and productive but is also beneficial
> to all forms of life on our planet.
> Rasheed Araeen, »A Manifesto for the Twenty-First Century:
> Ecoaesthetics«

Es fehlt nicht an Wissen um den Zustand der Welt. Es fehlt nicht an Mahnungen, Studien, Beweisen. Die drängenden Fragen nach dem Weiterleben auf dem in jeder Hinsicht gefährdeten Planeten, die nicht zu bändigenden Brände weltpolitischer, ökologischer, sozialer und finanzieller Art und die damit einhergehenden Katastrophen, wie Heimatlosigkeit, Vertreibung, Armut, Krankheit, Tod, die Verteilungskämpfe ... Im globalisierten und digitalisierten Zeitalter stehen allen alle Informationen über nahezu alles zur Verfügung. Das Zuviel an Informationen geht einher mit Ohnmacht und dem Gefühl, dass die Welt bei den Experten nicht gut aufgehoben ist, weil die von Menschen gemachten Natur- und anderen Zusammenbrüche mit den herkömmlichen Methoden nicht mehr zu bewältigen sind. Dem Scheitern des Konzepts der Moderne, des Prinzips des rücksichtslosen »schneller, höher, weiter, besser, mehr«, setzt das herrschende Verständnis des Drei-Säulen-Modells der Nachhaltigkeit wenig gegenüber.

Wir können die Welt daher nicht den Experten überlassen, nicht den Politikexperten, nicht den Ressourcenausbeutern, auch nicht den Wissenschaftsexperten, die noch allzu gefangen sind in ihren Glaubensbekenntnissen, durch immer neuere Technologien den so sehr bedrohten Planeten retten zu können. Obwohl in zahllosen internationalen Konferenzen und Manifesten als unverzichtbar für die Sensibilisierung der Menschen beschworen, bleibt die kulturelle und ästhetische Dimension der Nachhaltigkeit auch 26 Jahre nach der UN-Konferenz für Umwelt und Entwicklung in Rio de Janeiro weitgehend unbearbeitet. Es gibt kein sichtbares politisches Handeln nach dieser Einsicht.

Die Vorstellungen, die Ökologie als »Studium von Verhältnissen zwischen Individuen und ihren kulturellen, sozialen, ökonomischen und natürlichen Umgebungen« zu verstehen, stehen daher fast völlig unverbunden neben den Ansätzen von Umweltaktivistinnen und -aktivisten, Wissenschaftlern und Wissenschaftlerinnen, Autorinnen und Autoren, Philosophen und Philosophinnen, Künstlern und Künstlerinnen. Aber genau nur dieses Miteinander könnte neue Formen eines zusammen Arbeitens begründen und deren nachhaltige Spiegelung in der Politik ermöglichen. Ökologie würde damit zu einem konzeptionellen Feld, das verschiedene Künste und verwandte Disziplinen befähigt, zu gegenseitigem Nutzen mit einander zu arbeiten.

Kultur kann dann sehr allgemein einen individuellen Veränderungswillen meinen, der sich mit anderen verbindet, um Lösungen, Wege zu erproben, zu verknüpfen und zu verwerfen. Es geht um Bewahren, Vergegenwärtigen, um die bewusste Gestaltung des Lebens, um die aktive Beschäftigung der Menschen mit sich und mit der sie umgebenden Natur; es geht um eine beharrliche experimentelle Humanisierung (Norbert Elias). Kultur heißt für Menschen und Welt, mit den Sinnen wahrnehmbare Antworten auf die praktischen Fragen unserer Lebensformen zu suchen. Rudolf zur Lippe nennt dies, wenn es verbunden wird mit einem Bewusstsein von Menschen, Natur und Geschichte, eben nach allen Seiten, »Sinnenbewusstsein«.

Denn natürlich können wir die Probleme nicht mit denselben Methoden und Denkweisen lösen, die sie hervorgebracht haben. Der Klarheit dieser Feststellung von Albert Einstein ist weiterhin nichts hinzuzufügen. Wir brauchen ein Denken und Handeln in Zusammenhängen, ein Ausschwärmen in neue Organisations- und Bewegungsformen. Wir brauchen die Entfesselung der Fantasie auf allen Ebenen, Versuchsanordnungen, Erfindungen, um die genuin kulturellen Herausforderungen, die die globalen Verwerfungen bedeuten, anzunehmen.

Die Gesellschaften, die sich als Nachhaltigkeit gestaltend verstehen, kommen nicht ohne die Künste und Wissenschaften aus; von ihnen ist das Denken in Gleichzeitigkeiten und Übergängen, in Provisorien, Modellen und Projekten zu lernen. Damit sie aber ihre

Möglichkeiten gesellschaftlich verbreitern können, brauchen sie ein Gegenüber in der Politik. Nachhaltigkeit braucht die multiplen Verknüpfungen des vorhandenen Reichtums an Wissen und Erfahrung, an Empfinden, Wahrnehmen und Gestalten von Welt. Längst zielen künstlerische Fragestellungen und Handlungskonzepte auf die Erweiterung ihres gesellschaftlichen Resonanzraumes.

Ästhetik als die Summe der Wahrnehmungen war aber viel zu lange an die Kunst delegiert worden. Die Notwendigkeit, umfassend nachhaltig zu handeln, bietet die Chance, die Wahrnehmungsfähigkeit den einzelnen Individuen wieder zurückzugeben. In diesem Sinne heißt es, sich auf die Wahrnehmung und die eigenen Sinne zu verlassen und zu begreifen, dass alles mit allem verbunden ist. Für den Humboldtforscher Ottmar Ette bedeutet Ästhetik, »bringing together different knowledge at the same time!«

Wir könnten dann von einem Möglichkeitsraum für Ästhetik und Nachhaltigkeit sprechen, wenn Kreativität als Quelle verstanden wird, die in allen Menschen vorhanden ist, so man es ihnen ermöglicht, sich zu entfalten. Ästhetische Nachhaltigkeit zielt auf das Herstellen von Zusammenhängen, aufgebaut auf einem Fundament der verschiedensten Formen des Wissens. Alexander von Humboldt fordert von den Naturwissenschaften, »das Zusammenwirken aller Kräfte« zu erkunden.

Nachhaltigkeit braucht neue Formen des Lernens. Nachhaltigkeit muss sich mit neuen Formen der Arbeit auseinandersetzen. Nachhaltigkeit stellt andere Aufgaben an universitäre Lehre und Forschung. Nachhaltigkeit meint, sich in Wissen, Erfahrungen und Handeln zu verbinden. Nachhaltigkeit bedeutet, Durchlässigkeiten zu erzeugen. Auch dazu laden unterschiedliche Stationen der Ausstellung ein.

Nachhaltigkeit als gesellschaftliche Gestaltungsaufgabe zu begreifen, meint, die unterschiedlichen Blicke, die unterschiedlichen Fähigkeiten der Einzelnen hineinzunehmen in ein verändertes und ein veränderndes Handeln. Die Künste könnten dies mit ihren Instrumentarien in Bewegung bringen.

Hierzulande gab Joseph Beuys durch die anthropologische Erweiterung des gängigen Kunstverständnisses dem Verhältnis von Kunst und Natur mit die stärksten Impulse. Er vertrat mit seinem erweiterten Kunstbegriff einen dezidiert ganzheitlichen Ansatz, der Natur, Mensch und Gesellschaft zusammendachte und somit das traditionelle Kunst-Machen hinter sich ließ. In all seinen künstlerischen Arbeiten, Vorträgen und Performances hat er sich immer auf den einzelnen Menschen als Teil einer emanzipierten, künstlerisch-kreativ bestimmten Gemeinschaft bezogen, der die eigenen Geschicke selbst in die Hand nimmt. Er war sich sicher: »Die einzig revolutionäre Kraft ist die Kraft der menschlichen Kreativität. Die einzig revolutionäre Kraft ist die Kunst«.

Eine seiner markantesten Arbeiten, »7000 Eichen – Stadtverwaldung statt Stadtverwaltung«, begann mit der documenta 7 und setzte auf die Teilhabe der Kasseler Bevölkerung. Beuys kombinierte jeweils eine Eiche und eine Basalt-Stele, kontrastive Naturmaterialien, die Wachstum und Erstarrung veranschaulichen. Zu verstehen als eine Metapher für die aus seiner Sicht notwendigen Veränderungs- bzw. Heilungsprozesse einer von ihrer natürlichen Umwelt zunehmend entfremdeten Gesellschaft.

Das könnte dann »soziale Plastik« meinen: Die Ent-Edelung der Kunst durch ihre Benutzbarkeit als gesellschaftliches Verflüssigungsmoment zur Herstellung von Prototypen für gesellschaftliche Veränderungen. Es geht um die Wiedergewinnung von Wahrnehmung als Grundlage jeder lebendigen, d. h. wirklichen Kultur. Mich durch eine Ausstellung auf solche *expeditionen in ästhetik und nachhaltigkeit* zu begeben, schien mir ein Weg zu sein, einen Möglichkeitsraum zu eröffnen, Ermutigung durch Pilotprojekte.

Die künstlerischen Arbeiten, die allesamt bereits existierten und durch ZUR NACHAHMUNG EMPFOHLEN! lediglich in einen neuen Kontext gestellt sind, decken auf, knüpfen am Wissen der Frauen an, an verschütteten oder missachteten Traditionen, sind Erfindungen, verbinden Kunst und Wissenschaft, machen sichtbar, was unsichtbar bleibt. Sie vereinen auch das, was Rudolf zur Lippe »Alltagsklugheiten« nennt.

Die Ausstellung zeigt künstlerische Praktiken, die zur Erhaltung des Planeten beitragen können, Einfluss auf bewusstes Konsumverhalten nehmen wollen, ökonomisch rentabel sind, und künstlerische Positionen, in denen sich die Grenzen zwischen Kunst, Aktivismus und Erfindungen auflösen. Nachhaltigkeit braucht Wahrnehmungserweiterung im Zusammenwirken und hebt damit bewusst die Grenzen zwischen künstlerischer und technischer Kreativität auf, zwischen Machbarkeit und Idee. Die Sinnlichkeit ist das verbindende Element.

Der Ausstellungstitel steht für die Absicht, die gezeigten Arbeiten und Handlungskonzepte durch möglichst viele Nachahmungen in der Welt zu verbreiten, will also gerade nicht den Kult der Einmaligkeit des künstlerischen Gedankens bedienen, sondern setzt auf Ausbreitung.

Der britische Künstler Richard Box hat in Kollaboration mit einem Physiker die elektromagnetische Umweltverschmutzung und Schädigung der menschlichen Organismen unter Hochspannungsleitungen sichtbar gemacht, indem er 1300 gebrauchte Neonröhren in den Boden gesteckt hat. Sie leuchteten durch die elektrostatische Aufladung und haben den Bewohnern und Bewohnerinnen für die von ihnen unter diesen Leitungen gefühlten körperlichen Symptome plötzlich einen visuellen Ausdruck gegeben.

Die koreanische Künstlerin Jae Rhim Lee weist auf die Tatsache hin, dass durch all die Giftstoffe in Luft, Boden und damit in der Nahrungskette unsere Körper zu toxischen Archiven geworden sind, die, bevor sie beerdigt werden, einen Entgiftungsprozess durchlaufen müssten, um nicht als Sondermüll gewertet werden zu müssen.

»Terra preta«, schwarze Erde, ist ein anthropogener Boden, ursprünglich aus dem Amazonasbecken, der durch jahrhundertelange Bewirtschaftung entstand. Die Indios reicherten den Boden mit einem kompostierten oder fermentierten Gemisch an, das aus Pflanzenresten, Dung sowie menschlichen Fäkalien bestand und Kohle aus den Herdstellen enthielt. Mit der Abholzung des Regenwaldes und der Vertreibung der Bewohnerinnen und Bewohner verschwand auch das Wissen, wie diese äußerst fruchtbare Erde zu gewinnen sei. Es ist Fluch und Segen der Globalisierung gleichermaßen, dass die Japanerin Ayumi Matsuzaka, über den Umweg der Kunst, das weitgehend selbst in Brasilien verlorene Wissen für das Land, in doppelter Hinsicht, ausgegraben hat und es in die ganze Welt trägt.

Ursula Schulz-Dornburg, Fotografin, hat sich mit dem Verlust von Biodiversität beschäftigt und dafür Anleihen am Wissen von Umweltbewegungen genommen. In ihrer Installation kontrastiert sie ihre Einzelporträts verschiedener Weizentypen, die alle höchst individuell sind, mit Fotografien von Weizentypen, mit denen Monsanto die Welt erobern will. Die sechs Sorten sind durch und durch uniform. Soldatisch.

Dagegen machen 100 kleine Kisten mit je unterschiedlichen Ähren, als kleiner Ausschnitt der 66.000 existierenden Weizensorten, die, als Schatz der Menschheit, im Vavilov Institut in St. Petersburg gehütet werden, ohne jede Erklärung durch die simple Schönheit klar, welcher Verlust droht, wenn wir uns nicht für eine Artenvielfalt einsetzen.

Ihre Arbeit hat Wissenschaftlerinnen und Wissenschaftler am Agrarinstitut in Addis Abeba ermutigt – geschützt durch die internationale Ausstellung ZUR NACHAHMUNG EMPFOHLEN! – erstmals öffentlich ihren größten nationalen Agrarschatz zu zeigen. In einer Vitrine, Tag und Nacht bewacht, wurden 106 verschiedene Sorten Teff in Petrischalen präsentiert, eine Art Zwerghirse, glutenfrei und reich an essenziellen Fettsäuren. Damit wurde auch erstmals diskutiert, dieses einmalige Saatgut keinem europäischen Vermarkter zur Patentierung zu überlassen, denn die Agenten des Allergikermarktes in Europa strecken ihre Finger danach aus.

Addis Abeba war aber auch in anderer Hinsicht beglückend. Das Forschungsprojekt ›Messages of Water‹ des Künstlerduos ›Zwischenbericht‹ und Mulugeta Gebrekidan, Künstler vor Ort, begann mit einer Reise zu den Quellen der Flussläufe, dorthin wo das Wasser noch trinkbar ist und nicht eine Krankheitsquelle für Menschen, die das Wasser für Agrarproduktionen, Textilreinigung, Müllbeseitigung und als Ort für Fäkalien benutzten. Es war das erste Projekt, an dem Künstlerinnen und Künstler, Wasserwissenschaftler und die Bewohnerinnen und Bewohner über einfache Mittel, wie das Abfüllen von Wasserproben in Glasflaschen und das Tränken von Tüchern, allen sichtbar machten, was mit dem Fluss passierte.

Der beeindruckendste Platz aber war der riesige Markt, der alle Europäer, die denken, etwas von Recycling zu verstehen, staunen ließ. Alles, buchstäblich alles, wurde anderen Nutzungen zugeführt, aus Abfällen wurden Einfälle generiert.

Dann Chile, dort sind fünf Künstlerinnen zu uns gestoßen, die mit ihren Mitteln die großen Fragen ihres Landes aufwarfen. Der Zugang zu sauberem Wasser ist dort noch schwerer als sonst, denn es ist zu 100 Prozent privatisiert. Das große Lithium-Vorkommen in der Atacama-Wüste, das etwa ein Drittel des Hungers der Industrienationen nach Batterien für Elektrofahrzeuge stillen soll, der große Reichtum des Landes ist auf dem Weg, ebenfalls privatisiert zu werden. Für die, die es bergen müssen, bleiben die Risiken. Wie alle Alkalimetalle reagiert elementares Lithium schon in Berührung mit der Hautfeuchtigkeit und führt zu schweren Verätzungen und Verbrennungen. Noch regt sich wenig Widerstand dagegen. Aber Alejandra Prieto hat mit ihren künstlerischen Mitteln oppositionelle Organisationen ermutigt; sie wird mit ihnen weiter dagegen forschen und bringt auch zu Bewusstsein, dass Lithium in minimalster Dosierung ein Mittel gegen bipolare Störungen ist, als solches auch in die Literaturen eingegangen.

Über die mannigfaltig wahrnehmbaren künstlerischen Konzepte könnten wir der Nachhaltigkeit eine andere Wirkungsentfaltung geben. Raum und Zeit zur Entwicklung jenseits von technoiden Vorstellungen. Wir brauchen Visionen eines zukunftsfähigen Lebens, die sich mit Sinn(lichkeit), der Lust und der Leidenschaft des eigenen Handelns verbinden lassen, um Ernst zu machen mit der Nachhaltigkeit. »Es steht uns frei, die Welt zu verändern und in ihr Neues anzufangen«, erinnert uns Hannah Arendt. Weltpolitisch drängt uns dazu auch Boutros Boutros-Ghali, am Ende seiner Berliner Rede in einem Gespräch mit Klaus Töpfer. Es gibt sie, die Handlungsmöglichkeiten: unbedingt ZUR NACHAHMUNG EMPFOHLEN!

II.

Ein schönes Bündnis dreier Institutionen hat es in Berlin erlaubt, in einer ersten exemplarischen Erprobung ein Gegenüber als Miteinander zu üben, durchaus in dem Bewusstsein, damit eine nie endende Folge von Übungen aufzunehmen, die zusammen das heraus-bilden können, was Wim Wenders als einen »dritten Ort« für uns alle vorstellt.

Frank Hahn

Voneinander Lernen – einander Zuhören

Von- und miteinander Lernen bedarf vor allem und zuerst des Zuhörens. Bereits im ersten Moment einer Begegnung, bevor überhaupt
etwas gesagt wird, zeigt sich, wie weit die Ohren zum Hören und
Zuhören sich öffnen, worin sich immerhin der Wunsch nach einem
wirklichen Miteinander ankündigt. So ereignete es sich während
einer Veranstaltung im routinierten Berliner Kulturbetrieb, auf der
ein Redner nach dem anderen sich an sein Manuskript klammerte,
um nur keinen Kontakt zum Publikum aufzubauen, dass einer plötzlich zeigte, wie es anders gehen kann. Dieser Vortragende aus einem
afrikanischen Land wandte sich schon *vor* dem ersten Wort mimisch
und gestisch dem Publikum zu und *mit* dem ersten Wort fühlten sich
die Anwesenden als Angesprochene. Damit war zugleich der Anspruch verbunden, ihm zuzuhören. Dies Beispiel zeigt, welche Bedeutung bereits die Eröffnung einer Begegnung zwischen Menschen für
die mögliche Spannweite des Zuhörens hat. Tatsächlich ist das Ohr
dasjenige Organ, das sowohl die Stimme des Anderen wie die eigene
auffängt und das Gehörte in den komplexen Vorgang des Übersetzens, des mehrfachen Reflektierens, des Auswählens, Verschiebens,
Verbindens und Trennens von Sinnbedeutungen und Zeitebenen eingehen lässt – wodurch sich das Hören vom Zuhören unterscheidet.
Wir sagen zu Recht, dass dieses Zuhören sehr feiner Ohren bedarf,
und meinen damit schon mehr als das akustische Wahrnehmen, indem wir die Vielfalt an Ober-, Unter- und Nebentönen bewusst und
mit peinlicher Sorgfalt aufnehmen, in denen bereits die verschiedenen Sinnebenen sich ankündigen, von deren gemeinsamem »Durch-
wandern« ein gelingendes Miteinander abhängt.

Ich habe erst nach dem Verfassen der hier folgenden Überlegungen den großartigen Beitrag von Ranjit Hoskoté zum transformativen Zuhören gelesen, dessen Grundaussage sich ganz mit meiner
deckt. Sein Begriff des transformativen Zuhörens spricht eben den
Zusammenhang von Zuhören und Übersetzen an, einem Übersetzen,

das nicht den Anderen auffordert, von seinem sprachlichen Ufer auf
meines über zu setzen, sondern umgekehrt. Ich muss erst das für
mich neue und unbekannte Ufer erleben und durchstreifen, um dann
als ein Anderer – eben transformiert – zurückzukehren. Das wechsel-
weise Übersetzen als ein Hin- und Herfahren zwischen den Ufern
schafft erst den Raum eines Miteinander-Lernens, wofür ich im Folgenden das eine oder andere Beispiel geben werde. Hoskotés Hinweis
darauf, dass dieses Zuhören dennoch an die Sicht des souveränen
(letztlich des euro-amerikanischen) Subjekts gefesselt bleibe, stellt
die philosophische Theorie und die Lebenspraxis dieser euro-amerikanischen Welt vor eine besondere Aufgabe. Tatsächlich fällt die
Ernte mager aus, wenn man nach den Früchten des europäischen Philosophierens zum Thema Hören Ausschau hält. Wie ein zeitgenössi-
scher Philosoph betont, hätte von Kant bis Heidegger der Hauptein-
satz der Philosophie in der Erscheinung oder der Manifestation des
Seins gelegen. Und die Ideengeschichte ist schließlich streng genommen eine Geschichte des Schauens – nach dem griechischen eidos (das
zu Sehende, die Gestalt). So stelle sich die Frage, ob *die* Philosophie
überhaupt des Hörens fähig sei?[1] Die gleiche Frage kann man *der*
Wissenschaft stellen. Ist *die* Wissen-*schaft* hörfähig gegenüber einem
Wissen, das sich nicht vermessen, sezieren, begrifflich einordnen, be-
und verwerten lässt? Das auch das Unmögliche und das Unnennbare
mit einbezieht?

Tatsächlich stand eine solche Frage am Anfang der Überlegungen, die schließlich in das hier in Gänze wiedergegebene Symposium
unter dem Titel »Miteinander der Kulturen: für eine andere Aufklärung« vom Juni 2010 mündeten. Der von mir geleitete Kultur-Verein
Spree-Athen wurde zum Mitinitiator und Mitveranstalter dieses
Symposiums, nachdem uns bereits 2007, in der Gründungsphase unseres Vereins, angeboten worden war, einen eigenen Beitrag zum Berliner Wissenschaftsjahr 2010 zu leisten. Dies war Ehre und Bürde
zugleich, und als das Angebot 2009 erneuert wurde, suchte ich Rat
und Mithilfe bei Rudolf zur Lippe, den ich im Rahmen der Veranstaltungen der Initiative Humboldt Forum kennen gelernt hatte. Auffal-
lend war dabei seine besondere Gabe, als Gesprächspartner stets den
Anderen und das Andere zu Gehör kommen zu lassen. Nun saßen wir
also im Frühjahr 2009 zusammen und fragten uns, wie die Veranstal-
tungsreihe zum Berliner Wissenschaftsjahr zu bereichern sei. Die

---

[1] Jean-Luc Nancy: Zum Gehör, Zürich 2010.

erste Bemerkung Rudolf zur Lippes wird mir stets in Erinnerung
bleiben: die Wissenschaft möchte die Welt vermessen, dabei werde
aber übersehen, dass Wissen nicht zuletzt durch Wahrnehmen ent-
stehe. Nun könnte man statt übersehen auch überhören sagen. Der
Wissenschaft fehlen für die Wahrnehmung offenbar die feinen Ohren. So also war die – fast subversive – Idee geboren, die Begegnungen des Wissenschaftsjahrs zu nutzen, um der Wissenschaft und der
Philosophie ein paar Ohren wachsen zu lassen. Vielleicht nicht auf
Dauer, aber immerhin experimentell. Das Ergebnis lässt sich im hier
veröffentlichten Transskript des achtstündigen Symposiums zum
»Miteinander der Kulturen« nachlesen. Die Vorgeschichte von einem
Jahr Planung zu erzählen, wäre zwar auch eine reizvolle Aufgabe, die
jedoch anderen Überlegungen Platz gewähren soll. Blickt man im Jahr
2018 auf unser Symposium des Sommers 2010, scheint dies in einer
vergleichsweise idyllischen Atmosphäre stattgefunden zu haben. Das
»Miteinander der Kulturen« klingt – angesichts der heutigen Politik
der Abschottung Europas, wofür die im Mittelmeer Ertrunkenen und
jeden Tag weiter Ertrinkenden ein erschütterndes Zeugnis geben –
beinah arglos. Das »Mit« gerät in den westlichen Gesellschaften, so
scheint es, zunehmend unter den Druck lauter Parolen und Ressenti-
ments. Abschottung ist tatsächlich ein anderer Name für die Verstop-
fung der Ohren. Es scheint, als wolle Europa vor allem nicht hören.
Möchte man, statt den Geschichten derjenigen, die es unter unsägli-
chen Strapazen zu uns geschafft haben, zuzuhören, die Menschen nur
möglichst rasch dazu drängen, sich zu vermarkten? Diese Fragen erscheinen zwar drängender und rufen unmittelbarer nach praktischer
Hilfe, als dies im Rahmen eines Symposiums über das Miteinander
der Kulturen geschieht. Bei genauerem Hinhören auf das seinerzeit
Gesagte wird jedoch dessen aktuelle Brisanz deutlich: es wurde über
die Verschiedenheit von – gleich gültigen und gleich berechtigten –
Denkstilen und der Notwendigkeit der ständigen *Übersetzung* zwischen ihnen gesprochen. Dass die Aufklärung im 18. Jahrhundert
bereits zu Beginn sich gegen andere als die eigenen Denkstile ab-
zuschotten begann, wurde zur Eröffnung des Symposiums am Beispiel des seinerzeit aus Halle vertriebenen Christian Wolff von Volker
Gerhardt zum Thema gemacht. Dessen ausführliche Würdigung des
konfuzianischen Denkens rief nicht nur Abwehr hervor, sondern das
fremde Denken sollte in seiner Person ausgestoßen und verfolgt werden. Die Forderung nach einer Aufklärung der Aufklärung über sich
selbst ist also nur allzu berechtigt. Vielleicht hieße eben die neue Auf-

klärung, das Denken zu vergessen, wie es Ryôsuke Ohashi mit Bezug auf das Tao darlegte. Umso wichtiger wird dann die sinnliche Wahrnehmung und hier vor allem die Verfeinerung des Gehörs, worauf Jacob Mabe in Hinblick auf die mündliche Tradition afrikanischen Philosophierens hinwies. Diese Fragen sind gerade heute nicht nur existentiell entscheidend, sondern sie bedürfen stets sich vertiefender gemeinsamer Gespräche in der Suche nach Übersetzung, Antwort und neuen Fragen. Die Gesellschaft braucht eine Vielzahl solcher Zusammenkünfte als einem ununterbrochenen Gespräch, so dass zumindest das Echo des Gesprochenen lauter wird und ein Mehr an Miteinander ermöglicht. Geschieht dies aber nicht schon? Gerade in Berlin herrscht der Eindruck, dass jeden Abend an diversen Orten – Museen, Akademien, Theatern, Stiftungen – genau in diesem Sinne die gegenwärtigen Fragestellungen und Probleme der Begegnung einander fremder Kulturen ausgeleuchtet werden. Hochgelobt wird das Zusammenspiel von Kultur und Politik, um das Bedürfnis einer zunehmend unsicheren Öffentlichkeit nach Informationen, Deutungen und Zusammenhängen zu beantworten. Aber zeigt sich hier nicht ein folgenschwerer Irrtum? Als ob durch Informationen, die das Unbekannte, Verstörende, Bedrohliche oder auch Lockende ausleuchten und vielleicht sezieren oder erklären, ein Miteinander entstünde. Selbst in einem Zeitungsartikel zur Berliner Debattenkultur wurde im Frühjahr 2016 – wenn auch versteckt – angemahnt, was für ein solches Miteinander eigentlich nottäte: eine heilende Philosophie.

In diesem Sinne gab es schon bald nach dem Symposium des Jahres 2010 die Idee eines Nachfolgeprojekts, das der Suche nach einer zukunftsweisenden Konzipierung des Humboldt Forums hätte dienen können. Tatsächlich ging es darum, statt der großen Formate auf den diversen Bühnen der Stadt Gespräche zwischen jeweils zwei Teilnehmern unterschiedlicher sprachlicher und kultureller Herkunft zu beginnen, um später zu versuchen, die jeweilige Gesprächsdynamik weiter zu erzählen und in größere Runden münden zu lassen. Ausgangspunkt sollten bestimmte Worte oder Redewendungen sein, die in die Sprache des jeweils Anderen übersetzt würden, um den verschiedenen Resonanzen nachzuhören, die sich aus Klang, Sinn und Bedeutung der mehrfachen Übersetzungen ergäben. Es war vermutlich zu unspektakulär und gleichzeitig zu anspruchsvoll, so dass es diesem Projekt ähnlich erging wie der Initiative Humboldt Forum mit den von ihr organisierten großartigen Auftritten von Denkern aus aller Welt, die der Frage nachgingen, was die Welt von einem

Humboldt Forum erwarten und hoffen könne: die Stadt Berlin reagierte entweder ablehnend oder gar nicht, so als sei nichts geschehen – oder als habe man eben nichts gehört. Was ist unter diesen Umständen aber von dem seit langem eifrig propagierten Dialog der Kulturen zu erwarten? Täuscht der Eindruck, dass es bei diesem Dialog vor allem darum geht, die eigene Position – wenngleich friedlich und scheinbar zugewandt – gegenüber dem Anderen zu behaupten? Man hört sich höflich an, was der Andere zu sagen hat, aber das Anhören ist eben noch kein Zuhören. Der Anhörende wartet vielleicht ab, bis der Andere seinen Satz beendet hat, aber es ist ein Warten auf dem Sprung, bei dem man sozusagen auf den eigenen Einsatz wartet, der schon während des Anhörens des Anderen innerlich geprobt und geplant wird.

Die Themen, denen wir uns in diesem Zusammenhang bei Spree-Athen in den letzten sechs Jahren gewidmet haben, waren jedenfalls stets neue Versuche – ausgehend von der anhaltenden Inspiration des Symposiums vom Juni 2010 –, das Miteinander zur Sprache zu bringen. Die Fragen reichten vom Verstehen und Nicht-Verstehen zwischen den Kulturen, von Identität und Wanderschaft, Erzählen und Heilen, Pluralität statt Gleichheit bis zu Gastfreundschaft und Zuhören. Zu Letzterem fand im November 2014 ein Gespräch zwischen einer jungen Wissenschaftlerin aus Deutschland und einem jungen Philosophen aus Marokko statt, bei dem es um die Korrelation zwischen der Stimme des Anderen und der Gastfreundschaft ging. Im Mittelpunkt standen dabei die Arbeiten von Levinas und Derrida zu diesen Themen. Einer der Grundgedanken von Levinas besagt ja, dass man den Anderen erst dann zu verstehen beginnt, *wenn man ihm zuhört über das Hörbare hinaus.* Erst wenn das Echo der ersten Stimme in einer zweiten ertönt, werden einander zuhörende und antwortende Resonanzen hörbar, und das Gehörte lässt etwas zwischen den Stimmen geschehen, was beide verändert. Wo aber ist der Sitz dieser zweiten Stimme? Im Anderen oder bei mir? Schon in der Stimme des Anderen kann ich bei wirklichem Zuhören eine zweite Stimme vernehmen, die mehr sagt als das Gesagte. Dieses Zuhören entspricht vielleicht der Erwartung eines Gastgebers, dass der Gast bald kommen wird – oder dem Heraustreten vor die Tür, um den Gast von Ferne kommen zu sehen oder ihm ein Stück des Wegs entgegen zu gehen. Schließlich lade ich ihn ein, über die Schwelle des Hauses bei mir einzutreten. Ich entbiete ihm meine Gastfreundschaft – so wie ich auch die Stimme des Anderen einlade, bei mir – in meiner Stimme

– zu wohnen. Aus dieser Wohnung erklingt dann das Echo – in vielfältiger Weise, so dass sich der Andere selbst neu und anders hört und
ich durch seine Gast-Stimme mich ebenfalls anders und neu ver-
nehme.

Ist es Angst vor dem Kontrollverlust über das eigene Haus, wenn
man der fremden Stimme gar nicht erst das Gastrecht gewährt, indem
man zwar die Worte akustisch wahrnimmt und auch ihre Bedeutung
in sich aufnimmt, aber nicht zuhört? Das Zuhören beginnt ja tatsächlich erst dann, wenn ich mich auf die fremde Stimme einlasse und sie
längere Zeit als Gast zu beherbergen bereit bin. Erst dann kann ich
mit ihr vertraut werden und abwägen, was ich mit meiner eigenen
Stimme aufgreife und moduliere und was ich vielleicht zurückgebe.
Meist jedoch wird die Tür vor der anderen Stimme vorzeitig geschlos-
sen, so dass nur noch durch Spalt und Ritzen Laute und Worte ein-
dringen, mit denen man meint, leicht fertig zu werden. Dies scheint
selbst unter denjenigen üblich zu sein, die sich keinesfalls dem Gespräch mit Menschen aus anderen, fremden Traditionen und Denkweisen verweigern, die sich sogar für liberale, weltoffene und in den
Weltkulturen kenntnisreiche Diskursteilnehmer halten.

In den folgenden Beispielen würden die Beteiligten sicher vehe-
ment bestreiten, dass sie nicht zugehört hätten – doch offenbar man-
gelte es an der Gastfreundschaft für die Stimme des Anderen. Es lässt
sich an diesen Fällen deshalb vielleicht in größerer Klarheit zeigen,
was das Zuhören als Echo der zweiten Stimme im Gegensatz zum
Dialog bedeutet. Im ersten Fall geht es um eine Podiumsdiskussion
zum Thema Solidarität. Vor dem Hintergrund der Dokumentation
einer Kunstausstellung im Palästina des Jahres 1978 ging es um die
Frage, was Worte wie Solidarität und Sozialismus heute, 40 Jahre
später, in der arabischen Welt besagen. Neben einer Kulturwissenschaftlerin aus Berlin saß ein Künstler aus Algerien auf dem Podium,
der durch seine Herkunft in die Pflicht genommen wurde, für die
»arabische Welt« zu sprechen. Die Frage der Kulturwissenschaftlerin
an ihn war schnörkellos, aber hatte es – wie man so sagt – in sich: sie
wollte wissen, was aus den sozialistischen Idealen der 70er und 80er
Jahre geworden sei, ob sie auf irgendeine Weise überlebt hätten oder
in anderen politischen Kräften weiterlebten. Spontan erwiderte der
Mann aus Algerien: im Islamischen Staat. Es wurde nachgefragt. Ja,
der Islamische Staat habe die Stelle im Bewusstsein der Gesellschaften Nordafrikas und der arabischen Staaten eingenommen, die seinerzeit der Sozialismus innehatte. Der Künstler ging noch weiter: mit-

hilfe des Internet werde eine Gleichzeitigkeit zwischen politischer Aktion und der Berichterstattung in den Medien hergestellt, die eine ganz neue Form des Machtgefüges schaffe. So könnten Menschen überall auf dem Globus in »Echtzeit« Augenzeuge von Enthauptungen sein, die der IS durchführe. Universell und hegemonial – mit diesen Stichworten resümierte der Künstler die Ähnlichkeit von IS und Staatssozialismus der Zeit vor 1989. Dies brachte die aus Ost-Berlin stammende Diskussionsleiterin so sehr aus der Fassung, dass sie ihre Frage mehrmals wiederholte, *so als hätte sie die Antwort des Künstlers nicht gehört.* Dessen These war vielleicht provokant, hätte aber doch eine neue, unerwartete Dimension der Sicht und auch des Gesprächs eröffnen können. Durch das Überhören wurde diese Chance vergeben. Dieses Erlebnis erinnert an das Wort Nietzsches, wonach diejenige Sprache, in der zum ersten Mal eine neue Erfahrung zu Wort kommt, oft einfach nicht gehört werde. Und dann verfalle man der akustischen Täuschung, »dass wo Nichts gehört wird, auch Nichts da ist …«

Ein anderes Beispiel: Im Rahmen eines Workshops zur *Ästhetik des interreligiösen Dialogs* stellt ein indischer Wissenschaftler Grundbegriffe aus der Bhagavadgita vor – wie Mantra oder Atman. Prompt tritt eine kluge Teilnehmerin auf und begehrt zu wissen, ob diese Begriffe in etwa das Gleiche bezeichneten wie im Griechischen Logos und Nous. Der Inder war so frappiert wie höflich und ließ mit einem sanften »Ja, das könnte man so sagen …« die Frage auf sich beruhen. Er hätte aus ehrlichem Herzen sagen können: »Nein«. Dann hätte er hinzufügen können: »Die von mir vorgestellten Begriffe sind nicht übersetzbar. Vielleicht kommt das griechische Wort Logos dem hier Genannten nahe, aber es wird immer ein unübersetzbarer Rest bleiben«.

Dieser Rest scheint es zu sein, um den es beim Zuhören geht – wobei gerade dadurch, etwas nicht restlos zu verstehen, wir häufig um eine besondere Erfahrung bereichert werden. Höre ich in der Stimme des Anderen diesen Rest als Rätsel, Gleichnis oder als Stimme von weit her, die sowohl mir wie auch dem Anderen nicht gehört, kann ein solches Zuhören uns womöglich tiefer verbinden als ein gegenseitiges Schulterklopfen der Übereinstimmung, die oft nur den Rest zum Schweigen bringen soll. Wir sind auf den Anderen, den Fremden angewiesen, um das Fremde in uns selbst zu hören, den unbekannten Rest, der sich nicht mehr auf das Bekannte zurückführen lässt.

Der unübersetzbare Rest kann den Hörenden auf eine tiefe Probe, das Zuhören ihn existentiell in Frage stellen. Dabei geht es um sehr viel mehr als um eine äußerliche Identität, die sich in bestimmten Gewohnheiten des Denkens und Handelns zeigt. Tatsächlich scheint die entscheidende Voraussetzung für das Zuhören Weite des Herzens und Fülle der Zeit zu sein. Als Gastgeber der anderen Stimme lasse ich diese in mir wirken, mein Echo wird eine Frage, ein Schweigen, ein Murmeln oder Tasten nach Worten sein – im Bewusstsein dessen, dass sich das Echo stets erneuern wird, solange ich das Gehörte in mir anhaltend schwingen und mehrmals erklingen lasse.

Auf besondere Weise wird die Notwendigkeit dieser Fülle und Weite in Grenzsituationen virulent – wenn es um Fragen wie Schuld, Reue, Scham sowie Versöhnung oder gar Vergebung geht. Wie z. B. kann es gelingen, nach einem Bürgerkrieg oder Gewalttaten zwischen verschiedenen Bevölkerungsgruppen wieder miteinander zu leben? Alle Beteiligten werden hier auf eine schwere Probe gestellt. Unter welchen Bedingungen wird der Täter etwas sagen, das ihn nicht nur vor allen Anderen entblößt, sondern vor sich selbst? Wie können Täter und Opfer miteinander sprechen, wenn sie sich nicht zuhören? Wie aber kann ein solches Zuhören auf beiden Seiten ertragen werden? Trotz der scheinbaren Unmöglichkeit, dass sich Täter und Opfer gegenseitig hörend zuneigen, gibt es Beispiele für das Gelingen eines solchen Unterfangens. Sie stammen aus Afrika, vornehmlich aus Ruanda und aus Südafrika. Beispielhaft für ein *Miteinander der Kulturen*, das immer auch vom Schatten der Vergangenheit begleitet wird, der die Fragen nach Schuld und Versöhnung in die Gegenwart wirft. Insofern können wir von manchen Formen des Zuhörens, wie sie in afrikanischen Gesellschaften als Wege zur Versöhnung ausgeübt werden, viel lernen. Das »Geheimnis« der Versöhnung liegt dabei offenbar tief in den Traditionen der afrikanischen Gesellschaften, ihrer Philosophie, Kultur und Geschichte begründet. So spielt z. B. die Stammesgemeinschaft eine besondere Rolle, den Einzelnen so zu stärken, dass er sich nicht mehr ausschließlich als Täter oder Opfer fühlt oder als solcher von den Anderen wahrgenommen wird. Traditionelle Heiler helfen dabei, die Bereitschaft zu Wahrheit und Reue auf der einen sowie zur Versöhnung auf der anderen Seite hervorzuholen, wobei am Anfang oft die heilende Geste einer Bitte um Vergebung steht. Dabei bedarf es nicht zuletzt einer besonderen Art des Zuhörens, und gerade sie hat in den afrikanischen, mündlichen Kulturen eine lange Tradition. Sie scheinen besonders vertraut mit der Praxis dessen, was Levinas als Zuhören über das Hörbare hinaus bezeichnet. Die Menschen in diesen Kulturen sind es gewohnt, mit Wesen außerhalb der sichtbaren und hörbaren Welt zu sprechen, seien es »Götter« oder der »Geist« eines Flusses oder die Ahnen, die nicht mehr unter den Lebenden weilen. Dass in jedem Menschen die Stimmen dieser nicht-sichtbaren und nicht-hörbaren Wesen ein Echo finden, scheint außer jedem Zweifel zu sein. Die erwähnte Gastfreundschaft für die Stimmen der Anderen wird vorausgesetzt, und so kann man sagen, der Körper des Menschen wird zum Resonanzboden für all die verschiedenen Stimmen der nicht-sichtbaren Welt, sei es der vergangenen, gegenwärtigen oder zukünftigen. Das Wirken dieser Stimmen im Anderen vermittelt mir eine demütige Haltung, ihn nicht nur an seinen Taten und Worten zu beurteilen, die sichtbar und hörbar sind, sondern diesen Resonanzboden in ihm als kostbare Gabe wahrzunehmen, die auch mir ermöglicht, das Echo meiner Stimme in ihm zu hören. Die Fülle dieser aufeinander antwortenden Stimmen und ihrer Echos hilft dabei, den anderen Menschen nicht auf den Status des Täters zu reduzieren – und auch das Opfer kann sich so aus einer Haltung des »nur Opfer-Seins« lösen und befreien. Ganz Ohr sein, sich ganz dem Klang, dem Timbre und dem Rhythmus des Gesagten und zu Sagenden öffnen, sozusagen den eigenen Körper zum Resonanzkasten zu machen und durch das Echo des Anderen zu erweitern: dies sind zweifellos Voraussetzungen für die Überwindung einer Festlegung der Rollen von Täter und Opfer. Gleiches gilt in weitaus weniger dramatischen Situationen, wenn es z. B. darum geht, mit dem Anderen, dem Fremden zusammen zu leben, zusammen zu arbeiten und zusammen schöpferisch tätig zu werden. Von der angedeuteten Weise des Zuhörens in manchen afrikanischen Gesellschaften ließe sich für das Miteinander offenbar viel lernen.

Auch im geschriebenen Wort wirken die Echos des Timbre, des Klangs jenseits der Sinn-Bedeutung und wollen gehört werden. So wäre zu wünschen, dass auch die Beiträge in diesem Band als solche Echos aufgenommen werden und mit dazu beitragen, das Voneinander-Lernen je neu und je anders zu einer bereichernden Erfahrung zu machen, die das bloße Verstehen überschreitet und das Glück des Zuhörens gewährt. Wie es der Schriftsteller Hans Erich Nossack scheinbar beiläufig in seine Erzählung *Nekiya* einfließen lässt: »Warum erzählt er mir das, fragt sie sich. Vielleicht versteht sie nicht alles, weil er sich undeutlich ausdrückt. Vielleicht interessiert es sie auch nicht sehr; denn schließlich ist das, was er erzählt, nicht sehr kurzweilig. Dann aber fühlt sie, dass er ihr im Erzählen so nah ist wie nie, *und gibt sich dem Glück des Zuhörens hin.*«

Miteinander der Kulturen: für eine andere Aufklärung

Erprobungen für ein zukünftiges HUMBOLDT FORUM[1]

Ein Gespräch zwischen Volker Gerhardt
Henrik Jäger
Jakob Mabe
Ryôsuke Ohashi
Karol Sauerland
Bettina Schöne-Seifert

Zeitgenössische Denker aus Asien, Europa und Afrika erproben An-
sätze zu einem Lernen der Kulturen von und mit einander, das wir als
eine andere, wechselseitige, weltweite Aufklärung verstehen. Sie soll
aus jenem Bewusstsein der menschlichen Vielfalt erwachsen, in der
Wege entstehen, die eine gemeinsame Zukunft ermöglichen.

Von den Dimensionen, die dabei in den Blick kommen sollten, ist
vielleicht besonders wichtig das Miteinander der wissenschaftlichen
Erkenntnis mit den anderen Formen des Wissens – traditionelles, ge-
stisches, sinnhaftes Wissen – im Philosophieren zu den Fragen unse-
res Lebens.

Volker Gerhardt
Es könnte sein, dass wir zu der Auffassung kommen, dass wir eine
vollständige, eine umfassende Aufklärung brauchen; eine Aufklärung, die eben ihren Stolz darein setzt, nicht *nur* eine Vernunft-Auf-
klärung zu sein, sondern eben eine Aufklärung des Menschen über
sich selbst, und insofern davon ausgeht, dass die Vernunft *gar nichts*
leistet oder gar nichts ist, wenn sie nicht auch die Sinnlichkeit mit
einbezieht. Und zur Sinnlichkeit gehören eben nicht nur die Augen
und die Ohren und das, was wir sonst noch aus der Physiologie auf-

---

[1] Das Gespräch fand am 30. Juni 2010 im Radialsystem V Berlin statt. Veranstalter
waren Spree Athen e. V. sowie die Initiative Humboldt-Forum und die Stiftung Forum
der Kulturen zu Fragen der Zeit. Der Textauszug beruht auf einen Mitschnitt von
www.mitfilmer.com, © 2012.

zählen, sondern die Leiblichkeit als Ganzes hinzu. Und von Leiblichkeit können wir nicht sprechen, wenn wir nicht sehen, in welchem Zusammenhang das Leibliche sich entwickelt. Das ist, denke ich, sehr wichtig gerade auch mit Blick auf eine bestimmte Verengung der Leibphilosophie wie bei Nietzsche. Zur Leiblichkeit gehört immer mehr als bloß ein Leib. Es gehören verschiedene dazu: Sie müssen kooperieren und zusammenspielen, und – das ist ja auch Ihre Idee – sie müssen zusammen *tanzen* können. Ob uns dies heute gelingt in unserer eingefleischten Schwerfälligkeit als Denker? Ich hoffe, dass es trotzdem gelingt. Also – warum diese kleine Korrektur? Wir können, so meine ich, aus den Ansprüchen einzelner Aufklärer im 18. und vielleicht auch schon im 17. Jahrhundert lernen, dass sie einen weiteren Horizont hatten für das, was sie unter der Unterrichtung, der Aufklärung, der Unterweisung und der Entwicklung im Zeichen der Aufklärung verstanden haben. Sie haben die Aufklärung von vornherein in einem historischen, in einem weiten historischen Zusammenhang gesehen. Sie hatten dabei, wenn sie sich mit der Antike beschäftigt haben, immer mit im Bewusstsein, dass die europäische Kultur, die sich gerne auf ihre eigene Tradition verengt und versucht, sozusagen *einen* Strom zu entwickeln – aus *einer* Quelle –, bis zu dem Punkt, wo wir heute sind, doch vielfältige Quellen und mehrfache Zusammenflüsse im Blick zu halten hat. Und so können wir davon ausgehen, dass diejenigen, die sich mit den Schriften der Alten beschäftigt haben, wussten, dass es Einflüsse aus Persien, aus Ägypten und auch aus China gegeben hat und dass die griechische, also die erste, die sophistische Aufklärung in Europa sich aus vielen Quellen speist, die dann allerdings ihre typische Aufklärungs-Prägung durch die Griechen und die Römer bekommen hat.

Einer wusste davon durch aktuelle Debatten, insbesondere durch die Schriften seines Mentors, seines Lehrers Leibniz. Der beschäftigte sich eigentlich mit allem, was es nur gibt – insbesondere aber auch mit der Sprache, der Kultur der Chinesen. Dieser, den man insbesondere der praktischen Philosophie zurechnen muss und der heute immer als flacher Schulaufklärer verschrien wird, Christian Wolff, steht im Schatten Kants und hat für viele eben die Kritik der kritischen Philosophie an seinem System historisch nicht wirklich überstanden. Das kann man aber bedauern, wenn man sieht, auf welche immens komprimierte Weise er in seinen Schriften versucht hat, das Wissen seines Jahrhunderts in einen systematischen – das heißt immer auch: in einen brauchbaren – Zusammenhang zu stellen, und insofern einen hohen praktischen Anspruch an das theoretische Denken gestellt hat.

Christian Wolff war einer der Ersten, die Anfang des 18. Jahrhunderts eine Neubegründung eines ethischen Denkens forderten. Er hat in Halle sehr erfolgreich gelehrt und die Philosophie groß gemacht. Er ist dort dann auch Prorektor gewesen und hat in diesem Wunsch, dass diese neue Universität auch ihre eigenen Traditionen erzeugt, zum Abschied von dem Amt des Prorektors im Jahre 1721 eine Rede gehalten über die praktische Philosophie der Chinesen. Er wollte auf diese Weise nicht nur für seinen Nachfolger, sondern auch insgesamt für seine Universität und für die Philosophie ein Zeichen setzen. Er konnte sich dabei auf Kenntnisse beziehen, die in Europa durch Veröffentlichungen Ende des 17. Jahrhunderts durch François Bunuel und durch andere vorgetragen worden waren, die mehrere Jahre, auch Jahrzehnte, schon in China gearbeitet hatten. Das waren meist Missionare, die begeistert von der chinesischen Kultur und eben auch außerordentlich eingenommen von der chinesischen »Philosophie« waren. Das muss man in Anführungszeichen setzen, weil sie eben aus einem anderen Kontext kam, nicht so schulmäßig organisiert war wie hier. Sie haben begeistert von ihr berichtet. Insofern gibt es eine durchaus beachtliche Literatur über die chinesische Kultur insgesamt und über die Religion und über die Philosophie insbesondere. Sie war so positiv bemerkenswert, dass der aufmerksame Papst in Rom dafür gesorgt hat, dass diese Bücher auf den Index kamen und nicht weiter verbreitet wurden. Man ging davon aus, dass es sozusagen nur um ein Werbeverhalten dieser Jesuiten und Dominikaner ging, die Erfolg haben wollten in China, indem sie positiv über ihr Umfeld schrieben, weil sie dort dann bessere Anerkennung finden und mehr Erfolg haben wollten. Aber sie hätten aus einer nüchternen europäischen Perspektive natürlich niemals zugeben können, dass in China ein solch weitreichender kultureller Fortschritt stattgefunden hat, dass man ihn sogar bis in die subtilen Bereiche von Religion und Philosophie verfolgen kann.

Wolff hat diese Schriften zur Kenntnis genommen und in seiner Rede ein bewegendes Bekenntnis abgelegt zur ostasiatischen Tradition. Wolff hat in besonderer Konzentration auf Konfuzius nicht nur geschildert, was dieser in seinem zentralen Lehrsatz lehrt, sondern hat auch nicht daran zweifeln lassen, dass hier eine so bemerkenswerte Philosophie entwickelt wird, dass die Europäer sich daran ein Vorbild nehmen können.

Konfuzius war der wichtigste Zeitgenosse des Sokrates. Man bezeichnet in der Geschichtsschreibung auch heute noch als »Achsenzeit«, dass es eben durchgängig durch die Kulturen der damaligen Welt etwa um 500 vor Christus und in der Zeit danach sozusagen eine einheitliche transkulturelle Kommunikation gegeben hat und hier tatsächlich ältere Formen der wechselseitigen Einflussnahme und des Einwirkens bestanden haben.

Ich lese die zentrale Passage aus der Rede von Wolff über den grundlegenden alten Lehrsatz der Chinesen:

»Zu den damaligen Zeiten« – gemeint ist die Epoche im Übergang vom 6. ins 5. vorchristliche Jahrhundert – »hatte in den Herzen der Chinesen ein *Lehrsatz* tiefe Wurzeln geschlagen. Und zwar ein Lehrsatz der Philosophen, die im Unterschied zu Konfuzius zugleich Kaiser und Fürsten waren, und dieser Lehrsatz war vortrefflich gefestigt worden: Dass nämlich die Beispiele – Exempla – der Kaiser und Könige den Untergebenen als Richtschnur – Norma – ihrer Handlungen dienen. Und da die ältesten Kaiser und Könige das zum Maßstab ihres Lebens und ihrer Regierung gewählt hatten, was anderen als Beispiel – Exemplum – dienen konnte, werden sie noch immer sowohl wegen der Liebenswürdigkeit und Anständigkeit ihrer Sitten als auch wegen ihrer äußerst großen Klugheit in der Regierung übereinstimmend gerühmt.«

Das philosophisch Bedeutsame daran ist, dass hier vom Beispiel des Einzelnen gesprochen wird. Er gibt ein Exempel und zeigt in *seiner* Umgebung, in *seiner* Lebensführung etwas, das dann eine Verbindlichkeit für andere bekommen könnte. Es werden also keine generellen Lehrsätze aufgestellt. Hier ist nicht von Prinzipien die Rede, sondern es ist nur einfach die Rede davon, was jemand unter bestimmten Bedingungen tut – im Bewusstsein natürlich, ein Weiser zu sein, ein nachdenklicher Mensch zu sein oder aber ein Kaiser oder König oder hoher Beamter. Das gehört allerdings dazu: ein generelles Moment eben im Hinblick auf die Rolle, die man spielt. Man könnte allgemeiner sagen: Es gehört mindestens eben auch das allgemeine Bewusstsein dazu, ein Mensch zu sein.

Ich bin der tiefen Überzeugung – ich sage das einmal etwas pathetisch –, dass in dieser Aufnahme des Exemplarischen in die Ethik ein neues, ein innovatives Element in das philosophische Denken kommt. Wir sind eigentlich gut darauf vorbereitet, weil wir ja aus dem Leben und der Lehre des Sokrates wissen, dass er auch nicht mehr getan hat als vorzuführen, was er unter bestimmten Bedingungen, gemessen an bestimmten Problemen und Fragen, für das Richtige hält und darin seine Tugend sieht. Er würde niemals sagen, dass der andere genau dies tun muss, was er tut. Er hat nur einen Dialog mit ihm, er spricht mit ihm, und jeder muss für sich selbst herausfinden, was dann unter seinen Bedingungen das Richtige ist. Dieses Prinzip der exemplarischen Ethik, wie ich das nenne, wird durch Christian Wolff korrigiert, indem er über den großen kulturellen Unterschied zwischen dem hohen normativen Vernunftanspruch der europäischen Aufklärung und der Ethik reflektiert.

Ich könnte das im Einzelnen ausführen und Ihnen zeigen. Derjenige, der es in der Sache verstanden hat, ist derjenige, der die Ethik herausgelöst hat aus dem rechtlichen Kontext und der sie darauf konzentriert hat, dass jeder in seinem Handeln zeigen muss, dass die Menschheit in seiner Person zum Ausdruck kommt. Insofern meine ich, dass wir im Lichte dieser Rezeption durch Christian Wolff zeigen können, wie in einer der einflussreichsten und bis heute, wie ich finde, immer noch in fataler Weise missverstandenen Ethiken der Moderne, nämlich in der Kantischen Ethik, dieses Prinzip des Exemplarischen eine Rolle spielt.

Also doch eine sehr erfolgreiche Geschichte! Aber Christian Wolff hat den Fehler gemacht, zu sagen, dass die Europäer von den Chinesen etwas lernen könnten. Das konnten insbesondere seine pietistischen Kollegen in der theologischen Fakultät nicht hinnehmen und haben deshalb, zunächst also 1721 über Mitschriften und Raubdrucke, dafür gesorgt, dass die Rede gründlich missverstanden werden konnte. Sie haben dann in Kolportagen deutlich gemacht, dass hier auf einer christlichen Universität im christlich ausgerichteten Preußen – sozusagen als Renommier-Universität Preußens neu gegründet – jemand lehrt, der die Grundlagen der Wissenschaften der Universität verrät. Nachdem das entsprechend schon zu einem Volksgespräch geworden war, haben sie bei Friedrich Wilhelm I. ein Verfahren gegen den Kollegen angestrengt. Der Soldatenkönig, den eigentlich dieser Vorgang überhaupt nicht interessierte, der aber Ruhe haben wollte, hat dann in einer schnellen und raschen Entscheidung ein Dekret erlassen und deutlich gemacht, dass Christian Wolff innerhalb von einer Woche Halle zu verlassen habe und alle Bezüge seiner Professur verliere. Wenn dies nicht geschehe, sei er des Todes. Strafen kamen rasch und waren drastisch, so dass Wolff Halle verlassen musste. Es gehört zu den Ruhmestaten der älteren Marburger Universität, dass sie, noch bevor Wolff Halle verlassen hat, den Ruf an ihn ergehen ließen, in Marburg weiter zu lehren. Christian Wolff hat dann 17 Jahre, von 1723 bis 1740, in Marburg gelehrt, und es war eine der ersten Amtshandlungen von Friedrich II. im Jahre 1740, dass er diese Entscheidung seines Vaters widerrufen hat und dafür gesorgt hat, dass Christian Wolff wieder zurück nach Halle gekommen ist.

Aber es ist nicht zu viel gesagt, wenn ich sage, er ist gescheitert. Er ist auch insofern gescheitert, als er trotz vielfältiger Bezüge auf die Philosophie der Chinesen nicht in der Lage war, diesen Impuls der exemplarischen, der auf Situationen bezogenen Ethik so aufzunehmen, dass er seine eigene Philosophia Practica daran ausrichten konnte. Dazu bedurfte es anderer. Bei Kant ist das, soweit ich das einschätzen kann, keinesfalls hinreichend deutlich gemacht. Also es bedarf auch heute noch anderer, um diese Konsequenz zu ziehen, zu einer Ethik zu kommen, die wirklich auf das Individuum bezogen ist und mit der wir gleichwohl den Anspruch nicht aufgeben, dass dies, was der Einzelne tut, eine Bedeutung für seinesgleichen hat, für andere Menschen. Aber nur eine solche Ethik ist in der Lage, auch transkulturell wirksam zu werden. Das gilt für jeden Menschen in seiner jeweiligen Kultur. Das ist der Vorteil und das ist der Punkt, an dem ich dann hoffe, dass Sie jetzt genügend Anlässe zum Widerspruch haben, Herr Ohashi. Nur eine unter diesen Bedingungen freigesetzte Ethik, die Vernünftiges, Sinnliches, Leibliches, Soziales und auch Historisches verbindet – kulminiert jeweils im Einzelnen. Alles andere muss zu Systemvergleichen führen, die letztlich dann an den Unterschieden zwischen den Prämissen scheitern. Setzen wir aber anders an, indem wir annehmen, dass nur der Einzelne ethisch handeln kann, nicht Institutionen, dann haben wir, so meine ich, die Möglichkeit – auch eine gute Voraussetzung –, in der wachsenden Gesprächssituation zwischen den Kulturen in der Philosophie uns auf bestimmte Einsichten zu verständigen, die es uns ermöglichen zu sagen, dass wir gemeinsam philosophieren. Das gilt auch in den Kulturwissenschaften, auch in den anderen. Aber vielleicht kommen wir auch aus unterschiedlichen Traditionen heraus zu unterschiedlichen Bewertungen, die wir dann, so denke ich, jedoch etwas toleranter einschätzen können und die wir unter diesen Bedingungen dann besser verstehen.

Ryôsuke Ohashi
Ja, vielen Dank Herr Gerhardt. Zunächst einmal, meine Damen und Herren, zu der Idee von Herrn zur Lippe, in der Form des Rondos

dieses Gespräch zu führen: Diese Idee finde ich sehr gut – außer an einem Punkt, nämlich dass ein Japaner nicht in seiner Muttersprache, Japanisch, daran teilnehmen muss. Aber andererseits bedeutet dieser Nachteil einer fremden Herkunft von mir für mich auch etwas im Denken, und eben die fremde Herkunft in diesem Denken könnte an sich schon ein Beitrag zu dieser Form von Gespräch sein. Ich hatte Ihre Geschichte so verstanden, Herr Gerhardt, dass Christian Wolff zunächst wegen einer politischen Intrige, aber auch wegen des philosophischen Inhalts seiner Vorträge vertrieben worden ist. Wegen des Vorwurfs des Atheismus. So hatte ich es verstanden. Sie können mich natürlich korrigieren. Da frage ich mich, in welchem Sinne das Denken von Konfuzius als Atheismus verstanden oder interpretiert werden kann. Denn jeder weiß, dass ein zentraler Begriff von Konfuzius der »Himmel« ist. Auch der Begriff Kaiser. Im chinesischen Sinne heißt es eigentlich »des Himmels Kaiser«. Der Kaiser auf der Erde sollte der Abkömmling des »Himmels« sein, so dass auch der Begriff »Himmel« einerseits eine sehr eigene Bedeutung hat. Aber anderseits ist der »Himmel« so etwas wie das »Transzendentale« oder das »Jenseitige« oder das »Überirdische«. Es sollte als der zentrale Begriff dessen verstanden werden, was die Europäer Atheismus nennen.

Volker Gerhardt
Die kurze Antwort lautet, dass die Theologen damals die Meinung vertraten, dass die Chinesen eigentlich gar keine Religion haben, dass sie nicht an einen Gott im »Himmel« glaubten. Sie können vielleicht – nach der schönen Unterscheidung von Thomas Mann – auf »sky« verweisen, haben aber keinen Begriff von »heaven«. Sie sehen also nur etwas am »Himmel«, aber nicht *im* »Himmel«. Dieses Vorurteil kann man, auch wenn man andere Traditionen in China kennt, in keiner Weise so aufnehmen. Tatsächlich hat man Wolff unter den Verdacht gebracht, mit diesem Lob für die chinesische Philosophie zumindest implizit. Das hat natürlich die Debatte besonders scharf gemacht. Aber man hätte mit Hinblick auf seine Philosophie sehen können, dass das ein ziemlich unsinniger Vorwurf ist.

Ryôsuke Ohashi
Die damalige europäische Ansicht war, dass es in China keine Religion gibt, keine Religion mit einem Gott, einem Gottesbegriff. Gleichzeitig ist es auch eine große Frage, ob Konfuzianismus oder Taoismus

nicht als Religion gewertet werden können. Natürlich haben der Konfuzianismus und der Taoismus einen starken ethischen Charakter. Aber ob dann der Begriff Ethik im europäischen Sinne genügend Verständnis für den Konfuzianismus und den Taoismus aufbringt, ist eben fragwürdig. Überhaupt ist zu fragen: Sind die Grundbegriffe von Erziehung und Ethik im europäischen Sinne ausreichend? Genügen diese Grundbegriffe, um die asiatische traditionelle Religion zu verstehen? Das ist eine Frage, die wir hier alle gemeinsam überdenken könnten. Zum Beispiel der europäische Begriff Ethik. Das griechische Wort ist »Ethos«, und »Ethos« bedeutet ja der »Wohnort«, der Ort wo die Menschen leben. Der chinesische Begriff für Ethik besteht aus zwei Schriftzeichen. Links steht das Schriftzeichen »Mensch« und rechts das Schriftzeichen für »Rat«. Ein Zeichen mit einer waagerechten und einer senkrechte Achse. Und damit meint das Gesetzliche den »Wohnort des Menschen«. Wenn man die chinesische Ethik aus diesem Zeichen verstehen will, müsste eine Differenz überdacht werden zwischen dem europäischen Begriff Ethik und dem fernöstlichen. Schon Nietzsche hat darauf hingewiesen. Wenn der Ethos, der Wohnort nicht endet, müssen auch weitere Folgen überlegt werden.

Weiter komme ich zum Begriff »Himmel« zurück. Ich glaube, für die Japaner und überhaupt für die ostasiatischen Menschen ist der »Himmel« weder bloß ewig noch bloß jenseitig. Es ist der Bereich, wo es etwas »Heiliges« gibt. Anders gesagt, der »Himmel« gibt etwas Gesetzliches, dem der Mensch sich unterwerfen muss. Der »Himmel« könnte mit dem fernöstlichen Begriff der »Natur« gleichgesetzt werden. Bei Lao Tse gibt es einen Spruch: »Der Mensch lebt gemäß der Erde. Die Erde ist gemäß dem Himmel. Der Himmel ist gemäß der Natur.« Im chinesischen Sinne können die Begriffe austauschbar sein. Wenn man weiter gehen will, ist der Schlussteil dieses Spruchs wichtig: »Die Natur ist gemäß dem Weg (Tao)«.

Mit diesem Begriff »tao« oder »Weg« ist eine Religion für die Europäer schwierig vorzustellen. Ich möchte etwas weitergehen in dieser Problematik. Die systematische Denkweise von Christian Wolff sollte in gewissem Gegensatz stehen zu dem Gedanken von Konfuzius. Der zentrale Gedanke von Konfuzius könnte auch als »Tao«, als »Weg« bezeichnet werden.

Der Grundcharakter des Systems ist die Perfektion oder die Vollendung oder dass es sich in jedem Bereich spiegelt. In jedem einzelnen Teil spiegelt sich die Ganzheit. So könnte man den Begriff System charakterisieren. Im »Weg« oder »Tao« gibt es eigentlich keine Vollendung. Dies gilt auch in der religiösen Praxis. Auch wenn ein Übender zum Meister hinaufsteigt. Aber kein Meister wird sich als vollendeter Meister bezeichnen. Jeder Schritt ist auf dem Weg, aber ohne Vollendung, ohne Perfektion. Das würde bedeuten, dass der Charakter der einzelnen Teile im System einerseits und beim »Weg« anderseits unterschiedlich ist. Denn beim System spiegelt sich die Ganzheit in jedem Teil. Beim »Weg« ist jeder Schritt zwar ein Stück des Weges, aber nicht so, dass sich jeder Schritt in der Ganzheit spiegelt. Vielmehr ist jeder Schritt »Natur«. Denn auch die »Natur« hat kein Ende. Nur die Geschichte hat ein Ende. Aber ich bleibe bei dem Grundbegriff »Weg«, der zunächst in China entstanden ist. Er ist auch in den Buddhismus eingeflossen und dann nach Japan überliefert worden ist. Auch die Kunst wird da als »Weg« bezeichnet.

So könnte ich als asiatischer Mensch verstehen, dass Religionen ohne Gottesbegriff existieren können. Und ich habe großen Respekt vor der Meinung, die Christian Wolff vor dreihundert Jahren geäußert hat. Heute könnte man, ohne aus Berlin vertrieben zu werden, von dem Begriff »Weg« reden als kennzeichnendes Wort für Religion.

Rudolf zur Lippe
Herr Gerhardt, bevor Sie Ihren Stuhl mit dem von Herrn Jäger wechseln, wie er dann der Gesprächspartner sein wird für Herrn Ohashi, würde ich Sie doch gerne bitten, etwas zu dem Begriff System in dem Zusammenhang einzubringen.

Volker Gerhardt
Es ist ja gerade schon in der Bemerkung über die Ethik deutlich geworden, wenn wir die eine Tradition von Ethos, den Wohnplatz, den Siedlungsplatz, Ort nehmen, auch durch das chinesische Schriftzeichen. Übrigens treffen wir diese Bedeutung auch in der europäischen Philosophie, etwa bei Montaigne. Er hat die Individualitätstradition aus der Antike aufgenommen, die das ethische Gesetz des Ortes genau in diesem Sinn wiedergibt. Aber es besteht eben bei dieser Gemeinsamkeit ein großer Unterschied, um den es Wolff ganz offenkundig gegangen ist, den er im Blick hatte, den er aber gerne aufgelöst hätte. Das hat er aber in seiner Philosophie auch nicht geschafft. Wir haben eben in Europa den Unterschied zwischen der praktischen und theoretischen Philosophie. Er bewundert, dass die Chinesen eine solche Unterscheidung nicht gemacht haben, wie es

113

auch im Lehrsatz zum Ausdruck kommt. Das ist ein Punkt, über den wir nachdenken sollten. Sie haben den Begriff des Systems, den Aspekt der Vollständigkeit und der Ordnung hinzugefügt. Ich würde sagen, dass wir den Begriff in der europäischen Tradition nicht verstehen ohne die mit dem System verbundene Methode. Und was heißt Methode? Der Weg! Also es gibt hier Gemeinsamkeiten. Aber das System lenkt offenbar. Das ist ein wichtiger Unterschied der monotheistischen Konzeption eines Gottes. Dort haben wir die polytheistische oder gar nicht auf das Göttliche konzentrierte, meditative Einstellung auf das Ganze. Das sind wichtige Unterschiede. Und es gibt trotzdem Gemeinsamkeiten, über die man nachdenken kann. Eine der bezwingendsten sehe ich darin, dass Christian Wolff ganz offenkundig als Methodiker, der den systematischen Weg beschreiten will, darüber nachdenkt, wie es denn möglich ist, aus einer situativen Verfassung des eigenen Daseins zu etwas Generellem zu kommen, das rein exemplarisch ist. Da hat er zwei wichtige Einsichten. Wir brauchen vor allem *logitio*, wie er sagt, Vorstellungskraft. Das heißt, wir müssen in der Lage sein, einen Gedanken tatsächlich auszurichten auf eine spezifische Situation. Das zweite, was Wolff wichtig findet, ist *imaginatio*. Also, wir brauchen, um eine solche Ethik nach der Art der Chinesen zu entwickeln, Einbildungskraft. Diese beiden Elemente müssen hinzukommen. Ich glaube, wir sehen daran, dass eine ganz starke anthropologische Ausrichtung darin zusammenkommt, wie eng die Verbindungen zur Ästhetik, zur Lebensart, zur Lebensführung sind. Ich würde aus Ihrer Bemerkung die Anregung nehmen, dass wir verstärkt in einer systematischen und historischen Einstellung versuchen, unsere Grundbegriffe einmal neben einander zu halten und zu prüfen, was diese gemeinsam haben und welche Unterschiede bestehen. Ich kann mir vorstellen, dass mit Hinblick auf die tragenden Begriffe der alteuropäischen Tradition, die alle ihren Ursprung und eine Form haben in der Zeit, die Nähe zwischen den Kulturen viel größer war, als wir es manchmal annehmen. Das ist die wichtigste Anregung, die ich, Herr Ohashi, aus Ihren Bemerkungen ziehen kann.

Ryôsuke Ohashi
Sie haben am Anfang von der Leiblichkeit gesprochen. Und jetzt von dem Begriff Methode. Da würde ich sagen, das, was methodisch ist, wird immer die Form des Denkens sein. Während beim Weg, beim tao, da muss man gehen. Und beim Gehen muss das Denken irgend-

wie losgelassen werden. Das Denken in der Philosophie ist das allerletzte Element. Wenn es das Denken sein soll, muss es natürlich systematisch sein. Systematisch heißt auch methodisch. Obwohl das Wort Methode mehr in Europa benutzt wird. Nicht so bei den Griechen, auch wenn man die Philosophie des Aristoteles als methodisch auffasst. Dennoch muss das Denken im methodischen System das allerletzte Element sein. Während oft in der ostasiatischen »Religion« das Denken vergessen werden muss, das Gedachte muss nochmal losgelassen werden. Das ist die buddhistische Weisheit. Damit will ich nicht sagen, dass das Denken im methodischen System negiert werden soll. Im Gegenteil. Dieses systematische, methodische Denken muss vollzogen werden; dabei sollte die Frage ins Auge gefasst werden, ob das Denken sich wirklich begründen kann.

Volker Gerhardt
Dazu muss ich noch eines sagen, da sich hier etwas widerspiegelt, was ich mit Theorie und Praxis dargelegt habe. Aristoteles, den Sie erwähnt haben, hat immerhin in der Antike als Peripatetiker gegolten. Das waren diejenigen, die immer hin und her gingen und ohne Hin und Her gar nicht denken konnten.

Bettina Schöne-Seifert
Ja, ich wollte ohnehin vor etwas warnen. Ich ergreife jetzt das Wort, weil nachher dieser Brückenschlag zur Ethik unseren Kreis wieder schließen soll. Ich will warnen vor einem zu plakativen und polarisierenden Gegensatz situativer Ethik und normativer Ethik. Die Vorstellung, dass das Normative von oben nach unten zum Einzelfall führt und das Situative ohne Theorie, ohne steuernde Ratio bleibt, ist so eigentlich nicht plausibel. Vernünftiger wäre es, den Begriff des Normativen zu benutzen so wie im Norma im Wolff'schen Sinn ...

(..................................)

Ryôsuke Ohashi
Worüber man nicht sprechen kann, darüber sollte man schweigen. Das würde heißen, dass Sprache systematisch ausgesprochen werden muss. Und die Sprache ist in sich schon, sollte einen gesamten systematischen Charakter in sich haben. Also wovon man nicht sprechen kann, sollte man schweigen. Aber man kann immerhin hören.

Rudolf zur Lippe
Hören oder fühlen?

Ryôsuke Ohashi
Beides. Gewiss, beides!

Henrik Jäger
Also eine kurze Geschichte, in der Sie einige Themen, die hier schon besprochen wurden, wiederfinden können. Es geht um das Wissen und das Erkennen der Freude. Dafür gibt sie unterschiedliche Denkmodelle, die hier heute zur Debatte stehen.

Zhuangzi und Huizi gingen auf einer Brücke über dem Hao-Fluss spazieren. Zhuangzi sagte: »Schau, wie die Elritzen aus dem Wasser springen und munter umher schwimmen! Das ist die Freude der Elritzen!« Huizi sagte: »Du bist kein Fisch, woher willst du die Freude der Fische kennen?« Zhuangzi antwortete: »Du bist nicht ich, woher willst du wissen, dass ich nicht die Freude der Fische kenne?« Huizi erwiderte: »Ich bin nicht du, deswegen weiß ich sicher nicht, was du weißt. Du bist aber sicher kein Fisch, das heißt doch, dass du nicht wissen kannst, was die Freude der Elritzen ist!« Zhuangzi sagte: »Lass uns zum Ausgangspunkt zurückkehren. Du fragtest mich, woher ich die Freude der Fische kenne, und als du das sagtest, da wusstest du bereits, dass ich sie kenne, und fragtest mich dennoch. Ich weiß es von der Brücke über den Hao-Fluss her.«

Wie sich ein Fisch im Wasser fühlt, ist im Taoistischen eine der wichtigsten und schönsten Metaphern für das Aufgebendürfen, sich frei Bewegen. Die Schriftzeichen für Spazieren und Umherschwimmen sind die gleichen. Zhuangzi macht eigentlich das Gleiche wie die Fische: existentielle gemeinsame Bewegungserfahrung. Die Freude der Fische, die ich hier übersetzt habe, dieser Artikel »der« kann man auf Lateinisch als den *genitivus partitivus* begreifen. Dann ist es die Freude an den Fischen. So kann man diese Geschichte immer tiefsinniger nehmen, wenn man dann noch eine andere Stelle aus dem Zhuangzi dazu nimmt: »... *um Fische zu fangen, braucht man Fischreusen, und wenn man die Fische hat, kann man die Fischreusen weglassen. Um eine Bedeutung zu fangen, braucht man Worte. Und wenn man die Bedeutung hat, kann man die Worte weglassen.*«

Da gibt es viele Beispiele, die ich nur andeuten möchte. Was sich aber in dieser Geschichte ganz klar zeigt, ist, dass Erkennen für Zhuangzi ein ganz vielfältiger Prozess ist. Vielfältiger als jetzt die logische Frage, wie sieht die Freude der Fische aus. Und ist er nun ein Fisch oder nicht. Da wird eine ganz andere Ebene von Wahrnehmung ausgedrückt, die kommt eben im chinesischen Denken insgesamt ganz stark zum Vorschein. Damit kann man auch die Problematik mit Christian Wolff und der Frage der Religion klären. Da hat es ganz große, rein sprachliche Urprobleme gegeben, die natürlich vor dreihundert Jahren so nicht diskutiert werden konnten. Denn die Fragen, die Wolff in seiner These gegenüber seinen Gegnern verfechten musste, waren auf einen Wahrheitsanspruch in der Sprache selbst fixiert. Wolff wurde auch die Frage gestellt »... wie ist das jetzt mit Konfuzius, ist er ein Atheist oder nicht?« Und Wolff hat eigentlich sehr elegant geantwortet und absolut richtig, dass eben dieser Gottesbegriff bei Konfuzius mit europäischen Maßen gar nicht gemessen werden kann. Was ich damit sagen will: Wer sich in chinesische Philosophie, japanische und das gilt für alle außereuropäischen Philosophien, einfühlen möchte, sollte mit der Sprache beginnen und sich fragen, zu welchen Denkbewegungen lädt diese Sprache ein. Dann darf man bitte nicht, was China betrifft, zu solchen Plattitüden kommen, wie ich es immer wieder höre. Die können ja aufgrund ihrer Sprache gar nicht logisch denken und argumentieren. Entschuldigen Sie die derbe Ausdrucksweise: Reiner Quatsch! Denn Zhuangzi hat sich auch explizit mit hochkomplexen und theoretischen Wissenschaften seiner Zeit, des vierten vorchristlichen Jahrhunderts, auseinandergesetzt. Also es ist nicht so, dass man im klassischen Chinesischen nicht auch so hätte denken können, wie es in Griechenland der Fall war. Aber meine Erklärung ist, dass jede Sprache einen bestimmten, besonderen Sprachduktus mit bestimmten Schwerpunkten nahelegt. Dieser ist eben bei der chinesischen mit der Bildhaftigkeit der Schrift ganz klar ein metaphorischer, ein ganzheitlicher. Die Bilder selbst, und das finden Sie auch in den großen Studien der Metapherntheorie, haben eine sehr tiefe Wirkung auf das menschliche Leben und Empfinden und Einordnenkönnen von Sinnstrukturen. Metaphern haben eine ganz enorme Wirkung auf den Menschen. Ich möchte behaupten, dass diese Wirkung den alten chinesischen Philosophen sehr klar und sehr bewusst war und sie dadurch in ganz andere Denkbewegungen gekommen sind. Diese nachzuvollziehen bedeutet auch, dass man sich in diese Bildwelt hinein versetzt. Das kann auch sehr viel Spaß machen. Vielleicht zum Schluss ein kleines vorläufiges Fazit zu der Frage: Wo liegt denn auch die Begrenzung dieser Philosophie? Diese Frage hat sich Wolff auch gestellt, und er hat seine Rede explizit *sinarum de philosophia practica* genannt, also die *praktische Philosophie*. Und die war für Wolff nur eine Unterabteilung. Das hat er ganz klar gesagt, die rationale Metaphysik war der Oberbegriff, die praktische Philosophie, ein Stück weit, die Unterabteilung. Ich finde, das hat einen großen und tiefen Sinn, zu sagen: Ja, das, womit sich die chinesischen Philosophen beschäftigen, ist ein praktisches Anliegen. Das kann man für die großen konfuzianistischen und taoistischen Denker sagen. Dabei schwingt in diesen praktischen Anliegen eben immer sehr viel mit, was auch hier genannt wurde, das, was nicht ausgesprochen wird, aber eminent wirkungsvoll sein kann. Die chinesische, japanische und koreanische Kultur hat über Jahrtausende Nährstoff für eine solche geistige und kulturelle Entwicklung geliefert. Das beeindruckt uns heute genauso, wie es Christian Wolff vor dreihundert Jahren beeindruckt hat. Diese Kontinuität auf der Basis dieser praktischen Philosophie. Man sollte außerdem bedenken, dass Wolff schon ein großer Systematiker war – aber in seinem Anliegen ging es ihm immer hauptsächlich darum, wie kann ein Philosoph das Praktische in das politische Denken des achtzehnten Jahrhundert einfließen lassen. Man hätte damals sicher viel erreicht, bis heute, wenn man dieses Denkmodell weiter verfolgt hätte. Aber dafür sind wir ja auch heute in bester Zusammenkunft, um dem weiter nachzugehen.

Rudolf zur Lippe
Zu dieser Verständigung muss ich sagen, dass ich seit ziemlich langer Zeit, zum Beispiel auch mit Humberto Maturana zusammen, den ich nie ganz überzeugt habe, den Versuch mache, den Begriff des Zusammenspiels stärker zu machen gegen den des Systems. Karol Sauerland wird jetzt von der Geschichte eines Wechsels im »Denkstil« innerhalb der westlichen Welt sprechen.

Karol Sauerland
Was jetzt kommt, scheint von dem Bisherigen völlig abzuweichen. Aber ich habe den Eindruck, dass Ludwik Fleck hier ganz gut hineinpasst. Ludwik Fleck ist ja durch Thomas Kuhn wieder berühmt geworden, wobei ich bei Ludwik Fleck nichts von Paradigmenwechsel sehe; das wäre ein großes Missverständnis. Zur Person von Ludwik Fleck sage ich nur so viel, dass er Ende des 19. Jahrhunderts geboren ist, und zwar in Lemberg, und dort in die polnische Schule gegangen ist, dann in Lemberg, als es polnisch wurde und Lwów hieß, studiert

hat. Medizin und Biologie. Dann ist er 1921 bei dem berühmten Biologen Weigl Assistent geworden. Aber er hat es als Assistent nicht lange ausgehalten, er fand, wie so viele andere, das akademische Leben so interessant nicht. Er hat in einem staatlichen Krankenhaus, das für die damalige Sozialversicherung der Regierung arbeitete und von ihr auch aufgebaut worden ist, im neu entstandenen Polen, als Mikrobiologe gearbeitet. Nebenbei hat er ein mikrobiologisches privates Labor aufgebaut. 1935 arbeitete er dann nur noch privat; 1935 ist auch das Jahr, in dem sein berühmtes Buch »Entstehung und Entwicklung einer wissenschaftlichen Tatsache« in Basel erschienen ist. Er hat sowohl auf Polnisch als auch auf Deutsch geschrieben, muss man hinzufügen. Er bewegte sich mitten im polnischen intellektuellen Leben. 1939 besetzten die sowjetischen Truppen Lemberg. Polen wurde dann zum vierten Mal geteilt und er konnte natürlich unter sowjetischer Oberherrschaft nicht mehr privat arbeiten. Er wurde aber im Krankenhaus angestellt und hat dort intensiv geforscht. 1941 kommen die Deutschen. Er wird ins Ghetto gewiesen, zusammen mit seiner Familie.

Im Lemberger Ghetto versuchte er aus Urin ein Serum gegen Typhus zu entwickeln, was ihm auch gelang. Er experimentierte damit am eigenen Körper. Die Krankheiten müssen im Grunde genommen durch den eigenen Körper bekämpft werden. Als das Lemberger Ghetto liquidiert werden sollte, wird Fleck plötzlich mit Sohn und Frau nach Auschwitz gebracht. In Auschwitz werden alle drei typhuskrank und dank diesem Serum gelingt es – er ist am wenigsten krank –, alle drei zu heilen. Die SS in Auschwitz wollte, dass er für die SS ein Serum entwickelte. Er wurde dann nach Buchenwald geschafft. Dort hatte er dieselbe Aufgabe. Er hat tatsächlich dort solche Seren produziert – aber für die Häftlinge das getrübte, das zur Gesundung führt, und für die SS das ungetrübte, also das, was nicht helfen wird.

Er hat überlebt im SS-Staat. Doch nach dem Krieg – er bleibt in Volkspolen – ist es Fleck nicht möglich, philosophisch zu arbeiten. Er wird Professor für Immunologie und Mikrobiologie. Es wird am Ende 50 Doktoren geben, die bei ihm ihre Promotion gemacht haben. 1956, wo es in Polen zu einer gewissen Wende kommt – der so genannte Polnische Oktober –, kommt es leider auch zu antisemitischen Stimmungen. Den Juden, die im Sicherheitsdienst waren, sollten stalinistische Verbrechen zugeschoben werden. Fleck verlässt Polen 1957 und geht nach Israel zu seinem Sohn, der gleich nach dem Krieg dorthin gegangen ist. Er kann sich dort nicht mehr recht heimisch fühlen. 1961, im Alter von 64 Jahren, stirbt Fleck. In Israel konnte er nicht mehr wirklich aktiv werden.

So viel zur Person. Die Person ist insofern wichtig, weil der Mann auch mit seinem eigenen Leben ein Exempel gegeben hat – nicht nur eins, sondern mehrere. Er hat übrigens auch das Serum, das er entwickelt hatte, zuerst an sich selbst ausprobiert! Er hat keine Proben an anderen Menschen getestet.

Wenn man die Fleck-Forschung, die jetzt in dem letzten Jahrzehnt zu entstehen beginnt, beobachtet, hat man den Eindruck, dass es allen darum zu tun ist, Fleck einem bestimmten Wissenschafts-Konzept zuzuordnen und ihn in ein konkretes Denk-Kollektiv einzubetten. »Denk-Kollektiv« ist ein wichtiger Begriff, den Fleck entwickelt hat. Die Zuordnung ist meiner Meinung nach nur möglich, wenn man die Besonderheiten seiner Ideen entdeckt – und auch, *wie* er auf die Ideen gekommen ist. Zufall war zum Beispiel, dass er von der Lemberger *Gesellschaft der Freunde der Geschichte der Medizin* 1927 aufgefordert wurde, einen Vortrag zu halten. Fleck spricht hier vom »ärztlichen« Denken, das er dem wissenschaftlichen Denken entgegensetzt. Während man in den Wissenschaften nach festen Gattungsmerkmalen und Gesetzen sucht, hat es der praktizierende Arzt in erster Linie mit Besonderheiten, »nicht-typischen«, »nicht-normalen« Erscheinungen zu tun.

Ich zitiere Ludwik Fleck: »Zwar möchte man gern die Krankheitssymptome mit einem Namen versehen« – wir haben die Namensproblematik ja schon besprochen –, »um die Krankheit routinehaft zu bekämpfen. Aber wenn er ein guter, und nicht ein einer übertriebenen Logik verfallener Arzt ist, weiß er, dass er mit dem Namen keineswegs den ganzen Reichtum der individuellen Krankheitsmerkmale erfassen kann. Die Fiktivität eines Gattungsbegriffs ist in der Medizin bedeutend größer als in anderen Wissenschaftsbereichen. Denn der Arzt hat es nicht nur mit einem je anderen Individuum, sondern auch mit einem je anderen Krankheitsverlauf zu tun. Er versucht zwar, einen Kausalzusammenhang aufzudecken, aber er kann seiner Sache nie sicher sein. Ohne Intuition kommt er nicht aus.« Sehr chinesisch, nicht? *(Gelächter)* Oder ostasiatisch.

Das alles klingt natürlich sehr plausibel. Jedoch ist ein wissenschaftstheoretisch geschulter Kopf zumeist entsetzt: Er muss von Fleck vernehmen, dass man bei der Behandlung von Krankheiten »von einem konsequenten Denk-Standpunkt zurücktreten muss«.

Denn Krankheitsphänomene sind »irrational als Ganzes, rational im Einzelnen«. Streng genommen wäre eine solche Distanz zum Denkstandpunkt auch in anderen Wissensbereichen angebracht. Denn wo gibt es schon die fest voraussehbaren Ereignisketten? Fleck lässt diesen Schluss jedoch bewusst offen; er berichtet erst einmal über seine eigenen Erfahrungen. In seinem nächsten theoretischen Aufsatz, den er 1929 auf Deutsch veröffentlicht hat, dreht er nun alles um: »Wir sind nicht imstande, intuitiv behutsam unter Vermeidung von fertigen Schablonen und von Gattungsnamen vorzugehen. Denn unsere Bemühungen um Erkenntnis sind sozial vorgeprägt.« Das ist ein sehr moderner Standpunkt. Beim Erkennen bringt der Erkennende sich selber ein, so dass wir nie sicher sein können, ob wir den Erkenntnisgegenstand nicht umgeformt haben. »Beobachten, Erkennen ist immer ein Abtasten, also ein Um-Formen des Erkenntnisgegenstandes.« Allerdings könnten die Naturwissenschaften ihre Abhängigkeit sowohl von der Zeit wie auch von den Umständen definieren, wenn sie demokratisch vorgingen, das heißt, die Informationen kursieren ließen, und wenn sie den Glauben aufgeben würden, Fertiges hervorzubringen. Wissensaneignung und Wissensvermittlung müssen als ein dynamischer Prozess in einem breiten Kontext aufgefasst werden. Fleck gebraucht das Bild eines Stromes, der sein Bett formt und zu keinem Ende kommt. Das passt in unsere Diskussionslandschaft.

Das Erlernen von Sehen treibt Fleck offensichtlich als Mikrobiologe um. Denn tagtäglich sitzt er in seinem privaten Laboratorium und beobachtet unter seinem Mikroskop die verschiedensten Blutproben und Bakterienkulturen mit professionellem Blick. Stets voller Zweifel. Gleichzeitig musste er andere Menschen, vor allem Hilfskräfte schulen, um ihnen das Sehen beizubringen, das heißt, die Fähigkeiten, bestimmte Gestalten wahrzunehmen. Dazu braucht man, wie Fleck es nennt, eine »spezifische Denkbereitschaft«. Wieder ein neuer Begriff: Denkbereitschaft! Denn man muss von den vielen Möglichkeiten, andere Gestalten als die erforderliche zu sehen, abstrahieren können. Jeder, der einmal in ein Mikroskop reingeschaut hat, der sieht alles Mögliche, nur nicht das Richtige, bis er es lernt. Dann aber muss er abstrahieren von dem anderen. Fleck scheint an die vielen Mikrobiologen zu denken, die alle herauszufinden versuchen, wie man mit Hilfe mikroskopischer Beobachtungen und Berechnungen unter Anwendung der sich entwickelnden Wahrscheinlichkeitslehre eine Krankheit bestimmen kann. In Lemberg war die starke mathematische, logische Schule, dort saß sein Freund Rudolf

Steinhaus; Fleck hatte selbst Mathematik studiert und stand dem sehr nah. Hierbei wird ein bestimmter »Denkstil« entwickelt, der sich von anderen Denkstilen unterscheidet. Die Mikrobiologen und auch Bakteriologen bilden in dieser Hinsicht ein »Denkkollektiv« – ohne einander zu kennen. Sie verbindet jedoch nach Fleck ein gemeinsamer Denkstil.

Fleck arbeitet jedoch nicht nur im Laboratorium, sondern studiert auch Medizingeschichte. Er geht verschiedenen Fragen nach: Wie entsteht überhaupt der Begriff einer Krankheits-Einheit? Wie verändert sich dieser? Welche praktischen, ideellen und sozialen Voraussetzungen müssen dafür erfüllt sein? Als eine solche Krankheits-Einheit wurde historisch relativ früh die Syphilis aus anderen Krankheiten ausgesondert. Entscheidend dafür war nach Fleck, dass sich die Astrologie und die Kirche der angeblichen Ursachen ihrer Verbreitung annahmen, wie er eben in dem grundlegenden Werk von 1935 »Entstehung und Entwicklung einer wissenschaftlichen Tatsache – Einführung in die Lehre vom Denkstil und Denkkollektiv« ausführt. Historisch wurde zunächst die »sozialpsychische Stimmung« – auch wieder ein Begriff von ihm – dafür geschaffen, dass man diese oder andere solcher Art verbreitete Krankheiten hervorhob. Die Herausbildung eines naturwissenschaftlichen, pathogenetischen Syphilis-Begriffs war damals noch nicht zu denken. Dafür fehlte es an den entsprechenden kulturhistorischen Bedingungen, wie Fleck unterstreicht. Die Anwendung von Quecksilber führt keineswegs zu einer Differenzierung von Geschlechtskrankheiten nach solchen, die auf Quecksilber reagieren, und solchen, die sich bei der Behandlung mit diesem Metall verschlechtern. Heute stehen an der Stelle von Quecksilber Antibiotika. Erst die Entdeckung der Wassermann-Reaktion brachte eine Wende. Das war eine epochemachende Tat. Der Syphilis wurden nun gewisse Grenzen gesetzt, hauptsächlich im Bereich des sekundären und tertiären Stadiums. Später kamen die bakteriologischen Entdeckungen hinzu, doch diese schufen wiederum neue Ungewissheiten, denn die Anwesenheit von Bakterien bedeutet noch keineswegs, dass eine Krankheit entstehen muss. Es gibt ja einen langen Prozess, bis jemand weiß, ob die Bakterien gut oder schlecht sind, das ist ja allgemein bekannt. Der Erreger-Gedanke verliert seine zu der Zeit der klassischen Bakteriologie alleinherrschende Bedeutung, oder anders mit Fleck ausgedrückt: »Der Syphilis-Erreger-Gedanke führt in die Ungewissheit des bakteriologischen Artbegriffes und wird an dessen Schicksal teilhaben.« Das Kapitel, wie der heutige

Syphilis-Begriff entstand, beendet Fleck mit der Feststellung, dass die Begriffsbildung keineswegs abgeschlossen sei, dass der derzeitige Begriff an allen Entdeckungen und Neuerungen der Bakteriologie, der Mikrobiologie und der Seuchenlehre teilnehmen werde. Es seien damit neue Probleme des Syphilis-Begriffs entstanden, so dass eigentlich gar nichts abgeschlossen wurde, wie es im letzten Satz des Kapitels heißt. Nach Fleck ist selbst der Begriff »Krankheits-Einheit« ein gewordener, das Ergebnis einer Entwicklung, keineswegs ein natürlicher Begriff. Man könnte auch andersartige Krankheits-Einteilungen einführen und ohne diesen Begriff auskommen. Man spräche dann nur von verschiedenen Symptomen und Zuständen; von verschiedenen Krankheiten und Zufällen. Das wäre nicht einmal unpraktisch, sagt Fleck; dann wären auch immer die verschiedenen Formen und Stadien, wie auch die verschiedenen Kranken und Konstitutionen anders zu behandeln. Diese Bemerkung Flecks sollte man mit derjenigen, die er in einer Fußnote in einem anderen Zusammenhang brachte, in Beziehung setzen: »Es existieren realerweise keine Krankheiten, sondern nur kranke Menschen.« Wenn man dies sehr wörtlich nimmt, wäre von dem Arzt eine absolut individuelle Herangehensweise an den Tag zu legen und zu erwarten; doch dies ist schon deswegen unmöglich, weil es in diesem Fall auch eine einheitliche Kommunikation zwischen den Ärzten geben sollte. Es würde hierfür das Denkkollektiv fehlen, das nach Fleck für jede Erkenntnis entscheidend ist.

Unter Denkkollektiv versteht Fleck eine Gemeinschaft von Menschen, die in Gedanken-Austausch oder in gedanklicher Wechselwirkung stehen. Ein Denkkollektiv können sogar zwei Personen darstellen, wenn sie viel miteinander über bestimmte Probleme debattieren. Das Kollektiv würde sich jedoch verändern, wenn eine dritte Person hinzukäme. Insgesamt geht es Fleck aber um eine Gruppe von Menschen, die sich über gewisse Probleme und Interessen verbinden. Diese bilden ein Denkkollektiv, was nicht ausschließt, dass jeder Einzelne auch anderen Denkkollektiven angehört. Denkkollektive zeichnen sich durch einen bestimmten Denkstil aus, dessen sich die Mitglieder im Allgemeinen nicht bewusst sind. Vom herrschenden Denkstil hängt es ab, ob eine Erkenntnis als solche anerkannt wird oder nicht. Alles Erkennen und Denken ist für Fleck sozial, vor allem durch die Sprache. Eine zeitlose oder überzeitliche Erfahrung oder »zeitloses Denken« gibt es für Fleck nicht. Daher lässt sich die Idee, dass die Menschheit schon immer in bestimmten Kategorien der Logik oder anderer übergeordneter Systeme gedacht und gehandelt hat, nicht aufrechterhalten. Aber auch Meinungen, dass einst in sogenannten primitiven Gesellschaften »falsch gedacht« worden sei, seien nicht haltbar. Die Mitglieder dieser Gesellschaften haben die Welt einfach anders gesehen und sind mit ihren Sichtweisen sogar gut zurechtgekommen. Auch sie haben Menschen geheilt und Erkenntnisse gewonnen, mit deren Hilfe sie die Welt erklärten. Ihre Denkweisen haben sich zum Teil in unserem Unterbewusstsein erhalten und, wie Fleck zeigt, zu modernen Erfindungen beigetragen.

Nach Fleck ist es unmöglich, Tatsachen so zu artikulieren, dass sie nicht im jeweiligen Denkstil des Denkkollektivs ausgedrückt sind. Da es verschiedene Denkkollektive und verschiedene Denkstile gibt, entsteht die Frage nach der Übersetzung des einen in den anderen. Prinzipiell sei die Abgrenzung, die die Denkkollektive gegeneinander vornehmen, größer als die gegenseitige Durchdringung. Doch wenn sie sich relativ ähnlich ausdrücken, müsste eine Übersetzung möglich sein. Es kommt dann zu einem »interkollektiven Denkverkehr« – so der Begriff von Fleck. Hierbei verändert sich zumeist die Bedeutung des jeweiligen Begriffs; jedes Kollektiv ordnet ihn in anderer Weise in seinen Denkstil ein. Fleck begibt sich in seinem Buch von 1935 insgesamt auf ein Gebiet, das damals nur in Ansätzen ausgebildet war, nämlich das der Kulturwissenschaft. Nicht allein Flecks Feststellung, dass ein jeder Weg zu einer Lehre kulturbedingt sei und dass es in der Naturwissenschaft gleich wie in der Kunst und im Leben keine andere Naturtreue als die Kulturtreue gebe, lässt dies erkennen, vielmehr auch seine Erörterung, dass Denkstil, Denkstimmung, Denkzwang bei der Herausbildung von sogenannten wissenschaftlichen Tatsachen eine entscheidende Rolle spielen.

Henrik Jäger
Ich fand in dem, was Sie zu Ludwik Fleck ausgeführt haben, das gut illustriert, was vorher unsere Themen waren. Was ich besonders bedeutsam finde, ist die Frage des Situativen im Gegensatz zum System. Das war Thema zwischen Herrn Ohashi und mir; das taucht hier jetzt wieder sehr intensiv auf. Meine Frage ist, inwieweit hat das bei Fleck philosophische Konsequenzen? Inwieweit hat er das auf philosophische Themen rückbezogen? Hat er gesagt: Das ist eher allgemein etwas Medizinisch-Menschliches? Oder hat er da auch philosophische Wurzeln?

Karol Sauerland
Nun, er hat das gleichzeitig streng philosophisch gemeint, und er stand zu der damals allgemeinen Richtung in Polen, vor allem des Lemberger Kreises, völlig im Gegensatz. Er meinte es sowohl konkret wie auch allgemein philosophisch.

Rudolf zur Lippe
Das sieht man auch schon daran, worauf Sie, Karol Sauerland, hingewiesen haben. Er spricht natürlich nicht von einem Paradigmenwechsel. Weil das missverstanden werden kann als ein intern wissenschaftliches Konzept, spricht er von einem Denkstil und dessen Wechsel, der Paradigmen enthalten kann, aber eben auch nicht enthalten kann. Ich denke, dass man an dieser Stelle eine Anmerkung vielleicht machen muss, zu dem Begriff des Systems, beziehungsweise dem, was wir von Herrn Gerhardt aufgenommen haben. Es klang eben so wie das, was viele Ärzte, die wir gekannt haben, sagten. Die wirkliche Heilung vollzieht sich durch den Menschen, und der Arzt kann ihr nur den Weg bereiten oder die Bedingungen verbessern usw. Interessant ist ein Begriff des Denkstils für mich darin, dass er zeigt, woraufhin die Zivilisation eine soziale Gemeinschaft *wertet*. Und da ist eben unsere abendländische Tradition immer wieder diejenige, die solche Phänomene da gelten lässt, wo sie gerade nützen – wenn sie sie nicht einfach an den Rand schiebt. Ich finde es immer in der Musik so aufregend. Natürlich hat jeder Musiker, ob ausübend oder komponierend, diese Momente des Verbindens zwischen allem und sich selbst. Aber das ist nicht, was der rote Faden der europäischen Tradition ist. Die macht anderes zum »Wesentlichen« und damit eben auch zum Handlungsstil. Daran müssen wir mit dem Blick nach Afrika und China und Japan und Südamerika schauen. Daran müssen wir noch ein wenig arbeiten.

Karol Sauerland
Wann entsteht und wann nennen wir etwas eine wissenschaftliche Tatsache? Da kommen natürlich andere, die das bezweifeln. Mit der Ernennung eines Phänomens zur wissenschaftlichen Tatsache kommt es natürlich zu einer Veränderung des Denkstils. Das wäre der Paradigmenwechsel. Paradigmenwechsel, der heute überall angewandt wird, bedeutet ja, dass man sozusagen von einem zum anderen kommt, wenn andere Dinge zu wissenschaftlichen Tatsachen erklärt werden. Um jetzt dieses Systemproblem anzusprechen: Fleck ist im

mittelalterlichen Sinne ein absoluter Realist, und er weiß natürlich nur zu gut, dass es ohne ein allgemeines Wissen nicht möglich ist, etwa ein Serum herzustellen. Er hat unter dem Mikroskop die Verteilung der Blutkörperchen verfolgt. Wenn jene so oder so verteilt sind, gibt es diese oder jene Krankheit. Für Fleck ist diese ständige Bewegung vorhanden, und er sieht kein Ende, und damit ist auch das Systemdenken für ihn eine Randerscheinung.

Jakob Mabe
Vielen Dank für Ihre interessante Darstellung. Ich habe etwas vermisst. Setzen wir voraus, voneinander Lernen bedeutet auch darauf hinzuweisen, dass man bestimmte Anregungen bekommt von Anderen. Wenn wir genau darauf hinweisen, dann wird es wohl keine Probleme geben. Was hat denn Fleck von einer anderen Kultur bzw. von der eigenen so gelernt, dass man sagen kann, das ist der Blickwinkel Anderer auf die eigenen wissenschaftlichen Theorien?

Karol Sauerland
Fleck war sich bewusst, dass es außereuropäische Kulturen gibt, das hat er auch angesprochen. Für ihn sind die anderen Kulturen die mythischen Vorstellungen von Krankheit. Zum Beispiel sagt er, ohne die Flüssigkeitsvorstellung der alten Griechen wäre die Bekämpfung der Syphilis nicht möglich gewesen. Alte mythische Vorstellungen gehen in uns um und sind logisch, damit wir wissenschaftlich arbeiten können.

Jakob Mabe
Hat Fleck andere Kulturen genannt, in denen Krankheiten geheilt worden sind, mit denen die Europäer nicht fertig geworden sind? Das und das haben die Afrikaner zum Beispiel gemacht: schaut mal her, Europäer. Das würde ich ja gerne wissen.

Karol Sauerland
Ich glaube nicht, dass er das gemacht hat. Aber er weiß ganz genau, dass man mit ganz bestimmten natürlichen Pflanzen glänzend Krankheiten bekämpfen kann. Er hatte auch keine Geldmittel, um daran zu forschen. Und zu berücksichtigen ist, dass Fleck zwölf Jahre in Freiheit arbeitete und dann eben in Unfreiheit. Zuerst unter dem Sowjetsystem und dann unter dem Nazisystem. Man wünscht sich natürlich gerade bei Fleck …

Jakob Mabe
Die Frage muss man nicht auf Fleck beziehen, auf Fleck allein, sondern allgemein. Wissen Sie, es ist manchmal ein Phänomen, diese selbstbewusste Darstellung: Wir Europäer, unsere Aufklärung. Ich frage mich manchmal bei anderen Kollegen, ob sie mal hingehört haben, um zu sehen, ob sie wirklich etwas von Anderen sagen können. Ich habe vor kurzem ein Gespräch mit Journalisten gehabt, und es kam auch zu der Frage »Aids« in Südafrika. Ja sagte ich, zeigen Sie mir doch die jungen Menschen in Südafrika, die tatsächlich »Aids« haben? Und wie viele sind es denn eigentlich? ... Es gibt unzählige Krankheiten. Ich würde mir wünschen, dass interkulturell davon gesprochen wird, dass man in China oder in Afrika gereist ist und erlebt hat, wie verschiedene Krankheiten behandelt wurden. Dabei habe ich diese oder jene Methode erfahren, die sich sehr bewährt hat. Das wäre doch ein richtiger Paradigmenwechsel.

Karol Sauerland
Fleck behandelt sehr genau, warum Syphilis gerade in Europa eine wichtige Krankheit geworden ist, eine bedeutungsvolle Krankheit, obwohl andere Krankheiten viel mehr Opfer gebracht haben. Und als diese »Aids«-Diskussionen aufkamen, habe ich sofort an Ludwik Fleck gedacht. Der über Syphilis so gesprochen hat, wie man heute über »Aids« spricht. Krankheiten werden durch Propaganda zum Problem entwickelt. Aus Fleck geht das hervor. Wenn man sich mit ihm identifiziert, müsste man sich gerade in dem heutigen Zeitalter, wo die Kulturen offener geworden sind, dafür interessieren, wie in Angola eine bestimmte Krankheit behandelt wird. Vielleicht anders, aber genauso erfolgreich oder sogar erfolgreicher als in Polen.

Rudolf zur Lippe
Es gibt nicht viele, aber es gibt praktische Beispiele. Ich erinnere immer wieder gerne daran, dass ein französischer Mediziner, ich glaube in der Demokratischen Republik Kongo, hieß sie damals, eben gelernt hat, welche große Bedeutung für die Heilung von Kranken es hat, dass die Familien mit in das Krankenhaus kommen und sich mit ihren Angehörigen, die krank sind, verbinden.

Bettina Schöne-Seifert
Wir sind ja oft schnell skeptisch dagegen und pessimistisch, aber an der Stelle ist Platz für einen ganz verhaltenen Optimismus mit Blick

auf das Internet. Die Globalisierung der Wissenschaften, wo wir ja viel schneller an Informationen und Ergebnissen anderer Länder teilhaben können. An der Stelle lässt sich vorhersagen, dass keinem Winkel der Welt mehr geheim bleiben kann, wie eine andere Kultur ihre Patienten heilt. Das wird für uns alle immer transparenter. Da wächst die Welt zusammen. Es ist ja auch nicht so, dass die World Health Organisation nicht wüsste, wo welche Krankheiten wie behandelt werden. Dazu kommt, dass der sonst immer in der Schmuddelecke stehende Global Player Pharmaindustrie natürlich auch ein Marktinteresse hat, an welchen Substanzen, Pflanzen und Methoden weltweit geforscht wird. Da ist ein gewisses Potential zum Lernen von anderen Kulturen.

Jetzt noch mal zurück zu Fleck, der ja in einer Zeit lebte, wo das alles so noch nicht zur Verfügung stand. Aber es ist ja außerordentlich bemerkenswert und interessant, wie er in seinen theoretischen Arbeiten immer auch den Spagat zu der fehlenden grundsätzlichen Wissenschaftsskepsis hält. Fleck ist durchaus jemand, der Fortschritte sieht, messen kann und an diese glaubt, realistisch glaubt. Patienten werden geheilt. Und das wird besser und sein Serum funktioniert. Und auf der anderen Seite ein Instrumentarium, sich gleichzeitig, als einzelner Arzt und Forscher, mit der Anerkennung der sozialen und kollektiven Konstruktion seiner Forschungsbedingungen auseinanderzusetzen. Das ist ja eine außerordentliche, moderne und lehrreiche Facette.

Mann aus dem Publikum
Das Thema dieses Treffens hieß ja »Miteinander der Kulturen«. Miteinander der Kulturen, da möchte ich gerne auf etwas eingehen, das Herr Mabe äußerte: dass wir voneinander lernen wollen, sollten und können. Darunter fiel auch ein Dialog heute in der interkulturellen Philosophie. Es gab eine Zeit, in der einigen nichteuropäischen Kulturen ein philosophisches Denken abgesprochen wurde. Wir sind noch nicht vollständig darüber hinaus, weil es Menschen gibt in dieser Gegenwart, die immer noch dieses Denken mit sich führen. Die Leute, die sich aber mit interkultureller Philosophie professionell beschäftigen, führen auch eine Ethnisierung herbei. Das geht dahin, dass sie sagen, wir können den Anderen an sich nicht vollständig verstehen. Wir haben heute wunderbare Vorträge darüber gehört, wie anders doch die Anderen sind, wie schwer es uns fallen kann, den Anderen zu verstehen. Was ich dennoch zu finden versuche in den

Themen: Wo sind die Brücken, die wir brauchen? Wir weisen immer darauf hin, wie unterschiedlich wir doch sind, aus dem guten Grund, dass wir nicht behaupten, wir hätten alles schon und die Anderen äffen uns nur nach. Ich denke, es ist auch wichtig zu schauen: Wo haben wir Gemeinsamkeiten, wo ist das Verbindende? Nur dann können wir auch voneinander lernen.

Henrik Jäger
Diese Ethnisierung, dass man zu wenig auf Gemeinsamkeiten aus ist, darin sehe ich auch ein Problem. Dennoch, von meiner Arbeit als Übersetzer chinesischer Philosophie über viele Jahrzehnte kann ich sagen, dass es eine schwierige Arbeit ist, aus einer Tradition, einer anderen Zeit, einer anderen Epoche zu transportieren. Man sollte das Andere zunächst mal als Anderes zu verstehen suchen, aber nicht in dem Kontext, dass es ja keine richtigen Philosophen sind. Ich denke, mit Respekt auf jeden Fall. Die Übersetzungsgeschichte der buddhistischen Sutren aus Indien in China hat ungefähr tausend Jahre lang gedauert. Die waren getragen von der Begeisterung der buddhistischen Religion. Vor dreihundert Jahren, wie wir heute gehört haben, hat es Ansätze in Europa gegeben. Die wurden aber einfach abgelehnt. Ich kann Ihre Frage und das Problem verstehen, aber dies braucht Zeit, Aufmerksamkeit und – natürlich am besten auch Forschungsgelder.

Jakob Mabe
Die Menschen in Deutschland werden sich in fünfzig Jahren wundern, dass man so lange für eine Erfindung wie das Handy gebraucht hat. Und muss man zweitausend Jahre warten, bis man weiß, wie eine Demokratie funktioniert, nur um zu zeigen, dass das eine lange Zeit braucht? Ich gehe immer von meinem eigenen Beispiel aus. Ich glaube, Sie können das bestätigen, Herr Ohashi. Ich habe noch nie, ich bin vierundzwanzig Jahre in Deutschland, aber ich habe noch nie jemanden gekannt, der für mich schwierig war. Man sieht daran, die Deutschen verstehen. Und ich verstehe nicht, warum bei philosophischen Diskussionen zwischen Frankreich und Deutschland sich immer verteidigt wird. Alles geht oft in Richtung Verteidigung, wo man gar nicht verteidigen muss.

Frau aus dem Publikum
Ich möchte ganz gerne auf das Negativbeispiel eingehen, das eben bei der Pharmaindustrie angesprochen wurde. Eine Art Gefälle bestreitet in den Kulturen einen Ausgleich, wo man nicht beidseitig auf gleicher Höhe ist. Damit will ich anregen, noch mehr auf das Miteinander der Kulturen einzugehen. Was sind die Vorteile? Mir ist zum Beispiel nicht ganz klar geworden, warum Ludwik Fleck zu dem Thema »Miteinander der Kulturen« so ins Gewicht fällt. Vielleicht können wir mehr über das reden, wie man ein Miteinander der Kulturen herstellt. Was ist wichtig? Wie kann man vorgehen?

Ryôsuke Ohashi
Dazu möchte ich gerne eine Bemerkung machen und auf die des Kollegen eingehen, wie man andere verstehen kann. Uns ist auch wichtig wie Ihnen, die wissenschaftliche Ethik darzustellen. Bei dieser Frage gehe ich immer davon aus, dass, bevor man den Anderen versteht, man dem Anderen schon begegnet ist, und zwar mit dem Gefühl. Herr zur Lippe hat vorhin ein ganz wichtiges Wort ausgesprochen: Würde. Ich beziehe mich da auf meine These: Solange man den Anderen versucht nur rational zu verstehen, scheitert dieser Versuch. Weil die Anderen zu verstehen, heißt nicht nur rational und vernünftig, sondern auch sinnlich, gefühlsmäßig verstehen. Egal ob der Andere ein Feind oder ein Freund ist. Das ist mein Ausgangspunkt. Und deswegen ist es auch wichtig, was Sie mit Ludwik Fleck vermitteln, mit seiner Kollektivität, die ja auch neue Wege anschaulich öffnet. Ob diese Kollektivität auf der Ebene des Denkens rational zu verstehen ist – oder mit dem schon genannten Begriff Gemeinsamkeit?

Bettina Schöne-Seifert
Ich kann einen Ausgleich anbieten für eine grundsätzliche Offenheit diesen Fragen gegenüber. Der Umgang mit Medizin, mit Lebenserhaltung, mit Schmerzen, mit technischen Neuerungen, so universal ähnlich sind viele andere Dinge nicht. Da können wir eher davon ausgehen, dass wir universell Grundinteressen haben, die uns einander sehr nahe bringen. Um auf das Pharmabeispiel zu kommen: Ich meine das auch nicht als Pharmaschelte, das wäre zu undifferenziert. Wir wissen alle, dass es in der pharmakologischen Forschung keine einheitlichen forschungsethischen Standards gibt. Das ist das eine. Aber auf der anderen Seite hat man auch den ganz anderen Effekt in Zeiten, in denen die Wissenschaft als Praxis so internationalisiert

wird wie heute. Das ist jetzt kein besonderes Spezialwissen, was ich hier ausbreite, aber es hat natürlich noch nie Zeiten gegeben, wo naturwissenschaftliche, biomedizinische Forschung so sehr international kollektiv betrieben wurde. In den führenden Stammzellenforschungslabors geht es gar nicht so um embryonale Stammzellen, sondern um die Frage, wie kann man aus allen möglichen Zellquellen Zellen finden, die z. B. Parkinson heilen. Das sollte ein internationales Ziel sein. Schauen sie sich an, welche Labors daran arbeiten, aus der ganzen Welt, Asien ist da ganz vorne, Amerika, Europa, Israel, Singapur. Die tauschen ihre Datennetze aus, die tauschen ihre Informationen aus. Die fliegen zum Teil von einem Labor zum anderen; publizieren mal in Münster, mal in New York. Das ist wirklich ganz unglaublich, und ich denke, das ist eine ganz wunderbare Entwicklung, die uns was lehrt. Es wird ein großer Vorteil sein, dass unterschiedliche Denkstile, aus allen Epochen, in ganz unterschiedlichen kulturellen Begegnungen uns dasselbe vermitteln.

Rudolf zur Lippe
Es ging darum, dass die Aufklärung ein europäisches Produkt war und wir wissen, dass eine Aufklärung der Aufklärung nicht in einer eurozentrischen Selbstaufklärung gelingen wird. Sondern die neue Aufklärung muss aus dem Miteinander der Kulturen erwachsen, und zwar aus deren unterschiedlichen Denkstilen.

Mann aus dem Publikum
Es gibt gewisse Ideen von europäischen Denkern von der Aufklärung bis heute, die nochmals überdacht werden müssen. Das heißt, für eine Aufklärung der Aufklärung ist sehr wichtig, über neue Werte nachzudenken. Das europäische Denken sollte in einer neuen Sicht dem Miteinander gegenübergestellt werden.

Henrik Jäger
Ich möchte ein Lesebuchprojekt vorstellen. Dazu beginne ich mit einem Konfuzius-Zitat, um dann auf das Thema chinesische Sprache zu kommen und auf das Thema Kultur, Erfahrung, Kunst und Wissen der chinesischen Philosophie. »*Der, der das Wissen sucht, der kommt dem nicht gleich, der es liebt. Und der, der es liebt, der kommt dem nicht gleich, der darin die Freude findet.*« Wenn man das jetzt nur übersetzt, gibt es schon zwei große Probleme. Was soll hier erkannt, beziehungsweise geliebt werden? Das wird nicht gesagt. Dabei kom-

men wir auch zum Thema Systematik. Es könnte das *dao* sein, es könnten die wichtigsten Lebensthemen sein. Es ist eine Stufung. Erkennen, Lieben und zum Schluss die Freude finden. Das ist eine grundsätzliche Problematik. Eine weitere in einer Bedeutungsvielfalt der chinesischen Schriftzeichen ist, das Zeichen für Freude bedeutet auch Musik. Musik in der taoistischen Philosophie ist die Harmonie, die Harmonie der Resonanz im Universum. Gemeint ist, dass diese Resonanzen, mit den sogenannten kosmischen Schwingungen in Gleichklang kommen. Von hier aus möchte ich die Problematik nur andeuten, in diesem einen Satz. Der Übersetzer sollte ja genau das übersetzen, was da steht und was es bedeutet. Wie ist das aber jeweils zu verstehen? Von unserem philosophischen Verständnis her bildet eine Vieldeutigkeit und eine Unschärfe, die in der chinesischen klassischen Philosophie selbstverständlich ist, eine wesentliche Schwierigkeit.

Rudolf zur Lippe
Ich habe mal ein Symposium anzetteln dürfen um Hans-Georg Gadamer. Natürlich zu der Frage der Hermeneutik, von der heute noch nicht die Rede gewesen ist. Sie verdient aber, im Gegensatz zum System erwähnt zu werden. Ich war dafür, Hermeneutik von Wilhelm von Humboldt her mehr als von Schleiermacher her aufzugreifen. Wilhelm von Humboldt war bereits derjenige, der mit Menschen und mit Sprachen, Kulturen rund um die Welt gelebt hat. Es ging ihm um eine Verständigung über, er sagte nicht Denkstile, er sagte, umfassender, Weltansichten. In dem Zusammenhang sprachen wir also zunächst einmal darüber, wie versteht man einander. Wer versteht wen und wo versteht man nicht? Wie soll man wissen, ob man sich versteht? Es ging hin und es ging her. Ich habe einen Philosophen bei dieser Gelegenheit besonders zu schätzen gelernt: Josef Simon, der auch in der analytischen Philosophie hervorgetreten ist und sehr systematisch zu denken weiß, sagte nur einen Satz: »Wer versteht denn sich selbst?« Und das ist das Gemeinsame aller Menschen. Wenn wir davon ausgehen, ist jeder Andere interessant.

Jakob Mabe
Ich habe mich heute gewundert, als wir mit der Tagung anfingen. Da davon die Rede war, dass nicht jeder einen langen Vortrag hält, sondern nur einen Anstoß geben kann. Es wäre schon unhöflich, den Menschen lange Vorträge zuzumuten, wenn viele andere Redner be-

teiligt sind. Die Menschen, die vor uns sitzen, sollen nicht ermüden. Deshalb habe ich ein paar Stichworte gemacht. Wenn ein Beitrag aus Afrika kommt, was kann man wirklich davon lernen? Die Afrikaner müssen natürlich von ihren eigenen Dingen lernen. Dann können andere einfach sagen, wir sind überrascht, das gefällt mir, das möchte ich übernehmen. Denn im Prinzip kann man manchmal für andere denken, muss es aber erst einmal für sich selbst deutlich werden lassen.

Zunächst sind mir zwei Begriffe heute aufgefallen, die ich hier klären will – im afrikanischen Kontext. Das eine war bezogen auf Wittgenstein, … »worüber man nicht reden kann, davon soll man schweigen!« Ein afrikanischer Philosoph, Amadou Hampate Ba ist eigentlich der Autor dieses Spruchs: »Das Geheimnis des Wissens ist, das Schweigen zu lernen«. »Jedes Mal, wenn in Afrika ein Weiser stirbt, verbrennt eine ganze Bibliothek.« Amadou Hampate Ba ist derjenige, der 1950 zum ersten Mal diesen Ausspruch getan hat. Darauf haben die westlichen Kollegen, die nie was von Oralität gehört haben, geantwortet: »Wo kommt denn dieser primitive Afrikaner her?«

Als man Amadou Hampate Ba fragte: »Was können wir von dieser Oralität lernen?«, lachte er und lachte, und dann haben alle Europäer mitgelacht. »Sehen Sie, Sie können das Lachen lernen.« Und er sagte dann: »Das Geheimnis des Lernens, des Wissens, ist das Schweigen zu lernen.« Dann haben alle darauf gesagt: »Wer schweigt, kann zuhören, und wenn ich zuhöre, dann lerne ich.« Schweigen und die Ohren öffnen und aufnehmen. Wenn Sie dann etwas sagen wollen, haben Sie etwas zu fragen. Seitdem ist die Oralität von der Wissenschaft angenommen worden.

Eine andere Bemerkung ist die Frage nach den Denkstilen. Aber ich sage immer wieder, es gibt einen Unterschied zwischen einem Denkstil und einem Lebensstil. Menschen können einen Denkstil, einen medizinischen Denkstil oder eine philosophischen Denkstil nach Methoden entwickeln, aber sie behalten ihre unterschiedlichen Lebensstile. So gibt es immer einen, der so denkt wie Sie, aber er lebt anders. Das kann man von einigen mündlichen Überlieferungen verschiedener Kulturen lernen. So wie sie sprechen, kann man schon merken, sie sind sich einig, aber sie verstehen nicht, was ich sage, sie leben anders. Und das sehen wir tatsächlich heute in der Welt: jeder weiß, stehlen ist nicht gut. Das ist unser Denkstil. Ehebruch ist nicht gut. Aber wer hält sich daran? Das ist der moralische, ethische, internationalisierte Denkstil. Aber im Lebensstil bleiben wir immer bei uns selbst.

Rudolf zur Lippe
Mit Denkstil ist doch freilich mehr gemeint als gewisse Gedanken. Es ist schon die Antwort auf die Welt und das Leben. Aber es gibt zweifellos einen schlechten »Denkstil«, in dem man sich mit den Worten begnügt.

Jakob Mabe
Dann war das Thema Aufklärung, eine neue Aufklärung. Die Aufklärung erhob den Anspruch, hat man heute gesagt, Vernunft in den Mittelpunkt der Handlungen des Menschen zu stellen. Also sollen irrationale Strömungen jeder Form der Bevormundung des Menschen durch Autorität überwunden werden. Allein die Vernunft sollte die Aufsicht über das Denken des Menschen übernehmen. Um den Menschen eine exakte Vorstellung von Gott zu geben und ihnen zu einer besseren Einsicht in das Wesen der Dinge zu verhelfen. Das sagen wir den ganzen Vormittag, das sagen die Europäer schon lange. Aber warum tun sie das nicht? Sie können alles erklären, aber keiner hält sich an die Regeln. Das Verlangen nach Vernunft, das heißt, das Leben nach mehr Kritik, nach mehr Freiheit, nach mehr Humanität, mehr Toleranz gegenüber anders Denkenden, anders Seienden, anders Lebenden. Der Geist der Aufklärung ist ein Programm ohne Taten und Folgen. Was ist denn passiert? Das Problem der Aufklärung, wir haben eben gehört, der Hermeneutik, hat man unbewusst auf zwei Ebenen gestellt. Ein Dualismus. Sie wissen selber, dass das europäische Denken allgemein, in der Philosophie, in der Wissenschaft, dualistisch ist. Das ist das Problem. Wenn man sagt »Gut!«, dann kommt einer und will das Gegenteil zum Guten geben. Da muss immer einer kommen und sagen: Für mich ist diese Farbe nicht mehr Rot, sondern Grün. Dann streitet man. So ist Leben auch in den Ehen, in den Familien. Man muss immer das Gegenteil entwickeln, belegen. Deshalb war der Weg der Dualismus, und auch in Afrika, und das findet bis heute noch statt: Vernunft = Schriftlichkeit. Rationalität = Schriftlichkeit. Das heißt, was nicht schriftlich ist oder schriftlich überliefert ist, ist Mythos. Mythos ist absurde Geschichte.
Deshalb kann man das nicht ernst nehmen, was mündlich überliefert ist. Ein Afrikaner wird von einem Europäer gefragt: Wo sind eure Schriften? Wenn er dann keine Schriften vorzuweisen hat = primitiv. Wir Europäer sind so weit gekommen: Guck mal meine Bibliothek. Deshalb kommt auch der Spruch von Amadou Hampate Ba: »Es gibt doch keine Reform von Bibliotheken. Sie sind alte Meister.« Den-

ken wir mal an einen griechischen Priester der Antike, der nach Ägypten geht. Die Griechen gingen dorthin, um was zu lernen. Dann sagt der ägyptische Priester: Ich komme auch mal zu euch, um Griechenland zu sehen, und wir wollen sehen, warum die Griechen immer nach Ägypten kommen. Ein Grieche hat keinerlei Schriften gesehen, nur Hieroglyphen. Und zu dem Zeitpunkt waren die Ägypter schon bei neueren Schriften, aber die Griechen waren noch nicht so weit. Dann sagt der Ägypter: Ihr Griechen habt keine Schriften über eure Vorfahren, wann diese gelebt haben. Das sagt ein Ägypter zu den Griechen. Und was machen die Griechen später? Sie nennen die anderen Europäer Barbaren, weil diese auch keine Schriften haben. Man muss ein Blatt mit Zeichen vorweisen, um als zivilisiert zu gelten. So postuliert denn im 18. Jahrhundert die Vernunft, die Aufklärung nicht ein Denken, sondern immer, dass es verbunden ist mit der Schriftlichkeit.

Daher kommt es auch, wenn wir systematisieren. Wir können den Konfuzianismus nur als systematisches Denken darlegen, wenn Konfuzius, wie Aristoteles, eine Logik, Metaphysik, Ethik geschrieben hat. Hat Konfuzius dieselbe Systematik vorgenommen? Nein! Deshalb würde man nach heutigen Prinzipien meinen, er sei kein Philosoph. Jetzt sehen wir ein Problem in der Aufklärung. Mit der Neuen Aufklärung geht eine andere Bewegung einher, das ist die Intoleranz. Man wollte die Toleranz, aber gleichzeitig entsteht die Intoleranz. Die Intoleranz fällt zusammen mit der Degradierung der mündlichen Überlieferung. Das haben auch viele Menschen in Afrika übernommen seit Ende des 19. Jahrhunderts. Einschulung. Die Menschen lernen Englisch und auch Deutsch und auch Schreiben etc. Wunderbar. Aber dann, wer ist man denn da? Mündlichkeit wird zur Degradierung. Wenn man dann noch von Mythos spricht, heißt es, man emanzipiert den Menschen nicht. Geistige Emanzipation kann helfen. Geistige Emanzipation heißt aber auch z.B. politische, religiöse, wissenschaftliche Emanzipation. Da muss man aufpassen. Wenn einer sagt: Schau mal auf Afrika. Mündlichkeit bedeutet primitives Denken. Die Mündlichkeit war nicht in der Lage, den Menschen dazu zu bringen, sich von seiner Tradition zu emanzipieren wie z.B. in Europa. Da haben wir die Technik, etc. Dann ist der Mythos oder die Mündlichkeit nichts.

Schriftlichkeit ist dann auch Vernunft oder, wie wir auch sagen, Wissenschaft. Gegenständlichkeit. Objektivität. Nur Wissenschaft allein erhebt Objektivitätsanspruch. Wer mündlich argumentiert, was sagt er denn? Ich verstehe das schon! So hat man gedacht. Ich sage immer wieder zu meinen Studenten: Was macht denn so ein Professor? Der trägt doch mündlich vor. Und die Studenten sind begeistert. So ist die Mündlichkeit! In der Mündlichkeit sich selbst zu hören. Da können sie sich wiederholen, bis sie die richtigen Sätze benutzen, die sie eigentlich verwenden wollen.

Was macht denn die neue Wissenschaft? Sie versucht sich mit akademischen Titeln die Legimitation zu verschaffen. Der Versuch den Doktortitel mündlich zu erwerben, ist seit 1950 abgewiesen worden.

Wenn wir dem mit der Neuen Aufklärung gerecht werden wollen, eine universelle oder normale Vernunft zu realisieren, müssen wir Mündlichkeit und Schriftlichkeit miteinander kombinieren. Das Mündliche als gleichwertige Artikulationsform rehabilitieren. Dann können beide sich miteinander über das Denken und Nichtdenken auseinandersetzen. Diejenigen, die schreiben, müssen sich an denen messen, die nur mündlich überliefern. Wenn Sie in China sind und dort mit Gelehrten zu tun haben, die nur sprechen, nicht schreiben, können Sie auch dort feststellen, wie mühsam das ist.

Das heißt Respekt, nicht einfach vor anderen Kulturen, für mich sind das gerade diese Kulturen, die mündliche und die schriftliche. Aber wir haben leider die Wissenschaft auf Schriften aufgebaut. Jetzt haben wir uns vorgenommen, die Welt zu vereinheitlichen, wo sie keine Einheit bildet. Es geht um die Kunst des Schreibens in allen Sprachen. Der Fehler war ja: mit der Einführung der Kolonialsprachen hat man immer gesagt, wenn die Menschen gerne Französisch oder Englisch schreiben, dann werden sie einfach besser angenommen.

Man würde in Marokko sagen, dass 80 Prozent der Menschen Analphabeten sind. Das stimmt gar nicht. 20–40 Prozent können Französisch lesen und schreiben. Aber 60–70 Prozent können Arabisch lesen und schreiben. Warum soll man diese Menschen degradieren? Das sind Fragen, über die man nachdenken sollte. Aber im deutschen Kontext: Muss man die vielen Menschen, die eine politische Verantwortung tragen, gesellschaftliche Verantwortung tragen, nur weil sie keinen akademischen Titel tragen, kein schriftliches Dokument vorweisen können, ausschließen?

Bettina Schöne-Seifert
Lieber Herr Mabe, in unserem Gespräch bin ich diejenige, die darauf antworten soll. Ich müsste wahnsinnig leiden, wenn ich Ihnen wider-

sprechen sollte. Dass diese grauenhaften Gleichsetzungen, die Sie uns dargestellt haben, Wissenschaftlichkeit = Schriftlichkeit = Besitz der Deutungsmacht, gefährlich sind und dumm, dem kann man eigentlich gar nichts hinzufügen. Deswegen würde ich lieber mein Privileg, als Erste nach Ihnen reden zu dürfen, ausnutzen, ein paar Fragen zu stellen und dann die anderen fragen zu lassen. Denn wir können ja nur dankbar sein, dass wir Sie hier haben und von Ihnen lernen dürfen. Meine Frage: Wenn Sie an das Philosophieren in Afrika denken, wie geht das vor sich? Wahrscheinlich kann man das so wenig generalisieren, wie man von dem Philosophieren in irgendeinem Jahrhundert in Europa reden kann. Klar ist uns jedenfalls geworden, dass das in Afrika mündlich und ganz anders stattfindet. Wo finden philosophische Diskussionen statt? Sprechen die beiden Weisen miteinander, um von den Bibliotheken zu erfahren, die abbrennen, wenn sie sterben? Sitzt man zusammen und trinkt was und redet dabei oder geht es gar nicht so explizit vor sich?

Jakob Mabe
Gute Frage! Aber diese Frage ist wieder in der Gefahr einer rhetorischen Frage. Wir betrachten die Mündlichkeit mit der Brille der Schriftlichkeit. Deshalb sind alle Fragen, nicht nur von Ihnen, sondern auch von mir, falsch gestellt. Umgekehrt auch, man kann sogar die Frage umkehren. Ein alter Afrikaner fragt seinen Sohn, der aus Europa kommt, mit allen Diplomen dieser Welt: »Mein Sohn, wo warst Du?« – »Papa, ich bin Dr.!« – »Was ist denn das: Dr.?« Der Sohn war nicht in der Lage, seinem Papa zu erklären, mündlich, was es heißt, Dr. zu sein. Fragen sie doch, was macht eigentlich der Mensch mit dem Bleistift? Wir kommen natürlich in Versuchung zu sagen: Wissenschaft ist schon da. Philosophie, eine Wissenschaft, in dem Fall eine schriftliche, da muss man studieren, dann habilitieren etc., und dann ist man ein Philosoph. Beruf: Philosoph! Das haben wir auch. Ein Schulphilosoph, den haben wir auch, lernen von der Mundphilosophie, die tatsächlich den gleichen rationalisierten Anspruch erhebt, nur: sie schreiben nicht! Was macht man denn dann? Odera Oruka, Sie haben ihn heute genannt, ein sehr berühmter Kenianer, ist leider schon verunglückt. Er hat einmal ein paar weise Menschen zusammengeführt und die Frage an die Schreibkundigen gestellt: »Was ist Moral?« Alle haben aus ihrer Position individuell geantwortet. Jeder hatte seine eigene Definition. Odera Oruka, der das protokolliert hat, stellte fest, dass jeder aus seiner Position, individuell,

das Gleiche sagte. Und so fand ein Austausch statt. Und Odera Oruka fragte: »Ist das also euer Konzept?« »Ja«, antworteten die Weisen. »Du, euer Konzept gefällt mir«, sagte Odera Oruka darauf.

Rudolf zur Lippe
Ich hätte noch eine Frage, die mit diesem Thema zusammenhängt und vielleicht noch nicht so deutlich geworden ist. Unterschiedliche Formen des Wissens haben auch unterschiedliche Inhalte. Mündlich weiß man andere Dinge als schriftlich. Darauf würde ich gerne noch einen Hinweis von Ihnen hören. Ich gebe ein Beispiel. Es ist wieder ein Beispiel aus der europäischen Welt, wo natürlich immer noch kleine Inseln all dieser anderen Lebensformen sind. Ich habe im »Sinnen-Bewusstsein« den Begriff des gestischen Wissens einfließen lassen. Der wurde aufgegriffen von Naturwissenschaftshistorikern. Besonders mit einem, mit dem ich viel gearbeitet und diskutiert habe, der eine sehr interessante Geschichte der Versuche zur Wärmemessung gemacht hat. Da ist deutlich geworden, in der Geschichte der experimentellen Naturwissenschaften ist jeder Fortschritt völlig undenkbar, ohne bestimmte Formen des gestischen Wissen zu übernehmen. Das berühmteste Beispiel hat er entwickelt, an Joule, der die Vorlage für die Wärmelehre geschaffen hat. Genaue Messungen von Wärme konnte er nicht als Physiker durchführen, sondern weil er Bier brauen gelernt hat. Die müssen nämlich mit den Temperaturen umgehen können. Dann wird aber in der Theorie davon geschrieben und von dem handwerklichen Wissen ist keine Rede mehr. Da geht es darum, dass bestimmte Inhalte dieses gestischen Wissens keine Erwähnung in den Theorien für die Scientific community finden können, weil das Mimetische immer gefährdet ist. Die traditionelle Lehre wird getrennt vom wissenschaftlichen Wissen, das dann in Formeln und theoretischen Figuren erscheint. Die wäre aber undenkbar ohne diesen Inhalt.

Ich wollte noch mal fragen nach dem Verhältnis der verschiedenen Wissensformen zueinander, also auch des Philosophierens in Afrika zu anderen Inhalten des Lebens, in denen wir uns bestimmten Erfahrungen entsprechend verhalten.

Jakob Mabe
Dafür müssen wir wissen: Was ist das Leben?

Bettina Schöne-Seifert

Der neue Impuls ist der, wo der Bogen sich wieder schließt und wir zur Ethik zurückkommen. Ich bin Dozentin für Bioethik und Ethik, denn das Eine kann man nicht ohne das Andere machen. Man kann fragen: Warum sind wir hier? Da gibt es mehrere Erklärungen. Das eine ist die Freundschaft zu Rudolf zur Lippe. Und das zweite ist, dass ich eine latente, politisch- korrekte Frauenquote erfülle, und das dritte, dass gerade in diesem Bereich der biomedizinischen Ethik, wo es um Leben, Tod, Schmerzen, Krankheit, Kinderkriegen, diese Dinge geht, man das Gefühl hat, das Interkulturelle im Prinzip eine Rolle spielen könnte. Anders als, sagen wir, in der Medienethik, wo zwischen Afrika und Europa so unterschiedliche Kontexte im Moment bestehen, dass jene schwer vergleichbar und übertragbar sind. Wenn man also fragen könnte, wo hätte für die biomedizinische Ethik, die in meinem Verständnis eine philosophische Teildisziplin ist, die ihre intellektuellen Ressourcen oder Fragen aus der allgemeinen Ethik bezieht, wo hätte man dort seinen inhaltlichen und thematischen Ansatzpunkt. Dazu gibt es eine Art Zwiebelmodell. Die intellektuelle, langweiligste Schale wäre: Wir schauen in unserem Land, wo wir interkulturelle Bioethik brauchen. Das ist praktisch von hoher Relevanz, wenn es um solche Fragen geht: Wie setzt man unsere Vorstellung von Einwilligungen in medizinischer Behandlung mit Patienten aus unterschiedlichen kulturellen Kontexten richtig um? Wo die ganze Familie mitkommt und mit entscheiden will und wir die Vorstellung haben, fragen zu müssen, wo der Patient denn selber sein will. Was bedeutet Geburtsschmerz für eine Frau aus der Türkei und auch für den Mann, der im Nebenraum steht und das Schreien hört? Oder wie schaffen wir es, auf eine richtige Weise der UN-Menschenrechtskonvention mit ihren Idealen von gleicher medizinischer Behandlung für alle Menschen gerecht zu werden, wenn wir gleichzeitig nicht einmal Zugang zu der gesetzlichen Krankenkasse für Asylbewerber garantieren und das Asylbewerber-Leistungsgesetz weit hinter diesen rechtsethischen Idealen steht? Das alles sind wohlbemerkt enorm wichtige praktische Fragen, die die Menschen angehen, die da Betreuung brauchen. Die brauchen nicht eigentlich Intellektualität auf der ethischen Ebene, sondern die Politik und Kreativität, wie das umgesetzt werden kann. Die brauchen Geld und eben auch unseren Willen.

Dann gibt es eine tiefe Schicht weiter darunter. Fragen, wo wir in unserer Kultur sehr bescheiden und richtig feststellen können, dass wir bestimmte Dinge grundsätzlich falsch machen und von anderen

Kulturen Hilfe bekommen können. Ein deutliches Beispiel ist der Umgang mit alten Menschen. Der Umgang, der eines Tages uns allen zuteilwerden wird, wenn wir, und das wünschen wir, alt werden. Ich habe gedacht, weil dies auch einen Kontrapunkt in das lange Hin und Her gibt, ich lese eine kleine Passage aus einem Buch vor. Sie beschreibt, wie Altenpflege bei uns heute aussehen kann, aus einem relativ neuen Buch von Michael de Ridder »Wie wollen wir sterben?«.

»Pflegeheime. All zu oft Orte, die das Ende schon vorwegnehmen. Heruntergekommen, nicht selten schon das ganze Gebäude. Tote Fliegen liegen in Lampenschalen der Flurbeleuchtung. Versteinerte Topfpflanzen in einer Sitzecke. Urin und andere Körperausdünstungen mischen sich mit dem strengen Geruch von Sanitärreinigern. Spartanisch eingerichtete Räume für die Bewohner, ein überdimensionaler Fernseher. Zwei hochbeinige Klinikbetten auf Rollen mit schwingenden Galgen. Ein Resopaltisch, zwei abwaschbare Stühle, ein Schrank, eher einem Kasernenspind ähnlich, ein Waschbecken mit integriertem Speibecken. Hinter grauen Dralonvorhängen Kunststoffvegetation auf der Fensterbank. Perfekter lässt sich Leblosigkeit nicht beschreiben. Achtzehneinhalb Quadratmeter für zwei Personen mit zu Ende gehenden Biographien. Personen, nach deren Vorlieben und Abneigungen niemand fragt; von denen man nicht einmal wissen will, ob sie solch eine Behausung miteinander teilen wollen. Personen, die hier ihren Lebensabend verbringen und teilen sollen, die hier sterben müssen.«

Es gibt ganz viele Pflegeheime, in denen die Angehörigen irgendwo untergebracht werden. Es gibt ganz andere, gepflegte, aufmerksame, in jeder Hinsicht vorbildliche, aber das ist die andere Seite. In einem Land, wo es allen so gut zu gehen scheint, gibt es dann hinter den Kulissen Pflegeheime, die Sie wahrscheinlich nie betreten würden, da sie geradezu abenteuerlich anmuten. Es ist wirklich ein furchtbares Problem, wobei es nicht immer böser Wille ist, sondern kollektive Unachtsamkeit diesen Problemen gegenüber herrscht. Das hat dazu geführt, dass mehr als ein Drittel der deutschen Bundesbürger, wenn sie in solche Heime verbracht werden sollen, Suizid begehen. Das kann man verstehen. Das wäre ein Beispiel, wo man sagen kann, wir könnten von dem anderen Blick, von den anderen Kulturen lernen. Wir könnten Hilfe gebrauchen dafür, wie man kreativ das Miteinander leben, die alten Menschen in eine jüngere Gemeinde integrieren kann. Es gibt Versuche, Modelle zu schaffen. Es gibt Menschen, die sich für Generationenhäuser einsetzen usw. Wenn man aufteilt, wie viele Pflegebedürftige auf wie viele Menschen kommen, scheint das ja auch machbar zu sein. Das wäre jedenfalls ein Beispiel, wo man nicht nur eine ethische Reflexion braucht, sondern den sensiblen Blick und die Kreativität.

Eine Zwiebelschale tiefer kommen die Fragen, die uns alle angehen, wo man sagen muss, da sind wir verpflichtet, auf Augenhöhe Lösungen und Antworten und Lebensmöglichkeiten zu suchen. Und an dieser Stelle kann man nicht nur einfach sagen, man steigt jetzt in das Thema ein. Wie gehen wir mit Sterben um? Wie gehen wir mit Alter um? Oder wie gehen wir mit der Tatsache um, dass Bewusstseinszustände durch die Techniken der Neurobildgebung gläsern werden. Man muss jetzt anfangen zu fragen: Was sind eigentlich die intellektuellen Ressourcen oder die emotionalen Ressourcen, Lösungsmittel, die eine Ethik hat? Und damit sind wir schon gar nicht mehr in der Bioethik. Jetzt kommen all die großen Probleme, die man in der Ethik überhaupt hat. Wie viel Universalisierung, wie viel Partikularismus, wie viel Toleranz, wie viel Menschenrechte usw. Das sind natürlich Diskussionen, die uns Tage miteinander beschäftigen würden.

Der Dualismus zwischen Vernunft und Emotion, von Theorie und Praxis, das unselige Produkt von Kulturbegriffen ist eigentlich der Sache überhaupt nicht entsprechend. Allein diese über Jahrhunderte lebende Debatte, was motiviert Menschen oder was soll sie dazu motivieren, moralisch zu sein. Sagen wir etwas mit Emotion oder darf es nur die alte Vernunft sein und alle Neigung muss draußen bleiben? Auf keinen Fall darf man den Freund aus Liebe mit Zuneigung behandeln, höchstens als Reservemotiv. Aber muss es eigentlich nur aus der reinen Vernunft kommen? Diese Prinzipien, die da angelegt zu sein scheinen, entsprechen überhaupt nicht unseren praktischen Erfahrungen. Ich glaube, da ist die europäische Philosophie im Problem der Systematisierung. Genauso, denke ich, gehören Intuitionen und Theorien, die so weit auseinandergezerrt worden sind wie in den Ethikdebatten, viel enger zusammen, als wir das allgemein darstellen. Bei diesen Schlüsselworten, die hier im Laufe des Tages gefallen sind, haben wir alle genickt. Es kommt auf den Weg an. Das System kann nicht abgeschlossen sein, sondern es ist ein ständiges Bauen. Die Ethiktheorie ist im Fluss. Diese Dinge haben auch wirklich für die Theorie der Ethik und der Bioethik ihre Bedeutung. Ein anderes Stichwort kam heute Nachmittag auf, die Metapher. Ich bin überzeugt davon, und da gibt es auch einige sozialwissenschaftliche Forschungen, dass eine große Zahl der Quoten über bioethische Streitthemen heute in der Gesellschaft, zum Teil, nichts mit den Argumenten zu tun haben. Argumente wie Potentialität oder das Speziesargument. Wichtig für sie sind die Bilder, die Leute im Kopf haben, wenn die Intuitionspumpe anspringt, wenn sie das Wort z. B. vorgeburtliches Leben oder Sterblichkeit hören. Für die einen ist alles, was mit vorgeburtlichem Leben zu tun hat, offensichtlich an die Vorstellung von einem ganz kleinen Leben gebunden. Da erinnern sie sich an die Debatten, die so um 2001 bei uns zur Stammzellenforschung geführt wurden. Die Engländer haben ein prinzipielles grünes Licht gegeben für das Verbrauchen in der Embryonenforschung. Bei uns wurde dann gesagt: Unglaublich, wie die Engländer die westliche Wertegemeinschaft verlassen. Dann wurde diese Debatte aus dem Pro und Kontra in den liberalen Zeitschriften, wie zum Beispiel der ZEIT, mit einer Vignette von Leonardo da Vinci dekoriert. Vielleicht erinnern Sie sich daran. Das war ein kleiner, mit einer Feder gezeichneter Leib. Wenn man schaut, welcher Phase das entspricht, dann ist das etwa Tag 65 in der embryologischen Entwicklung. In der Stammzellenforschung wird von den Tagen vier, fünf und sechs geredet. Da sieht das vollkommen anders aus. Das Bild entspricht einem Minibaby, was die Leute offensichtlich vor Augen haben. Also Frankenstein mit den Minibabys auf der einen Seite. Auf der anderen Seite Naturwissenschaftler, die Zellblasen oder Keimblasen behandeln. Es hat offenbar ganz viel mit den kulturellen Prägungen, mit den Bildern, mit den Metaphern zu tun, die sich in dieser Debatte verwurzelt haben. Da kann man, glaube ich, eine Menge lernen, wenn man den rationalen Diskurs von Bildern trennen kann. Man sieht aber natürlich auch, dass das nicht ungefährlich ist, was solche Metaphern für ein Manipulationspotential beherbergen. Und zwar in beide Richtungen. Man kann den argumentativen Gegner im Glauben an solche Bilder in die Ecke treiben und kann in einem Tiefpunkt mit dem Bedienen solcher Metaphern sich selber – egal ob konservativ oder liberal – zum Buhmann machen, wenn man die richtigen Antibilder benutzt. Das ist wirklich nicht ungefährlich.

Karol Sauerland
Ein Beispiel: Die Ultraschalluntersuchung, wo sich ja die Bilder verändern.

Rudolf zur Lippe
Bilder: In dem Fall sind es keine Bilder. Es sind graphische Reproduktionen von elektronischen Informationen. Das hat nichts mit dem Bild zu tun.

Bettina Schöne-Seifert
Meine Vorstellung von Ethiktheorien und dem, was sie bewirken sollen, ist, dass wir die Theorie nicht brauchen, um die richtigen Entscheidungen und Vorteile im paradigmatischen Feld zu treffen. Ich glaube, alle Kulturen und alle Menschen innerhalb einer Kultur, so unterschiedlich sie an vielen anderen Stellen argumentieren, sind in bestimmten Schlüsselsituationen gleich. Beispiel: Jemand quält ein Kind. Dieses beliebte Beispiel ist ganz furchtbar. Oder eine Person A verspricht einer Person B mit aller scheinbaren Glaubwürdigkeit etwas wirklich elementar Wichtiges und hält sich nicht daran. Betrug. Gebrochenes Versprechen der ersten Kategorie. Oder, positiv: Jemand tut einem anderen einen ganz großen Gefallen und setzt damit wirklich viel aufs Spiel, mit unglaublicher Courage. Das alles sind Situationen, wo wir mit Empörung, mit Abscheu oder mit Bewunderung reagieren. Das muss gar keine Theorie erklären. Und wenn wir das nicht tun, dann haben wir irgendwas am moralischen Standpunkt verpasst. Dazu braucht man überhaupt keine Theorie, um das zu erklären, und man braucht auch keine Theorie, um das zu lehren. Das sind die Vorgänge, die wir in Fleisch und Blut haben und unseren Kindern weitergeben. Ich denke, dass bei allen Kulturen und in allen Epochen der Welt solche Situationen dieselben Reaktionen hervorgerufen hätten unter denjenigen, die das beurteilen sollten oder die zuschauen sollen bei ihren Kindern.

Dann gibt es aber eine Vielzahl von anderen moralischen Situationen, wo die einen empört, die anderen mitgerissen sind. Wo die Einen sagen, selbstverständlich soll aktive Sterbehilfe erlaubt sein, die Anderen sagen, das ist das Ende des Abendlandes oder des Morgenlandes. Da ist die Frage: Wie kommt das unter einen Hut? Und was kann Theorie da bewirken? Meine Vorstellung ist die: Theorie ist in der Tat eine kulturelle und damit stark im Kontext gebundene gemeinsame Anstrengung, transparent unsere Ziele fortzuführen. Da geht es um Analogien und Dis-Analogien zwischen dem Fall des großen Versprechens und dem Fall des kleinen Versprechens. Da tun sich viele Spielräume der Interpretationen, der Gewichtung und der Spezifizierung auf.

Eine Gesellschaft entwickelt für sich selber den Zugang zum neusten Gips, der nur noch 40 Gramm pro Quadratdezimeter wiegt. Sie sieht dies als ein Teil dessen an, was man jedem schuldet, so dass jemand, der den Freischein für den Leichtgips nicht bekommt, sich als Mensch zweiter Klasse empfindet. Ein Prinzip vielleicht auch in unglücklicher Weise, das irgendwie festlegt, *wie* sich Respekt vor Menschen äußern soll. Für andere Kulturen, in anderen Zeiten ist das vollkommen absurd und überhaupt nicht das, was zählt. Für die einen ist vielleicht die Form ganz unglaublich wichtig als Ausdruck von Respekt, den man einander entgegenbringt. In den anderen Kulturen ist das höchstens eine Hintertür, die sich jemand in einer zerstückten Familie lassen will, aber normalerweise kommt es darauf nicht an. Das Theoretisieren von moralischen Regeln, die teils narrativ, teils gar nicht zum Ausdruck gebracht werden, teils nur vorgelebt, teils auch schriftlich gefasst werden, schreitet fort zu partikularen Ethiken – die manchmal auch nicht schlechter sind als andere partikulare Ethiken. Und die könnte man intern verbessern. Das ist wahrlich keine befriedigende Antwort für diejenigen, die ein geschlossenes System haben wollen. Ein Top-Down mit seinen Prinzipien und Regeln, die zu dem Einzelfall gelangen sollen. Aber es ist immerhin eine befriedigende Regel für diejenigen, die sagen, wir Menschen sind nun mal so, dass wir uns Rechenschaft abgeben wollen und nicht in jedem Einzelfall neu entscheiden können, wie auch immer. Viele Fälle sind nicht so, dass unsere Diskussionspumpen angeworfen werden, sondern wir müssen mit Argumenten die Nähe oder die Ferne zu einem Parallelfall herstellen. Und deswegen hat diese Theorie nicht nur Selbstverbesserungsfunktionen, sondern auch Orientierungsfunktionen für Neuauflagen.

Ich will noch eine ganze Reihe von hochspannenden Fragen, über die es lohnt, interkulturell, im Interesse aller nachzudenken: Wie geht man mit Hightech am Ende des Lebens um? Wie entscheidet man mit Ressourcenverteilung in einem so oder so gut ausgestatteten System? Bei uns werden tatsächlich Medikamente von der Krankenkasse bezahlt, die 150.000 Euro pro Jahr für einen Patienten bedeuten, die in manchen Fällen ein oder zwei Monate das Leben verlängern, dazu unter hohen Nebenwirkungen. Das ist oft nur ein letzter Strohhalm der Hoffnung, auch wenn es nur drei Wochen sind. Das ist wirklich zu hinterfragen, wenn man die Gesamtbilanz ansieht. Im Einzelfall ist es tatsächlich denkbar, dass die Angehörigen, der Patient, der Arzt sagen: Wir können doch nicht aufgeben, lass uns doch noch das versuchen oder jenes. Auf diese Weise wird ein Abschiednehmen aus der Welt realisiert, das man sich eigentlich nicht wünschen kann. Da könnte ein Blick von außen außerordentlich helfen.

Das andere ist die Frage, welche Bewusstseinszustände wollen wir eigentlich legalisieren und welche wollen wir nicht legalisieren und wie wollen wir überhaupt mit dem Privatrecht auf Bewusstseinszustände umgehen? Sollen Lügendetektoren eingesetzt werden, und in welchen Kontexten? Ich kenne eine ganze Reihe von Leuten, die glauben, irgendwann werden auch wir einen Lügendetektor haben, der auf seinen Wunsch zur Entlastung des Zeugen eingesetzt werden könnte, weil er damit wirklich etwas beweisen kann. Was passiert aber, wenn man damit einmal anfängt? Sind das dann Dinge, die in unserem Leben einen Platz finden und tatsächlich den Zugang zu allen privaten Konflikten darstellen? Wenn man über Klugheits- und Schlauheitspillen nachdenken möchte, von denen vierzig neue Substanzen in der Pipeline sind und die uns womöglich wirklich irgendwann dahinbringen könnten, aufmerksamer, gedächtnisstärker und schlauer zu sein? Soll man die verbieten? Oder kann man auf das Phänomen hinweisen, dass wir in allen Kulturen der Welt schon psychoaktive Substanzen benutzt haben und dass wir natürlich auch Alkohol, Nikotin und Koffein einsetzen? Man sollte dann auf diese Weise, egal ob man es zulassen möchte oder nicht, auf jeden Fall einmal systematisch darüber nachdenken, was wir für eine Drogenpolitik betreiben. Warum wollen wir gewisse Bewusstseinszustände illegal machen und andere nicht? Welche Art von gesellschaftlichem Schaden und individuellem Schaden spielt da überhaupt eine Rolle? Auch da, glaube ich, kann man eine ganze Menge von Anderen lernen. Das öffnet tatsächlich die ganze Betrachtungsweise wünschenswerter Bewusstseinszustände, auf Meditationstechniken und Umgangsformen mit dem eigenen Bewusstsein, von denen man in Europa so wenig weiß. Tibetanische Mönche ziehen tausende von Europäern an, die sich begeistern für Meditationsformen. Dass diese Bewusstsein erweitern, ist weit entfernt von Spinnerei, das ist offensichtlich wirklich vereinbar mit harten neurophysiologischen Werten.

Mann aus dem Publikum
Ich finde, dass wir angenehmerweise gerade an dem Kernpunkt angelangt sind, der in dieser Sitzung in den Fokus genommen worden ist: das interkulturelle Miteinander. Es sind auch existenzielle Punkte genannt worden, die in jeder Kultur zum Tragen kommen. Und daher

145

meine Frage. Ich frage nach dem Menschlichen in den einzelnen Kulturen und wie man da voneinander lernen könnte.

Bettina Schöne-Seifert
Ich kann jetzt nur eine negative Antwort geben. Das ist wirklich eine ganz zentrale Frage. Bei uns ist ja im Nachgang zur Kantischen Auffassung von der Preislosigkeit des menschlichen Lebens – für diese Dinge, die wir gerade diskutiert haben – irgendwie eine Botschaft populär geworden, die da heißt, man darf Menschenleben nicht in Geld aufwiegen. Deswegen darf man erst gar nicht ausrechnen, ob eine Behandlung zu teuer ist. Deswegen muss man immer behandeln. Wenn es darum geht, Leben zu retten, muss man immer behandeln. Da wird einerseits die Preislosigkeitsklausel bedient und auf der anderen Seite die von amerikanischen Kollegen ins Gespräch gebrachte Rettungsethik, die vielen ein gutes Beispiel dafür gibt, dass wir erst gar nicht kalkulieren dürfen, ohne dabei unsere Menschlichkeit zu verlieren. Das Beispiel: Skifahrer kommen in eine Lawine, oder Arbeiter in der Mine, die verunglücken. Da wird kein Mensch darüber nachdenken: Wie alt sind diese Menschen, lohnt es sich noch, was haben die für ein Einkommen und was für eine Lebenserwartung oder was kostet der Hubschrauber? Die Botschaft ist, jeder Gedanke, ob sich das lohnt, wäre ein Gedanke zu viel. Da kann auch kommen wer will, das ist Kitt in unserer Gesellschaft, wir alle wissen, sichtbar im Fernsehen heute, die ganze Nation rettet bei Katastrophen. Patienten, die eine kurze Lebenserwartung, dazu mit schlechter Lebensqualität haben, müssen immer wiederbelebt werden. Das ist dann nicht ein Zurück in das volle Leben, sondern ein Lebenszustand, von dem auch die Betroffenen ehrlicherweise oft sagen, das wollen wir eigentlich gar nicht mehr. Diese beiden Dinge zusammen, die Preislosigkeit und die Rettungsethik haben es unmöglich gemacht, gegen Kosten von beispielsweise 50.000 Euro für zwei Wochen Klinik oder Reha-Aufenthalt überhaupt rational zu Felde zu ziehen. Ist aber nicht die Vorstellung, wir respektieren jeden in unserem Land, wir setzen jedes Mittel ein, und auf der anderen Seite gehen wir mit unseren alten Menschen so lieblos um, eine praktizierende Verlogenheit? Da können doch andere Kulturen, andere Umgangsformen zeigen, dass man Respekt auf ganz andere und viel bessere Weise ausdrücken kann, die man sogar übertragen kann. Nicht, wie man hohe Summen in die Chemotherapie stopft, sondern indem man andere Strukturen schafft und die Menschen als Menschen behandelt.

146

Rudolf zur Lippe
Wir müssen uns nur bei diesen Fragen klarmachen, dass wir uns zwischen zwei Ebenen bewegen. Internationale Zusammenarbeit in der medizinischen Forschung wird im Wesentlichen noch den westlichen Prinzipien folgen, die damit globalisiert werden. Solche Pharmaforschung müsste wenigstens erst einmal die Achtung und Beachtung der Charta der Rechte indigener Völker an ihrem Wissen und ihrem Habitat ernst nehmen. Wenn wir vom Umgang mit alten Menschen, überhaupt mit menschlichen Situationen in anderen Kulturen lernen wollen, weil, jedenfalls faktisch, die europäische Aufklärung das nicht leistet, müssen wir zu der Frage bereit sein, welche andere Weltsicht, welche andere Grundbeziehung zur Welt, zum Leben, zum Anderen den bewunderten anderen Umgang begründet. Praktische Übernahme mag auch grundsätzlich ansteckend wirken. Wenn wir aber denken, in anderen Gesellschaften kommt es nicht zu der Frage, relativiert sich das doch täglich. Ich habe schon vor zwanzig, dreißig Jahren von einer ersten Welt in der dritten Welt und auch einer dritten Welt in der ersten gesprochen. Und beide wachsen. Die Trennungslinien gehen längst weitgehend längs und quer durch die Kontinente, so dass das Gemeinte umso mehr in Gefahr ist. Also: eine neue, andere Aufklärung braucht entsprechende Einsicht in das, was uns da fehlt – nennen wir es ruhig mit Hegel einen »gefühlten Mangel«. Der moderne Mangel an dem, was Mündlichkeit der Kultur bewegt, war eben ein sehr anschauliches Modell.

Frau aus dem Publikum
Ich würde gern anknüpfen an die Frage, wie das Sprechen zwischen den Kulturen möglich sei, und zwar eben auch anhand des konkreten Themas. Wann darf man sterben, wann darf man nicht sterben? Was ist notwendig, damit man überhaupt darüber reden kann in einem Miteinander der Kulturen? Der erste Schritt wäre doch die Anerkennung des Todes als Teil des Lebens, das wäre doch die Grundlage, um überhaupt darüber reden zu können.

Mann aus dem Publikum
Ich möchte das unterstützen: In der Anerkennung von Leid, Schmerzen, Sterben und Tod kommt etwas zutiefst Menschliches zum Ausdruck, das dann vielleicht auch interkulturell greifbar wird. Also auf der Basis dieses tief Menschlichen, das uns alle verbindet, wie sollte oder könnte man darüber interkulturell oder besser transkulturell,

147

sich austauschen? Was müsste dafür gegeben sein, wie könnte man
das umsetzen?

Bettina Schöne-Seifert
Ich komme sicher nicht dazu, mit der Kompetenz diese Frage zu beantworten, die diese eigentlich verdient hätte. Das ist ein heikles Thema. Und es reicht sicher nicht, dieses elitären Konferenzen zu überlassen, wo der eine Ethiker den anderen Ethiker und der eine
Gesundheitsrechtreformer den anderen Gesundheitsrechtreformer
trifft, auch meinetwegen aus verschiedenen Kulturen. Um es einmal
provokativ zuzuspitzen: eine mögliche Antwort auf die gestellte Frage wird sich immer auch im Spannungsfeld zwischen einem Mangel
im Umgang mit dem Sterben und dem Tod in den westlichen Gesellschaften und solchen Themen wie dem Handel mit den Organen Hin-
gerichteter in bestimmten Diktaturen des Südens und Ostens bewegen. Das ist jetzt ein extremes Beispiel, daran zeigt sich jedoch die
ungeheure Komplexität, wenn wir an diesem Punkt das Voneinander-
Lernen bemühen wollen.

Rudolf zur Lippe
Man müsste zu Ihrer Frage auf die Rückfrage gehen: Verständigung
über Situationen oder Verständigungen in Situationen? Ist das Thema Medizin oder überhaupt Ethik jetzt hier abgeschlossen?

Mann aus dem Publikum
Ich wollte auf das »Miteinander« zurückkommen und noch einmal
auf die Gegenwelt von Schriftlichkeit und Mündlichkeit hinweisen.
Wir sollten das neu zusammendenken, wie es ja ursprünglich auch
war. Wir wissen ja, dass im Abendland mündliche Gesänge und Bal-
laden, laut vorgetragen wurden, bevor sie aufgeschrieben wurden.
Das heißt, die Genesis ist aus dem Mündlichen in das Schriftliche
gekommen. Wir müssen wieder lernen, über das Schriftliche hinaus
diese Kulturpraktiken zurückzuerobern. Und die Künste möchte ich
noch vorbringen. Die Künste sind Forschungssprachen, die nonverbal
philosophisch, wissenschaftlich, wissensgenerierend arbeiten. Wir
haben vergessen, das so zu erleben und so zu rezipieren. Und eben
nicht durch Geld und große Events. Kunst war vielmehr immer eine
Form des Übersetzens für das Unsagbare. Deswegen war Kunst auch
in Religionen und in politischen Kontexten nie wegzudenken. Aber
die Kunst aus diesen Herrschaftszusammenhängen herauszuholen,

das war ja das, was die Moderne wollte. Die Kunst ist das Esperanto der Welt. Das ist die nonverbale Zwischensprache. Wie ja ursprünglich Philosophie auch. Die Kunst ist eben das Zeichenhafte. Das Bildhafte tauchte heute ja schon auf. Bild ist eben nicht gleich Bild, sondern oft eine Reproduktion. Bilder sind so wichtig, weil durch Bilder, die sich der Mensch schafft, kann er die ganzen Probleme angehen, ohne dass er sie löst. Aber er kann sie aushalten. Also bitte die Künste als Bindeglied zwischen den Kulturen nicht vergessen!

Frank Hahn
Ich danke Ihnen für diesen Hinweis, vor allem auf das Übersetzen und das Unsagbare oder auch das nicht Gesagte. Denn mich beschäftigt immer noch die vorhin aufgeworfene Frage danach, wie ein Miteinander-Sprechen möglich sei. Und das betrifft ja nicht nur das Sprechen zwischen den Kulturen, sondern ganz allgemein zwischen Mensch und Mensch. Wir kennen alle das berühmte Aneinander-vorbeireden. Nicht, dass das jetzt hier im Augenblick passieren würde, aber um es zu vermeiden, bedarf das Miteinander-Sprechen immer auch des Übersetzens. Und das habe ich aus den Worten von Jacob Mabe herausgehört in Bezug auf die mündliche Tradition, bei der man sich immer wieder bemühen muss, den Satz noch mal neu zu sprechen, bis man wirklich dem, was man ausdrücken will, möglichst nahe kommt. Das finde ich einen bedenkenswerten Satz. Wir sind eben nie am Ende mit einer Antwort. Jede Antwort ist vielmehr immer wieder in eine neue Frage zu übersetzen. Zu oft meinen wir jedoch, für diesen komplexen Prozess des Nachfragens, Übersetzens, Hinhörens und Wiederholens nicht die Zeit zu haben. Wir sind scheinbar getrieben, gehetzt von der Sucht nach rascher Klarheit, nach definitiven Antworten, um schnell Entscheidungen zu fällen. In der mündlichen Tradition, so habe ich es verstanden, spielt die Fähigkeit, das eigene Wort in dem Moment, wo es gesprochen ist, schon wieder zu hinterfragen, eine große Rolle. Habe ich es wirklich so gesagt, wie ich es sagen wollte? So wie wir heute auch nicht zu Ende gekommen sind, sondern an diesem Gedankenstrang eigentlich weiter arbeiten sollten in einer Form des mündlichen Philosophierens. Und dazu fällt mir noch der Satz ein, den Herr Ohashi vorgetragen hat: Wir sollten das Denken loslassen und einfach gehen und nicht immer gleich verstehen wollen.

Frau aus dem Publikum

Ich wollte noch einmal auf die Mündlichkeit und die Schriftlichkeit eingehen. Es geht um das Problem der Aufbewahrung, der Fixierung der Gedankengänge. Mir kam das jetzt so vor, als wenn die Schrift als einziges Fixierungsmittel betrachtet wird. Aber die oralen Kulturen haben ja auch ihre Möglichkeiten, Wissen zu fixieren. Mehr durch die Wiederholung. Zum Beispiel bei den Mythen und Legenden, die immer wiederholt werden, von einer Generation zur nächsten erzählt werden. Das ist auch eine andere Art von Aufbewahrung. Das ist auch etwas, was wir verloren haben. Das haben wir deswegen verloren, weil wir vielleicht ein nicht mehr ein so gutes Gedächtnis haben, weil wir eben die Schrift haben. Das Eine hat das Andere ersetzt. Wir üben es auch nicht mehr. Ich war kürzlich in Kolumbien an einer Universität, und da nimmt man die Mythen und das Erzählte als Audiomaterial auf. Also nicht schriftlich, sondern direkt, wie es weiter überliefert werden soll. Das wäre auch eine Art der Fixierung.

Rudolf zur Lippe

Zusammenfassung

Wir haben mit Geduld und Spannung ein ziemlich langes Gespräch geführt. Dafür danke ich denen, die uns durch diesen schönen Sommertag lang, im Radialsystem V an der Spree, gefolgt sind, und denen, die seit Wochen in den vorbereitenden Überlegungen mit uns den Gang möglich gemacht und die Stationen zu einander geführt haben.

Dabei hat unser aller Grundstimmung uns so stark getragen, dass die streitbare Ausrichtung des Themas nicht immer gleichermaßen bewusst geblieben ist. Es ist doch zum einen nicht allgemein akzeptiert, dass wir überhaupt eine andere Aufklärung brauchen und dass diese als Aufklärung der Aufklärung über die eigenen Blindheiten, Versäumnisse und neuen Dogmatisierungen in Bewegung kommen muss. Zum anderen stellt der zweite Teil unserer Formulierung zweifellos für die westliche Zivilisationen eine wirkliche Provokation dar. In die notwendigen Bewegungen kann unsere historisch bedingte und begrenzte Aufklärung nicht allein von sich aus die Wege finden. Wir brauchen für diese Aufgabe, die für unsere europäische Existenz ebenso dringend ist wie für die weltweiten Konsequenzen, das Miteinander mit den anderen Kulturen.

Dass Volker Gerhardt unsere Vergegenwärtigung dieser Fragen

mit einem Vorbild, und zwar einem exemplarisch gescheiterten Vorbild bereits in der Frühzeit der Aufklärung kurz nach 1700 einleiten konnte, hat uns sofort mit den beiden Seiten der Spannung intensiv beschäftigt: Wolffs neue, praktische Ethik wurde möglich aus der Tradition Chinas. Sie scheiterte an der monotheistischen Abwehr gegen die ostasiatische Auffassung von Leben und Welt.

Ohashi Ryôsuke konnte diese Auffassung von China und von Japan her als dieses andere Miteinander der Menschen mit der Welt zwischen Erde und Himmel begreiflich machen. Aus diesem viel existenzielleren Erleben der Menschen in der Schöpfung folgt eine Ethik, die aus der jeweiligen individuellen Situation ihre Überzeugungskraft gewinnt.

Henrik Jäger ist diesen Zusammenhängen von den Beziehungsformen und Bildern der chinesischen Sprache und Schrift her weiter nachgegangen. Dabei wurde deutlich, wie viel beweglicher damit das Denken die Beziehungen zwischen den Menschen und in der Welt nachvollziehen kann.

Karol Sauerland hat einen Wechsel des Denkens innerhalb der westlichen Kultur, dem interkulturellen vergleichbar, dargestellt. Am Modell verschiedener medizinischer Definitionen bzw. Auffassungen von Krankheiten hat der jüdische Pole Ludwik Fleck die Relativität historischer Vorstellungen aufgezeigt und wie ihre jeweiligen Borniertheiten aufgelöst werden können, wenn man andere Auffassungen aus ihrem eigenen Kontext versteht, statt Parameter, die ihnen fremd sind, zu verabsolutieren.

Jakob Mabe hat diese Kritik erweitert auf die Gegenüberstellung der schriftlich sich fixierenden mit den mündlichen Kulturen. Von Afrika her könnten die europäischen Modernen die Distanziertheit und Starre wieder auflösen in den Reichtum der Beziehungen zwischen den Menschen und mit der Welt.

Bettina Schöne-Seifert ist wieder auf das engere Gebiet der Ethik zurückgekehrt, und das so praktisch, wie wir sie auch schon im Kontext von Ludwik Fleck besprochen haben. Ihre Fragen der Medizinethik, wo technologische Entwicklungen und Anforderungen menschliche Entscheidungen gegenwärtig in kein Verhältnis zueinander zu bringen sind.

III.

Hier fügen sich die Aufbrüche und Erprobungen der beiden ersten Teile zu der Feststellung, dass eine Aufklärung der Aufklärung allein aus dem europäischen oder westlichen Denken nicht zu leisten ist. Noch über die Kritik der »Dialektik der Aufklärung« von Horkheimer und Adorno hinaus wird ein Denken von den Anderen her notwendig: in Beziehungen statt in Strukturen, in Wechselwirkungen, die noch vor allem Denken sich im Erleben und Wahrnehmen zeigen. In dieser Sicht machen hier Zeugnisse aus unterschiedlichen Kulturen einige der wiederzugewinnenden Dimensionen menschlichen Lebens mit der Welt deutlich.

Rudolf zur Lippe

Für eine neue, eine wechselseitige Aufklärung

Die *philosophie des lumières* Europas hat unverzichtbare Bedingungen für das Mensch-Sein erstritten, die immer noch für viele nur Hoffnung und Ziel ihrer Kämpfe sind. Sie wirft aber mindestens ebenso tiefe Schatten in der Folge eines Rationalismus ohne Maß, einer Willensfreiheit ohne Grenzen. Im vorigen Jahrhundert haben Theodor W. Adorno und Max Horkheimer genau die antagonistische Geschichte der Moderne als »Dialektik der Aufklärung« für unsere Zukunft kritisiert. Willkür und der Wahn rücksichtsloser Machbarkeit gefährden unsere Erde und ihrerseits die Menschen in ihren Beziehungen zu einander, zur Natur und zu sich selbst. Im 21. Jahrhundert können wir die notwendige Aufklärung der Aufklärung über sich selbst – und über die aufgegebenen Dimensionen unserer Existenz – nur in der wechselseitigen Reflexion mit anderen Kulturen zu leisten hoffen.

In diesen anderen Kulturen ist freilich die Problematik längst selber wirksam. Auch sie müssen sich den Konsequenzen einer aufgedrängten und aufgenommenen Zivilisation stellen. Längst sind in ihren Geschichten eigene Modernen mit ihren Öffnungen und Verwerfungen gegenüber den Traditionen entstanden. Orhan Pamuk oder Amin Malouf oder Amitav Gosh sind deren große Erzähler. Fundamentalisten aller Länder versuchen, den Problemen durch fanatische Einseitigkeit auszuweichen, und erfinden eine Vergangenheit, die es nie gab, während sie sich hemmungslos der Instrumente modernster Technik bedienen.

So ist eine Selbstreflexion von allen Seiten gefordert gegenüber der Beschleunigung der Probleme durch die Globalisierung, in deren Vollzug aber auch die Chancen der Begegnung und des besonnenen Austausches gewachsen sind. Nicht länger sind beide Seiten einfach die Protagonisten eines historischen Gegensatzes. Beide sind auch im eigensten Interesse aufgerufen, miteinander für eine mögliche Zukunft zu lernen. Dabei sagen uns längst die Vertreter eines »anderen

Denkens« aus den Traditionen gegenüber der europäischen Moderne, dass wir Europäer gefälligst in unseren eigenen verdrängten Geschichten aufsuchen sollen, was unsere Strategien bei ihnen gerade erdrücken. Bei sehr verschiedenen Gewichtungen haben wir alle uns inzwischen in einem grundsätzlich sehr ähnlichen Spannungsfeld zu bewegen.

Arabische Modernen leiden einerseits darunter, dass der Islam, wie Mohammad Arkoun beklagte, »keine Aufklärung hervorgebracht« hat. Andererseits ist seine ihm einst eigene *futuwwa* (Großherzigkeit), die in den Konferenzen des *Esprit de Fès* 2014 so stark betont wurde, kein Ersatz für notwendige aufklärerische Öffnungen. Sie ist sehr wohl aber geeignet, die Aufklärung unserer Aufklärung zu leiten als eine praktisch ethische Befragung des Handelns und Denkens, wo eine umfassliche Verpflichtung auf die Liebe in den Situationen des Lebens, ohne Moralregeln unmittelbar, wirken soll.

Eigentlich genau in diesem Sinne habe ich für die »Potsdamer Denkschrift« der »Vereinigung Deutscher Wissenschaftler« gefordert, der Kant'schen »Idee der reinen Vernunft« der Freiheit eine ebensolche Idee der Liebe gegenüber zu stellen, um den freien Willen aus der Willkür in ein jeweiliges Abwägen zurückzubinden. Ein Denken immer vom Gegenüber her, im Grunde ein Empfinden, eine reflexive Wahrnehmung. Dazu gehört eine wechselseitige Neugier, die alle Formen des Wissens um den Gegenstand des Interesses vereinigt.

Eine andere Aufklärung. Wie blicken wir dabei auf die eine Aufklärung, zu der Europa seit über dreihundert Jahren aufgebrochen ist? Sie ist angetreten gegen die Autoritäten der absolutistischen Regierungen und der dogmatischen Kirchen, für die Freiheit bürgerlichen Handelns, menschlichen Bewusstseins, für sich bildende Gemeinwesen und sich entfaltende Individualität. Wohl rund um die Welt ist inzwischen diese Vision zur großen Hoffnung der Völker und Menschen geworden. Geht es doch im Grunde darum, die Kraft von Beziehungen zu stärken gegen die Macht von Strukturen. Diese beiden Seiten gegen einander deutlich zu machen, wird freilich eine neue Aufgabe der historischen Aufklärung.

In den Staaten, in denen die aufklärerische Rationalisierung von Handel und Politik nach dem Modell des Marktes und der Idee der Demokratie wirksam geworden ist, in welchen realen Formen auch immer, brauchen wir die aufklärerischen Orientierungen inzwischen gegen neue Strukturen – und immer wieder auch gegen Mutationen der allzu bekannten.

Warum, genau, also eine andere Aufklärung statt einfach einer Umsetzung und Fortsetzung der ersten? Sie wird schematisch, wenn nicht nach anders gearteten eigenen Gesetzlichkeiten einer Sache oder eines Prozesses gefragt wird. Eine Kritik an der klassischen Aufklärung sagt deshalb zu Recht, dass unter ihrem Regiment nichts mehr selbst-verständlich, aus sich heraus verständlich sein darf. Victor von Weizsäcker hat entsprechend zu bedenken gegeben, dass im Leben oft »das Erklärungsbedürftige selber das Erklärungsträchtige« ist. Gegen das omnipotente Denken in einlinearen Ursache-Wirkungs-Ketten interessiert sich die Quantenphysik bereits mehr für die Rückwirkungen der Wirkungen auf die Ursachen im Rahmen einer bestimmten Untersuchung. Goethe hat gegen das vorherrschende Erklärungsprinzip der Teleologie, also Entwicklungen von einem angenommenen Ziel her rückwärts abzuleiten, ein Denken in Wegen Schritt für Schritt und mit jeweils offenem Ergebnis vertreten. Mit Denkern wie Leibniz, Böhme, Spinoza geht seine Naturwissenschaft eben »epigenetisch« vor. Diese Beispiele genügen, um deutlich zu machen, dass der Gegensatz zur vorherrschenden Logik nicht notwendig totale Unbestimmbarkeit ist.

Eine ganz andere Sicht wurde auch in Europa entfaltet, ebenso von Aristoteles, als das Argumentieren in logischen Schlüssen – immer wenn, dann … Sie weiß von einem immanenten Ziel und seiner jeweiligen Einlösung, besser gesagt, in der Spannung von Anlagen und ihrer jeweiligen, vielleicht nie vollkommenen Entfaltung. Gerade diese Grundfigur des Denkens hat aber die ganze Aristotelesrezeption, die eben entscheidend schon durch die noch mittelalterliche Scholastik borniert worden ist, kaum zur Kenntnis genommen. Wir sind eben in Europa beherrscht von dem permanenten Versuch, von einem feststehenden Ausgangspunkt die Welt zu beurteilen und, folglich, zu manipulieren. Der systematisch jeglicher Logik entbehrende, praktisch skandalöse Eurozentrismus ist vielleicht der Grundzug der historischen Aufklärung, der am offensichtlichsten einer anderen Aufklärung bedarf. Die aber lässt sich aus dem europäischen, zum westlichen ausgeweiteten Denken selber gar nicht bewerkstelligen. Wir sind so einseitig, dass uns unsere Ausblendungen und Verwechslungen gar nicht auffallen, vielleicht gar nicht mehr auffallen können. Noch weniger haben wir die Freiheit des Blicks oder gar des Gespürs für die Ordnungen, die nicht unseren Schemata folgen, für »das wilde Denken«, »la pensée sauvage«, wie Levi-Strauss gesagt hat in der neuen Haltung des Strukturalismus, der erstmals versucht hat, die Kulturen vergleichend und nicht vermessend und bewertend nebeneinander zu sehen. Uns bleibt nun die Aufgabe, ein solches Nebeneinander der Betrachtung zu verwandeln in ein auf einander reagierendes Handeln mit und von einander her, wie es vor den großen Jahrhunderten von Fortschrittsgläubigkeit und Weltbemächtigung Wilhelm und Alexander von Humboldt entworfen und persönlich vorgemacht haben.

Eine neue, eine andere Aufklärung im Wechselspiel des Erlebens und der Reflexionen: Wie antworten Andere auf die gleichen Grundfragen des Lebens? Wie sehen sie unsere Antworten? Welche Fragen versäumen wir, welche die Anderen, welche vielleicht wir alle zusammen?

Wilhelm von Humboldt sagte: *Nur gesellschaftlich kann die Menschheit ihren höchsten Gipfel erreichen, und sie bedarf der Vereinigung vieler nicht bloß um durch bloße Vermehrung der Kräfte größere und dauerhaftere Werke hervorzubringen, sondern auch vorzüglich um durch größere Mannigfaltigkeit der Anlage ihre Natur in ihrem wahren Reichthum und ihrer ganzen Ausdehnung zu zeigen. Ein Mensch ist nur immer für Eine Form, für Einen Charakter geschaffen, ebenso eine Classe der Menschen. Das Ideal der Menschheit aber stellt so viele und mannigfaltige Formen dar, als nur immer mit einander verträglich sind. Daher kann es nie anders als in der Totalität der Individuen erscheinen.*

Es ist das allgemeine Gesetz, das die Vernunft aller Gemeinschaft der Menschen unter einander unnachlässlich vorschreibt: ihre Moralität und ihre Cultur gegenseitig zu achten, nie nachtheilig auf sie einzuwirken, aber sie, wo es geschehen kann, zu reinigen und zu erhöhen.

Selbstverständlich geht es dabei auch darum, das Bekenntniskartell der drei monotheistisch geprägten Kulturfamilien durchlässig zu machen auf die anderen Weltsichten.

Alle unsere Endlichkeit rührt daher, dass wir uns nicht unmittelbar durch und an uns selbst, sondern nur in einem Entgegensetzen eines anderen erkennen können, besteht in einem ewigen Trennen, unseres Wesens in einzelne Kräfte, der Welt in einzelne Gegenstände, der Menschheit in einzelne Menschen, des Daseyns in vorübergehende Zeiten. Da diese Endlichkeit nicht in der That aufgehoben werden kann, so muß sie es in der Idee; da es nicht auf göttliche Weise geschehen kann, muß es auf menschliche. Des Menschen Wesen aber

ist es, sich erkennen in einem Andern; daraus entspringen seine Bedürfnisse und seine Liebe.

Exemplarisch dafür beschäftigen wir uns mit Hegels Interpretation des Weltenganges unter den Prinzipien einer Hierarchie von hö-
heren und zurückbleibenden Entwicklungen und des Nacheinanders
in einer absoluten Zeitfolge. Der Weltgeist als Marschall-Vorwärts,
Europas Gegenwart an der Spitze seiner Bewegung.

Aber Karl Jaspers sagte schon zu Hegel: *Das Großartige dieses
Elans ist die Verpflichtung, das auf alle Anlagen zu entfalten und alle
Phänomene in ein Bewusstsein aufzunehmen. Das Großartige, alles
mit allem zu verbinden in der einen, einzigen, dialektisch allumfas-
senden, erkennbaren und nun erkannten Wahrheit, ist seinem in der
Tiefe gegründeten Wesen nach: Vergewaltigung. Es ist das nicht weniger, wenn der Umfang und die Weite der Gehalte als unerschöpf-
barer Reichtum darüber täuscht.*

*Das universale Prinzip dieser Dialektik hebt in der Tat die Dis-
kussion auf zugunsten der Eingliederung von allem.*

*Überall ist Wahrheit unter der Bedingung, dass überwunden
wird. Das Wahre ist an keiner Stelle, auf keinem Standpunkt, auf
keiner Seite der Alternativen, in keinem Satz, in keinem Bestand,
sondern es ist im Ganzen der Bewegung selber. Denn diese tilgt nicht
nur, sondern im Aufheben bewahrt sie das Getilgte.*

Als pragmatische Version im Interesse einer Weltmacht, die sich
inzwischen als ökonomisch definierten Vorreiter begreift, kehrt das
Hegel'sche System wieder in Trumans Entwicklungsdoktrin, nachdem der Behaviorismus es zu einer anthropologischen Absurdität in
der Hierarchie der menschlichen Bedürfnisse entstellt hat.

Dem »Weltbewusstsein«, wie es Karl Jaspers zu begreifen gibt,
ging voraus, wie Kant ein Weltbürgertum, insbesondere im Zusammenhang mit seinem Konzept für einen »ewigen Frieden«, bestimmt
hat. Der *citoyen* sollte der mündige Bürger seines Staates sein. Kant,
den Überträger der Ökonomie von Adam Smith in eine politische
Anthropologie, hat die Sorge, dass die Menschen nicht aus Freund-
lichkeit und gutem Willen funktionierende Gemeinwesen zu schaffen
und zu erhalten vermögen, dazu bestimmt, das rationalistische Projekt zu vertreten. Er sieht die Aussicht darin, den wilden Antagonis-
mus, den vor ihm Hobbes konstatiert, zu einem »durchgängigen An-
tagonism« nach dem Modell der Konkurrenz und der Vereinigung
der Bürger am freien Markt zu entwickeln. Resigniert stellt er fest,
dass dabei nur eine »ungesellige Gesellschaft« zustande kommen

kann. Für seine damals zweifellos avantgardistische Vision von der Welt als »Völkerbund« sieht er eine verlässliche Chance auch nur auf entsprechender Interessengrundlage. Auch wenn ein »Gemeinsinn« in der politischen Bedeutung des Wortes gefordert wird, ist dieser Bürger doch ganz vom Individuum her gedacht. Hier z. b. bedarf die klassische europäische Aufklärung einer neuen Aufklärung in grundlegender Weise. Während Freiheit moralisch als Forderung verstanden wird, die individuelle Entfaltung in Verantwortung gegenüber dem Nächsten und dem Gemeinwesen zu leisten, ist sie politisch-verfassungsrechtlich doch nur negativ definiert als Ausschluss von Übergriffen durch staatliche und kirchliche Autoritäten.

Diese Blickrichtung erklärt sich hinreichend aus dem Kampf für eine bürgerliche Gesellschaft gegen den Absolutismus. Unabhängig von dieser historischen Erklärung erfordern gegenwärtige Verhältnisse immer neu die gleichen Anstrengungen. Dennoch muss genau an dieser Einseitigkeit die Kritik einsetzen, mit der sich andere Völker gegen das westliche Konzept der Menschenrechte zur Wehr setzen. Sie fordern ein, dass die Menschen in ihren Beziehungen zu einander und mit einander zu ihrer, unserer Welt geachtet und gefördert werden. Kants knapp formulierte Vision, die Menschheit sei der Zweck des Menschen, bleibt dagegen wenig konkret.

Die westliche Unaufgeklärtheit in dieser wesentlichen Frage ist von größter und immer aktuellerer weltpolitischer und weltkulturpolitischer Bedeutung. Sie wirft ein sehr erhellendes Licht auf die wesentliche Wechselseitigkeit des Lernens, das den Begriff der Weltinnenpolitik konkretisiert, wie ihn Jaspers vorgezeichnet und Karl Friedrich von Weizsäcker zum Leitbild gemacht hat.

Dies ist nur eines der Praxisfelder, für die eine Wende der Paradigmen notwendig ist. Mit der Entwicklungsdoktrin habe ich ein anderes benannt.

Maria Todorova hat als Historikerin und Kulturphilosophin aufgezeigt, wie widersinnig das traditionelle europäische Denken in Kulturräumen ist, das automatisch zu definitorischen Abgrenzungen der Kulturen gegen einander führt. Sie verfolgt dagegen die Einflüsse der einen auf die anderen im Zeitfluss. Entsprechend gilt es, das Nacheinander und Aufeinander der Hegel'schen Weltgeschichte in ein Neben- und Miteinander aufzulösen, in dem jeder Kultur und jeder Epoche ihre eigene Bedeutung abgewonnen und in eine Beziehung gesetzt werden kann zu Vorstellungen für die nächste und die weitere Zukunft sowohl aller Einzelnen wie des Zusammenspiels, das wir anstreben. Goethe etwa hat genau dies für die Geschichte der verschiedensten Auffassungen von den Farben gefordert, jede nach ihren eigenen Verdiensten und Begrenztheiten zu würdigen. Dabei wird geprüft, wo Widersprüche zu Ergänzungen, Abänderungen oder Korrekturen auffordern.

Agnes Heller hat Grundsätze für die andere Einstellung zur Geschichte aus ihrer konsequent reflektierten Leidenschaft für die Freiheit ausgesprochen: Es darf »keine Finalität in der Vorstellung von der Geschichte« und »keine Perfektibilität in der Vorstellung vom Menschen« geben, wie das bei Kant und bei Hegel geschieht. Veränderungen müssen langsam aufgebaut werden. Freilich muss für ein Fundament freien eigenen Denkens gesorgt sein.

Selbstverständlich verfolgt die Entwicklungsdoktrin genau die kritisierten Prinzipien: Alles ist auf eine Endlösung hin zu betreiben, der Mensch muss perfektioniert werden. Die globalisierte Digitalisierung katapultiert sich in neue Dimensionen, erbarmungslos, mit mutwillig verbundenen Augen.

In vielen Kulturen wird die *Genesis* als eine offene Geschichte verstanden. Mir sind die mythischen Bilder der Hindu-Welt dafür besonders eindrucksvoll geworden. Sie folgen einer Konstitutionslogik wie die Evolution selbst. Unter entstandenen Bedingungen können gewachsene Möglichkeiten ins Unerwartete führen. Ein Zusammenspiel ist, in all seinen kooperativen und antagonistischen Varianten, angelegt im ursprünglichen Einssein. Einssein eben als Ursprung, nicht Einheitlichkeit als Ziel. Unser Freund Jit Uberoi von der *Delhi School of Economics* erinnert uns immer wieder daran, dass der Westen angesichts der Vielfalt, selbst der inzwischen gelobten *Diversity,* nach der Einheit sucht; die indische Tradition fragt angesichts der Einheit nach der Vielfalt. Eine Strömung der frühen griechischen Philosophie mahnte noch das *hen kai pan* an als ein Denken aus dem Einssein *und* aller Vielheit. Mir scheint in unserer Mentalität sehr früh die lebensnahe Ambivalenz zugunsten einer Vereinheitlichung und damit letzten Endes einer Hierarchie zerfallen zu sein. Das nennt man inzwischen »zielführend«.

Der heutige Alltagsgebrauch macht das erstaunlich deutlich, wo von Polarisierung gesprochen wird. Pole bilden in Wirklichkeit eine notwendige wechselseitige Ergänzung von Gegensätzen. Im Magnetfeld ist das an sich offensichtlich genug. Wenn man eine absolute Trennung benennen will, sagt man heute aber, es wird polarisiert. Darin drückt sich eine europäische Mentalität aus, die bis in die Vorgänger von Griechen und Hebräern zurückgeht und nun in einem verfehlten Alltagsbewusstsein durchschlägt.

Bereits in der zoroastrischen Religionsreform wird die Polarität von Licht und Dunkel aufgelöst, um das Licht zum Herrscher und das Dunkel zum Unterworfenen zu machen. Was nicht mehr in Polarität aufeinander bezogen und mit einander im Wirken ist, kann nur noch hierarchisch zusammengehalten werden. So wird dem Denken, Fühlen und Handeln im Miteinander ein wesentlicher Ursprung verstellt. Wir entdecken ihn neu aus der naturwissenschaftlichen Erkenntnis, dass Evolution immer Co-Evolution ist. Nur miteinander sind Arten und Orte zu ihrer gegenwärtigen Gestalt erwachsen. Den Begriff Co-Evolution hat Gregory Bateson geprägt und damit zugleich erklärt, wieso Kommunikation möglich ist zwischen Verschiedenen: aus gemeinsamer Geschichte.

Immer wieder geht der Blick zurück in die Zeit um 1800, als angesichts der Erfolgsaussichten, aber auch der sich abzeichnenden Bedrohungen durch die große Industrialisierung eine Geschichte der Öffnungen in weite Gemeinsamkeiten entworfen wurde. Goethes Vorhaben einer »Weltliteratur« im Zusammenwirken der Literaten aller Kulturen gehört dazu ebenso wie Wilhelm und Alexander von Humboldts Arbeit an einem »Kosmos« und einer »Menschheit« im Wechselspiel aller Weltgegenden und aller Sprachen als Weltansichten. Die dabei immer unmittelbaren Begegnungen zwischen Literaten und Wissenschaftlern müssen in genau dieser menschlichen Qualität im Zeitalter der massenhaften, digitalen Informationen umso mehr der Maßstab bleiben.

So sollten wir die einseitige Vorherrschaft der Fortschrittsideologie zusammen mit ihrem Eurozentrismus zum Gegenstand einer neuen Aufklärung machen, gemeinsam mit den unterdrückten oder verdrängten Vermögen in den anderen Kulturen wie in unserer eigenen. Sehr zu Recht fordert Chibueze Udeani: »Es bedarf der Bereitschaft der betroffenen Kulturen, in der Begegnung das Eigene zu artikulieren und mitzuteilen.« Dafür müssen aber zugleich Vorbedingungen von uns geschaffen werden.

Ohne solche Vorbedingungen bleiben auch wesentliche Vorschläge wie der, den Léopold Sedhar Senghor mit seinem »Beitrag Afrikas zu einer universellen Kultur der Menschheit« vorgetragen hat, isoliert. Dabei betont er gerade eine Weltsicht und ein Welterleben, deren Philosophie so stark aus der Wahrnehmung und den Sinnen getragen ist, die den westlichen Gesellschaften zur Erneuerung ihre Kulturen fehlt, um lebenstüchtig zu sein. So hat Senghor etwa die Bedeutung des Rhythmus für die Beziehungen der Menschen zu sich wie zu ihrer Welt betont, also die Bedeutung jenes Bewegungssinnes, der seit der aristotelischen Formel von den fünf Sinnen unserer Aufmerksamkeit und unserem Weltbewusstsein abhandengekommen ist. Noch wichtiger, wenn auch ähnlich elementar scheint mir aus afrikanischer Tradition jener »Primat des Wir« zu sein, den Tschiamalenga Ntumba in den 90er Jahren erläutert hat aus dem Denken der »Schöpfung als Großfamilie«.

Die Beziehungsdimension der Großfamilie im gesellschaftlichen Leben erinnert uns daran, dass überhaupt die beiden Hauptentwürfe des »Projekts der Moderne« keineswegs theoretisch zu Ende gedacht, geschweige denn praktisch ausgereift sind: Demokratie und Markt. Die Formen, die wir ihnen zu geben vermögen oder die sie gegen unsere Absichten ausbilden, sind von den Idealen weit entfernt. Der Aufklärung, wie wir sie seit Descartes oder Adam Smith oder Kant gedacht haben, ist auch hier das Epigenetische fremd. Ideal und Realität werden als Einheit vorgestellt und als Widerspruch wahrgenommen, statt dass wir uns bewusst wären, uns bewegen zu müssen, und in einem ständigen Ringen den sich verändernden Bedingungen die je gelungenste Balance abzugewinnen suchen. Lebens- und Gesellschaftsformen anderer Kulturen können diese Wahrnehmung schärfen und uns herausfordern, immer neu an unseren Entwürfen praktisch zu arbeiten.

An Grundvorstellungen der Welt als einer Großfamilie des Weltenganges, als offene Epigenese schließt sich die Einsicht an, dass die europäische Aufklärung in Wesentlichem unaufgeklärt geblieben ist auch über unsere Beziehung zur Natur. Nur notgedrungen und im zivilisatorischen Überlebensinteresse werden praktisch einige Folgen unserer Nicht-Beziehung aufgedeckt. Das Wissen, das nun einigen Bedingungen einer Fortsetzung der Evolution nachgeht, wird systematisch immer noch ausschließlich als Verfügungswissen behandelt und für Reparaturen der bisherigen neuzeitlichen Strukturen eingesetzt. Gerade auch hier gibt es wahrhaft unendlich viel von den anderen Kulturen für uns zu lernen.

Schonungslos muss man alle diese Überlegungen mit den Tatsachen der realen Entwicklung in der Welt konfrontieren. Europa, der ganze sogenannte Westen verlieren machtpolitisch-ökonomisch an Einfluss gegenüber Ländern wie China, Brasilien, Südafrika, Indien und anderen. Wie viel Sinn kann es noch haben, von uns her Schritte für eine gemeinsame Zukunft der Menschheit zu erproben?

Unsere Verantwortung und unsere Hoffnungen können wir nur gemeinsam mit den Anderen einbringen. Zu der Revision des Denkens in Räumen gehört eben auch, grundlegend zu begreifen, dass längst die generelle Teilung der Welt in Nord und Süd, in entwickelte und unterentwickelte oder Schwellenländer überholt ist durch Gegensätze in fast allen Gesellschaften selbst. Spätestens seit die Opposition der nördlichen Supermächte ihre beherrschende Funktion verloren hat, ist deutlich, dass es wichtige Segmente von »erster Welt« in der »dritten« und von »dritter Welt« in der »ersten« gibt. Die eine Seite kann man als zunehmende Verwestlichung betrachten. Die andere bleibt näher zu bestimmen, indem soziale Bewegungen als Beiträge zu einem weltweiten Bewusstsein begriffen werden, auch wo zum Teil erst wenige Aktivisten als Wortführer auftreten, etwa bei den globalen Konferenzen zu Klima, indigenen Rechten usw.

An dieser Stelle möchte ich als Metapher ein persönliches Erleben schildern. Während eines Colloquiums im damaligen Bombay machten wir einen Ausflug zu dem Shiva-Tempel auf Elephanta, dessen Hallen in den Felsen hineingearbeitet sind, der zuvor schon ein buddhistisches Heiligtum beherbergt hat. Während der sehr schönen Führung an den großen Reliefs der Shiva-Legende zogen mich die noch älteren Strukturen in ihren heimlichen Bann, und ich folgte ihrer alten Kraft. Auf der Rückfahrt wollte ich mich bei der Führerin und ihrem Shiva-Glauben dafür entschuldigen. Sie winkte ab mit einem großen Lächeln. Sie habe sofort verstanden, dass ich mit Spuren und Energien einer älteren Zeit beschäftigt gewesen sei, zu der ich offensichtlich in einer meiner früheren Inkarnationen hier geweilt habe. Ich habe darüber sehr nachgedacht und dann eine Maxime formuliert. In verschiedenen Zeiten und Welten leben zu können, ist eine großartige Vorstellung für eine umfassende Entfaltung auch der wirklichen einzelnen Menschen. Aber das Nacheinander der Reinkarnationslehre ist mir nicht sehr wahrscheinlich. Vielleicht können wir im Miteinander mit Anderen manche unserer denkbaren eigenen Leben viel schöner miterleben, im Austausch mit ihren Erfahrungen. Wie viel mehr darf dies für verschiedene Kulturen gelten. In einer solchen Perspektive kann auch eine, sicherlich kritische, Besinnung auf vielleicht heilsame europäische Linien der Kultur ihre Aufgabe übernehmen. Dies scheint angesichts der neuartigen Gewalt von diktatorischem Kapitalismus etwa in China mit seinen Besetzungen der halben Welt ebenso notwendig wie prekär. Dagegen verfolgen wir mit umso intensiverem Engagement Bewegungen, die weitgehend noch lokal oder regional, aber auch in weltweiten Zusammenhängen für die Grundlagen des Lebens auf dieser Erde antreten, wie die *Earth Charter*, das *World Social Forum*, *Wiser Earth* und viele andere. Sie vertreten konkrete Wirklichkeit gegen die spekulative Realität abstrakter Verfügungsmacht, der zunehmend die Folgen der Vernutzung entgegenschlagen. Vielleicht ist die außerordentliche Aktualität des alten Wirtschaftens an Gemeingütern das greifbarste Beispiel dafür, wie praktische Aufgaben für eine Zukunft der Menschheit nur noch global gemeinsam angegangen werden können. Erde, Luft und Wasser erweisen sich immer unausweichlicher als *global common goods*. Zugleich wird genauso deutlich, dass die Regierungen dieser Welt wesentlich ungeeignet sind, diese Aufgabe angemessen zu erkennen, und unfähig, ausreichend zu reagieren. Auch in solch faktischer Ebene werden die Zivilgesellschaften, können wir vielleicht sagen, dieser Welt gebraucht. Sie werden das, wenn überhaupt, so nur leisten können, indem sie sich für ihre weitgehend lokal oder regional konkreten Aufgaben in einem weltweiten Bewusstsein zusammentun, wie es z. B. die verschiedensten Betroffenen aller Erdteile im *World Uranium Hearing*, praktisch einem Fachparlament, getan haben, in dem sich alle Erfahrungen und alles Wissen über den möglichen und den unmöglichen Umgang mit Uranium vereinigt haben.

Dies sind Aufgaben von größter ökonomischer Bedeutung für das Leben, auch von größter politischer Bedeutung in der Verteilung der Quellen und Reichtümer auf der Erde. Wirklich angehen können wir sie aber nur in erneuerten geistigen Haltungen. Eine andere Aufklärung muss auch lernen aus der Dankbarkeit, getragen zu sein, die sich ausdrückt in den Anstrengungen, selber mit zu tragen. Dazu können wir uns noch einmal an kosmische Mythologien wenden aus ältester Zeit, wie die Navajo die tiefe Wahrnehmung der Schönheit dieser Welt beschwören, in der wir uns bewegen: *Schönheit im Osten, Schönheit im Westen ... Schönheit hinter mir, Schönheit vor mir, in Schönheit gehe ich ...*

Dies alles und so viel mehr muss uns den Mut geben, uns genau genug mit dem zu beschäftigen, was uns in anderen Kulturen mit Schrecken erfüllt. Engagiert an dem, was uns von ihnen her die Augen öffnen kann, werden wir jedoch nach dessen Entstehung fragen und mit den Anderen nach eigenen Möglichkeiten der Balance suchen, statt die Patentlösungen irgendeiner Seite für universell zu erklären.

Lernen kann nicht heißen, Fremdes übernehmen wollen. Von einander können wir nur miteinander lernen, in langen Prozessen des Fragens und Zurückfragens, uns fragen lassend und zu Fragen an uns selbst angeregt. Selbstbefragungen sind sicher wesentlich in dem Gesamt einer neuen Aufklärung. Welches Volk braucht nicht seine Wahrheitskommissionen von Mandela? In Deutschland haben wir offen gemeinsame Klärungen zwischen Ost und West an viel zu wenigen Stellen versucht und warten immer noch träge darauf, dass alles wie von selbst zusammenwächst, wohl wissend, dass dabei immer Wichtiges vergessen und verdrängt irgendwo liegen bleibt. Von da behindert es aber auch die Fähigkeit und den Elan zu Begegnungen mit dem Anderen außerhalb unserer Geschichte. Wir sehen es an den Schwierigkeiten, auf die wir mit Anderen stoßen, wenn sie zu uns kommen. Wir haben eben diese Begegnungen versäumt, die längst zum eigenen Volk gehörten, wie an den Millionen aus dem eigenen und benachbarten Kulturraum, die wir vor so vielen Jahrzehnten ins Land geholt haben.

Galsan Tschinag

Ein Happen Asien, ein Schnipsel Europa, ein Anflug Schamanentum

Ich komme aus einer Hintertasche der Nomadenwelt Zentralasiens, aus einer für viele Europäer längst vergangenen Zeit, einem anderen Kulturraum. Die Berge des Hohen Altai in der Mongolei sind meine Heimat, und sie halten die Menschen meines Stammes samt unserer Geschichte, samt den Spuren meiner Kindheit bis auf den heutigen Tag im Versteck. Die turksprachigen, mongolid geprägten Tuwa, zu denen ich gehöre, gelten bei manchen als rückständig. Und tatsächlich besitzen sie dieses und jenes nicht, so auch keine eigene Schrift. Alles wird mündlich weitergetragen, die Geschichte und die Geschichten, allen voran die Epen, die als heilig und gewaltig gelten, so gewaltig, dass sie nur dann vorgetragen werden dürfen, wenn die Zeit der Gewitter vergangen ist.

So stand es für mich von vornherein fest, mich einer fremden Sprache zu bedienen, sollte es das Schicksal wollen, mich zum ersten schreibenden Dichter meines Volkes auszuerwählen. Auf einem Umweg, über fremde Sprachen und Schriften, musste ich dorthin gelangen. War es doch zuerst das Mongolische, fixierbar damals in einer um zwei Buchstaben erweiterten Ausgabe der kyrillischen Schrift; später kamen weitere Sprachen und Schriften hinzu.

Wir sind in der Zeit gleichsam stehengeblieben; das, was anderen als rückständig erscheint, empfinden wir als wurzelnah und somit lebenswichtig. Denn zu der Urzeit, in der wir immer noch leben, passt das Weltbild, das wir von unseren Erwachsenen mitbekommen und das wir, sobald wir selber solche sind, an unsere Kinder weitergeben. Dies ist ein schlichtes Bild: Der Mensch ist Teil eines großen Ganzen, das bis an jedes seiner Enden beseelt ist, und als solches ist er mit allen Wesen verwandt und daher vor Vater Himmel und Mutter Erde mit dem Geringsten wie auch mit dem Gewaltigsten gleichgestellt.

Geprägt wurde ich als menschliches Wesen von klein auf vom Schamanentum. Meine ersten Verse waren Schamanengesänge, Lob- und Bittrufe an die Geister der Felsen und Bäume und Gewässer, die

167

mich umgaben. Aus dem Stegreif Verse erfinden und sie gleichzeitig in eine passende Melodie einkleiden, das war die tägliche Übung, der man sich als Schamanenschüler zu widmen hatte. Später, als ich modern wurde und schreiben lernte, war das für mich eine große Hilfe. Ich war geübt im Erfinden von Versen, meine Sinne waren geschärft für den Wohlklang der Worte und die Wohlordnung der Dinge.

Zur Besonderheit der Tuwa-Schamanen gehört es, dass jeder ein Dichter ist, ein Sänger; alle Aussagen geschehen daher im Gesang, der auf Versen baut. Gesang ist der Zunder des Schamanen, er berauscht sich an der eigenen Schöpfung, kommt in Hochform, gerät in Trance, die notwendig ist für das Zwiegespräch mit den Geistern. Wichtig ist hier der Zustand, den der Schamane wie auch der Dichter braucht: Es ist die Inspiration, die Be-geisterung. Für den Zustand bei beiden hat unsere Sprache ein und dasselbe Wort.

Das Zwischenmenschliche, das von der Nähe zueinander und dem Teilen lebt und so auf der Vielfalt der Dinge gründet, zählt bei uns Tuwa vor vielem anderen. So weiß man einem Andersgewobenen gegenüber immer ein Auge zuzudrücken, indem man den anderen Zustand als Ver-rücktsein versteht und die Last dem überlässt, dem sie gehört. Diese Toleranz entspringt dem Wissen: Nur der Schamane, der Dichter, der sich an Unermesslichem reibt, kann etwas vollbringen, was Anderen versagt ist, wovon aber alle dann ihr Gutes haben werden. Denn es sind vor allem und gerade diese Ver-rückten, sie sind die Lebenshelfer und -spender, weil sie die Ver-rückung der Welt, ja selbst die Entrückung erfahren haben und nun imstande sind, was auseinandergefallen, ver-rückt ist, auch wieder ein- und zusammenzurücken.

Es scheint, je mehr die Zivilisation fortschreitet, umso weniger ist man gewillt, sich den Menschen mit den angeborenen wie wach geschüttelten Antennen gegenüber wohlwollend zu verhalten. Es gelten plötzlich andere Maßstäbe. Als wenn der moderne Mensch mit den aus zweiter Hand erlangten Messgeräten mit einem Mal seine menschlichen Sinne und damit die von Mutter Natur mit gewebten und mit eingepackten, ureigenen Fühler verschmähte und ihnen nicht mehr traute. Diesem erscheint die Urkraft des Schöpferischen nichtig und lästig. Und so ist er geneigt, die Natur in sich und in jedem anderen nebenan zu missachten, zu unterdrücken und somit die Ursprünglichkeit im Menschen nicht zuzulassen. Und so gehört es heute zu den Grundproblemen eines Künstlers, früh oder spät seine Natur im Versteck zu halten und sich der Gesellschaft anpassen zu müssen.

Verteidigung der Poesie heißt also: Verteidigung der Menschlichkeit, Verteidigung der Ursprünglichkeit, das heißt Verteidigung des Steins gegenüber dem Beton, Verteidigung des Holzes gegenüber dem Plastik, Verteidigung des Wortes aus der Sprache der Mutter gegenüber der Fremdwörterei, dem Fachjargon, Verteidigung des Gefühls gegenüber der Heuchelei und letztendlich Verteidigung alles Echten und Wahren gegenüber der Zeitmode und der Zwecklüge.

Es kommt, wenn es um die Poesie geht, erst recht darauf an, die Grundfragen des Daseins richtig zu stellen. Und welche sind diese? Sie betreffen den Anfang und das Ende: Geburt und Tod. Und damit verbunden will ich wissen: Woher komme ich? Wohin gehe ich? Nomadisch gesprochen: Es geht um die Wurzeln und letztlich um die Früchte. Wurzeln können geografisch-räumlich, geschichtlich-zeitlich und kulturell-religiös gemeint sein, aber für uns sind sie vor allem schicksalhaft, sind vorbestimmt.

Welchen Berges Stein, welcher Quelle Wasser und welcher Steppe Gras bin ich? Je früher und je eindeutiger ich eine Antwort darauf finde, umso klarer wird die Poesie, die aus mir herausfließt.

Auch in meinem Leben hat es Irrungen und Wirrungen gegeben, da und dort bin ich auf Umwegen gestolpert, bin auf Seitenpfaden gewandert. Mir kommt es so vor, als wenn ich einmal gedacht hätte, ich müsse sein wie die Sachsen und die Preußen, weil die Welt, in der ich mit einem Mal zu mir kam, von ihnen bewohnt und geprägt war, zumal diese Menschen die derzeitigen Fütterer meines Magens und meines Geistes waren. Ein andermal habe ich wohl geglaubt, ich dürfte meine Seele über das für mich wildfremde Italien hinaus verlieren, da ich auf der Suche nach allem Schönen einigen seiner Geister begegnete und mich von einem dieser, Robertino Loretti mit Namen, einem Sänger-Knaben, wie ich auch einer war, besonders stark angezogen fühlte. Ein wieder anderes Mal fühlte ich mich den noch übrig gebliebenen Indianern jenseits der mir bekannten Welten verpflichtet und meinte, ich könne in einem Fältchen der Fronten des allgemeinen Kalten Krieges noch einen eigenen heißen Krieg gegen den bleichhäutigen »USanischen Ungeist« eröffnen. Die Auswüchse solchen Irrsinns liegen zum Teil noch nicht zu Ende verdaut in mir, drücken schwer auf meinem Gewissen, und die Mappen, die diese vergeblich vergeudeten Gefühle und Zeiten eingesperrt halten, werden tragische Zeugnisse meines Lebens bleiben.

Aber dieses Leben ist ständig begleitet gewesen von guten Geistern. Und sie haben mich immer wieder schnell von dem Irrweg auf die Hauptstraße des Schaffens zurückgestoßen. Dem Schamanen stehen unzählig viele Geister zur Seite. Dank all dieser und all der anderen zehntausend guten Geister, nach denen der Schamane Nacht für Nacht beschwörende Rufe hinausschickt, glaube ich nicht abgekommen zu sein vom Wege, der mir vorgegeben und so immer zugestanden. Und dieser Weg ist es, den jeder Dichter für sich zu verteidigen hat, weil er ihn zu seinem ureigenen Wesen und damit den Dichter in ihm immer wieder zur Dichtung zurückführt.

Dichtung ist eine mächtige Gegenkraft zur erdrückenden Schwere der Dingwelt. Sie ist Würze zum Alltag, Stachel gegen die Gewohnheit und Korrektur zum Leben, das immer mehr in den Schatten des Konsums gerät. Schließlich steht Dichtung auf der Seite des Herzens im Gegengewicht zum Magen.

Zu einem der schwerstwiegenden Gebrechen der heutigen Zeit zählt, dass der Magen immer und überall an die oberste Stelle der Tagesordnung gestellt wird. Völlerei wird zum Wohlstand erklärt, und der Leib des Menschen muss schwer tragen, denn er wird überhängt und überladen. Überfüttert ist aber auch der Geist – mit Unmengen von Informationsmüll, den er gar nicht braucht, weil er ihn nie und nimmer verarbeiten kann. Die Folge ist: Körper und Geist sind vollgestopft und überbeansprucht, der volle Magen drückt wie ein Stein auf die nebenan liegenden Kanäle und bringt den Körperfluss zum Erlahmen. Und all das, während das Herz lediglich zu einer Pumpe geworden ist und vor Durst vergehen will.

Und bei solchen Menschen mit überfüttertem Magen und beklemmtem Herzen hat es die Dichtung schwer. So wie unser Inneres, so sind unsere Gedanken. Den gestörten, trüben Gedanken entspringt eine gestörte, geschwächte Poesie. Das Herunterspielen der Poesie zur Dekoration, zur Konsumbeigabe, die zerhackte Prosa, die geistlose, armselige Spielerei mit der Form, die scham- und gehaltlose Wichtigtuerei um Binsenwahrheiten herum, das Aneinanderreihen von bestenfalls grammatisch richtigen Sätzen, kalt und tot aber im Gefüge – eine Pseudopoesie, die tagtäglich in großen Massen hergestellt wird, nicht viel anders als Schuhe, Hamburger und Einwegflaschen – mit einem gravierenden Unterschied: die massenhaft produzierte Pseudopoesie ödet viele Leser an und tötet dadurch in ihnen das Gefühl zur Poesie ab.

Kargheit herrscht in der nomadischen Welt, und das Leben richtet sich immer noch weitestgehend nach den Tages- und Jahreszeiten, unterliegt den Gesetzen der Natur. Dabei scheint es, dass die äußere

Knappheit notwendigerweise ein Gegengewicht hervorriefe: innere Üppigkeit. Der Mensch in einer Sippengemeinschaft ist Gefangener des Althergebrachten; er muss seine geistige und seelische Nahrung sozusagen aus den steinigen Hängen der kahlen, kargen Berge ziehen.

Ja, gerade die Berge – sie verkörpern die Natur schlechthin, sind übrigens für uns Großväter, an die wir uns täglich mehrmals in Versen wenden und denen wir dabei Opfergaben darbringen. So ist der Nomade geerdet, ist durch und über die Berge hinaus ebenso in den Gewässern, Wäldern, Weiten und Höhen verwurzelt. So auch mit den eigenen, menschlichen Wurzeln und Früchten, den Ahnen und Zukünftigen. Mit all diesen, wie mit jedem Teilkörper der Schöpfung, weiß er sich verwandt, fühlt sich ihnen gegenüber verpflichtet, also gehört es für ihn zum täglichen Leben, sich mit ihnen abzugeben wie mit den Mitmenschen. Und das Besondere hierbei ist, dass man mit den Kultobjekten in einer gewählten, klaren und kraftvollen Verssprache reden muss, um überhaupt erhört zu werden.

In dieser Welt des Nomadentums mit ihren schamanischen Geistern haben die wesentlichen Dinge ihre Ganzheit bis auf den heutigen Tag zu bewahren vermocht. So auch die Literatur. Also sind dort Poesie und Prosa nicht so eindeutig unterschieden, sie fließen ineinander. Die Prosa ist der geebnete, fruchtbare Boden, aus dem die Poesie zu einer Erhöhung wächst. Hier nun eine Kostprobe dessen, was ich meine, ein Auszug aus der Erzählung »Eine tuwinische Geschichte«:

... Gegen Mittag war der ganze Himmel bedeckt, und mit einem Mal brach von Nordwesten her ein Sturm los. Sand erfüllte die Luft, und der Kies, den die Hufe der Pferde aufwirbelten, wurde vom Wind aufgefangen und gegen Pferd und Reiter geschleudert. Kraniche schwankten in der Luft, mühten sich vergebens, gegen den Sturm anzufliegen, bis sie sich schließlich seiner Gewalt überließen und schicksalsergeben davon segelten ... Die Schneeberge waren nicht mehr zu sehen, auch die Steppe und der Himmel nicht, man sah nichts als das tobende weiße Brausen.

Wir machten eine Wendung nach links und ließen die Pferde laufen, so schnell sie konnten. Jetzt traf uns der Wind von der Seite, prallte gegen uns wie eine feste Masse, schlug ins Gesicht und nahm uns den Atem. Der Sturm kam nicht zum Erliegen, das Gewitter brach herein. Der Regen, den wir durch das Heulen des Windes und das Trommeln der Hufe zunächst als Summen, dann als immer hef-

tigeres Rauschen vernommen hatten, überfiel uns prasselnd wie ein verheerender nasser Brand. Wir ritten wieder langsam. Dicke, helle Tropfen schlugen schräg auf den Kiesboden, prallten zurück, und es sah aus, als hüpfe ein Meer glitzernder runder Käfer über die Steppe voran. Das Feuer, das aus allen Himmelsrichtungen aufflammte, beleuchtete sie grell, und die Donnerschläge, die den Blitzen folgten, ließen sie erzittern und erbeben. Über den Pferdemähnen zuckten knisternde, blaue Flammen, es roch nach versengtem Haar. Die Tiere schnaubten und schüttelten die Mähnen, wir Menschen zogen am Zügel, um sie zu bändigen, aber der Brandgeruch hatte sie scheu gemacht, und sie bäumten sich auf. So ließen wir ihnen freien Lauf ...

Als ich mit dieser Geschichte die Schwelle zur geschriebenen Literatur überhaupt betrat, habe ich mich an der breiten und schwungvollen poetischen Erzähltradition unserer Heldenepen bewusst orientiert und mich damit nicht nur von dem damals im Osten gängigen Stil des sozialistischen Realismus, sondern auch von der unterkühlten, sezierend-flickenden Schreibtechnik der Moderne ferngehalten.

Die Poesie als das höchstentwickelte Organ im Gesamtkörper des menschlichen Lebens hat in der nomadischen Literatur ihre althergebrachte Stellung bis heute bewahren müssen und auch können. Es ist die Wechselbeziehung zwischen Natur und Mensch. Es sind Bilder, die sich von der Mutter, der Natur, unmittelbar auf uns, eines ihrer Kinder, übertragen. Es sind die Elemente, die einander anziehen, aufeinander zulaufen und Ganzheit bewirken.

Welches sind sie, die Elemente, die den schamanischen Dichter umgeben? Es ist das Wasser, es ist der Wind, es ist das Feuer, es ist die Erde. Diesen ist er ausgeliefert, sie wehen und gehen durch ihn hindurch. Und er stellt sich ihnen voller Hingabe und will von und mit und in ihnen leben. Die Natur selbst stellt ihm die Helden. Und weil er so ergeben ist, auf sie zugeht, ist sie ihm ebenso wohlgesinnt. So stehen sie, die Natur und der schamanische Dichter, verwoben, miteinander verstrickt da. Und in dieser Verwobenheit, in dem gegenseitigen Durchdringen liegt der Geburtsort der Poesie. Eine Suche, die sich zur Sucht steigert und erst im Finden aufhört, gehört dazu; in beiden wacht die Sehnsucht, sie zerrt an diesem wie an jenem auch, dabei stieben Funken, fliegen Flammen, fallen Worte. Das ist schamanisch, ist die Urkraft, die am Werk ist.

Wo Natur und Dichter zusammenkommen, entsteht Ganzheit. Etwas wird ganz, wird heil. Und was heil ist, ist heilig, ist gewaltig.

Wörter wie *Himmel, Erde, heilig* rufen dort, wo sich der erobernde Mensch von der Natur getrennt und über sie erhoben hat, Scheu hervor. Aber in der Nomadenwelt, wo die Eroberung und Versklavung der Mutter durch das Kind noch nicht stattgefunden haben, wirken sie immer noch frisch und geladen, sprühen Kraft und Saft. Dies offensichtlich, weil die Dinge, die hinter den Namen stehen, immer noch Bausteine des Alltagslebens darstellen. Unser Himmel wölbt sich nicht nur über uns, er lebt auch in uns. Und wenn wir eines Tages zu dem Zustand übergehen, den man woanders Gestorben-sein nennt und als das Ende versteht, werden wir dann ganz zum Himmel. Sterben hat viele Bezeichnungen in unserer Sprache, *zum Himmel werden* gehört vermutlich zu den schönsten.

Wie also ist es nun, wenn der Dichter unseretwegen seine Liebe kundtun will? Er muss nicht bitten, braucht keine höflichen Worte. So wie der Wind den Regen herbei weht und die Niederung nicht um Erlaubnis fragt, ob er herunterfahren darf, so wenig ist der Dichter Bittsteller. Er ist selbst der Wind, der zum Sturm, bald zum Feuer-, bald zum Schneesturm auswachsen kann:

... Nun stand hinter dir in Schussweite ich
Eine Ladung Sturm dein neuer Jäger
Zum ersten Schnee war ich bei dir erschienen
Und hatte in deiner Gegenwart zum Himmel geschworen
Alle Spuren fremder Winde an dir zu verwehen ...

Der Dichter ist als Teil des Ganzen nie allein, auch wenn es um seine urpersönlichsten Angelegenheiten geht, er lässt die anderen Kräfte, die ihn umgeben, nur allzu gern daran teilhaben:

Wolken schäumen
Wälder wehen
Die Urkräfte
Sind am Werk
Unverdaulich
Liegst du
Quer in mir
Nimmer werde ich dich
Zähmen können ...

173

Das dichterische Ich scheint in meinen Augen heutzutage besonders gefährdet zu sein. Es braucht, wie jeder von uns weiß, zum Dichten mehr als das einfache Abbild seiner selbst. Aber auch die Erfahrung, die man selbst, das Volk und die Epoche hinter einem, diese heilige Dreiheit zusammen erlebt hat, genügt m. E. nicht, damit es am Ende lebenstüchtig dasteht. Es kann und muss alles in sich aufsaugen, was die ganze Menschheit durch sämtliche Epochen an Erfahrungen gesammelt hat, was das gesamte All umfasst. Die Gestalt in uns, die sich immer, wenn es um die Dichtung geht, über sich selbst zu erheben und sich zu übersteigen hat, ist bescheidener, ist zahmer, ist magerer geworden. Und es gilt, diese zu füttern, so wie der Schamane seine Geister füttert. Es ist nicht nur zulässig, sondern auch notwendig, dass im Hause der Etiketten, der Ängste und der Ordnungsknechtschaft, zu dem die Welt nun einmal geworden ist, ein paar Brecher des Eises der Gewohnheit, Vertilger des Fettes der Selbstzufriedenheit und Befreier aus den Fesseln der Feigheit tätig werden. In diesem Sinne wären wir Dichter ein großes »Trotzdem« angesichts dessen, was bereits geschehen ist, und wären, wieder schamanisch gesprochen, Befreier des Planeten von der Geißel einer vielfachen Fragwürdigkeit und Heiler der Menschheit von so manchen Gebrechen.

Das Leben des Dichters kann oder sollte zumindest selber ein Gedicht sein. Vor die Wahl gestellt, das Dasein eines gescheiterten, idealistischen Ritters oder eines erfolgreichen, materialistischen Bankiers zu führen, sollte er wieder und wieder die Donquichotterie der Rothschilderei vorziehen. Es geht also immer auch um die Person des Dichters.

Was mich betrifft, gehe ich mit meiner Person recht locker um. Ich habe einen guten Grund dazu. Denn ich bin weder Galsan noch Tschinag. Das, was ich von meinem Zuhause weit weg draußen als Literatur zum besten gebe, betrachte ich nicht so sehr als meine Eigenschöpfung, sondern vielmehr als das gemeinsame Werk eines Volkes, das bislang nie die Möglichkeit gehabt hat, zur Sprache, ja zu Wort zu kommen. In diesem Sinne betrachte ich mich als eine Bestellung der Zeit, als den Schwanengesang einer Kultur, die von einem Übergewicht überrumpelt und gezwungen ist, das Feld zu räumen. Ich bin nicht so sehr ein Dichter im Sinne eines herausragenden Talents, als vielmehr der Abgesandte einer Epoche, die sich verspätet hat. Bin ein Wurf von meiner Welt und meinem Volk in die Ferne, am anderen Ende als Fundstück aufgelesen, veredelt und zurückgereicht – dorthin, woher ich kam. So gesehen bin ich ein Happen

Asien, ein Anflug Nomaden- und Schamanentum, ein Schatten Altzeit zwar, dann aber auch ein Schnipsel Europa, eine Spur Zivilisation und ein Fussel Jetztzeit von der anderen, unserer Seite aus betrachtet. In dem Maße wie mich der archaische Osten geboren und hinausgeschickt, hat mich der moderne Westen geformt und zurückgeschickt. Bin also zu einer Brücke zwischen Welten und Zeiten geworden. Außerdem ist es mir vergönnt, Zeuge geschichtlicher Umwälzungen zu sein: Bin in die Urzeit, in die Urgesellschaft hineingeboren, im Sozialismus aufgewachsen und stehe nun Aug in Aug zum Kapitalismus. Jede Ordnung hat mich geprägt, von jeder habe ich nutzgenossen. Also habe ich Glück gehabt, im Goethe'schen Sinne.

Goethe hat mich als Germanistikstudent vor einem halben Menschenalter stets begleitet, und dabei hatte ich manchen Ärger mit ihm. Er hatte einfach zu viel geschrieben, geleistet, hatte zu lange gelebt, es war ihm zu gut ergangen, während andere um ihn herum entweder zu früh hatten gehen oder Not leiden, alle aber ihr Werk als Fragment hatten zurücklassen müssen. Mich störte wohl auch, und das ist heute immer noch so, dass er zu sehr zitiert wird. Goethe und Gott ähnlen nicht nur schriftbildlich einander zu sehr.

Doch brachte ich es, wie viele Mitstudenten es taten, nicht fertig, ihn zu hassen oder gar zu verachten. Irgendetwas verband mich mit dem Mann. Inzwischen weiß ich, was das ist: Es ist das Schamanische in seinem Werk. Dann ist es der menschliche Berg, zu dem der Patriziersohn aus Frankfurt am Main zu wachsen gewusst hat. Nach unserem Tiefsinn, so das Wort für Philosophie in der Sprache, ist jeder Mensch unterwegs zum Berg. Schöpft er alle seine Möglichkeiten aus, hat er seinen eigenen Gipfel erreicht, ist er also zum Berg geworden.

Johann Wolfgang von Goethe nun hat es fertiggebracht, nicht nur seinen eigenen, sondern auch seines Volkes Gipfel zu ersteigen und zu übersteigen und damit zu Formel und Maßgabe des edlen deutschen Geistes zu wachsen, der bereit und auch fähig ist, Welten und Zeiten und Kulturen in sich aufzunehmen und gleichzeitig selber diese zu durchdringen.

175

Felizitas von Schönborn

Ein Pilgerweg von Fes nach Berlin

Wenn man in dem verzaubernden Garten des Palastes Batha in Fes, unter der schier grenzenlosen, Jahrhunderte überschreitenden Chêne verte sitzt, öffnen sich, falls man es zulässt, immer wieder auf geheimnisvolle Weise verborgene Dimensionen. Die Wirbel der modernen Welt verlieren ihren Sog, das eigene Leben erscheint wie eine vorläufige Rolle, der sich die Seele nicht endgültig verpflichtet fühlt, die, wie der Schweizer Sufiforscher Titus Burckhardt in seinem Buch »Fes. Stadt des Islam« schreibt, einfach nur Teil der »Divina Comedia« unseres irdischen Daseins ist. Diese großartige Stadt lebte für Burckhardt, von gelegentlichen Unruhen abgesehen, meistens in Frieden. Das war nur möglich, weil sie nicht »organisiert« war, sondern aus wirklichen organischen Einheiten bestand, weil jegliche Tätigkeit noch einen einfachen, offensichtlichen Sinn im Hinblick auf das Ganze besaß: »Wie der Sand eines Flussbettes, der die Form der Wellen annimmt, ordnete sich die Menge nach jedem Wirbel wieder von selbst nach notwendigen, allgemein anerkannten Vorbildern.«

Ähnliches habe auch ich in der Medina von Fes immer wieder empfunden, dieser mysteriösen Zeitinsel inmitten architektonischer Wunderwerke, in tausenden Düften, in dem Vielerlei des bunten Feilgebotenen, in orientalischen Klangwolken aus fernen Geräuschen, wie den Rufen der Muezzin zum Gebet, in den Gesten und Gesichtern der Menschen, die durch nicht enden wollende Gassen häufig in Burnussen mit gelben Babuschen an den Füßen, von Lasten tragenden Eseln begleitet, vorüberziehen. Vielleicht klingen hier ja auch für geschulte Ohren ägyptische Sufi-Verse wie diese aus dem 14. Jahrhundert mit:

»Mein Gott, durch die Mannigfaltigkeit der geschaffenen Zeichen und den ständigen Wechsel der Phasen – habe ich gelernt, dass es Dein Wille ist, Dich mir kenntlich zu machen in *allem* –, damit ich Dich nirgendwo *nicht* erkenne.«

Der fulminante Aufstieg dieser Stadt Ende des achten Jahrhunderts verdankt sich vor allem den 8000 (um 818) aus Córdoba vertriebenen Familien. Daran erinnert heute noch das andalusische Viertel. Ihr großes technisches wie handwerkliches Können – ihre Erfahrungen mit dem Städtewesen – trugen wesentlich dazu bei, dass sich Fes zu einem wichtigen kulturellen wie religiösen Zentrum im Herzen Marokkos entwickeln konnte. Der Einfluss, der 859 von einer reichen Kaufmannstochter gegründeten Universitätsmoschee al-Karouin reichte wiederum über das islamische Spanien hinaus bis nach Europa. Sie ist heute die älteste noch bestehende Bildungseinrichtung der Welt. In Fes verweilten unter anderem Ibn Arabi, Maimonides und hier lehrte auch Ibn Khaldoun und wirkte der große Sufi-Scheich Ad-Derqawi.

Den einzigartigen Esprit von Fes kann man vor allem in dem von Faouzi Skali gegründeten *Festival des Musiques Sacrées* (1994) und dem *Festival de la Culture Soufie* (2004) spüren. Besonders bei Klängen der Sufi-Musik im Garten des Musée de Batha, beim Gesang und dem Tanz der sich drehenden Derwische, verlebendigen sich auch viele Spuren der einstigen goldenen Epoche von Al Andalus wie von selbst. Dort konnte sich der Sufismus – die islamische Mystik – zur vollen Blüte entfalten.

Für die Sufis ist es bis heute entscheidend geblieben, ihre mystische Gotteserfahrung nicht nur zu predigen, sondern auch zu leben. Statt um rationale, religiöse Erkenntnis geht es ihnen um Erleuchtung und Ekstase. Nicht theoretische Reflexionen des Sufismus, dieses großen mystischen Stroms, stehen im Zentrum, sondern die Suche nach der Wahrheit mit Herz und Seele und der Lobpreis Gottes in allem Geschaffenen. Im Drehtanz der Derwische wird das innere Sein zum Drehpunkt und der Körper der Tänzer zum kreisenden Rad. Es entsteht unter den Klängen der Musik gleichsam ein Dialog zwischen dem inneren Seelenraum und den Weiten der äußeren Welt. Jede Geste hat symbolische Bedeutung und wird mit Bedacht und Konzentration ausgefüllt.

Der große Mystiker und Dichter Dschelaluddin Rumi aus dem 12. Jahrhundert, auf den der Tanz der Sufis zurückgeht, sah sein gesamtes dichterisches Werk als ein Umkreisen um Gott. In seiner beseelten Liebe zu Gott schuf er einige der schönsten und leidenschaftlichsten Gedichte der Weltliteratur. Aber im Grunde waren für ihn einzig Musik und Tanz wirklich in der Lage, sich den Geheimnissen göttlicher Liebe anzunähern. Die Musik war ihm wie das Knarren der Paradiespforten.

Nach Henry Corbin, dem französischen Islamwissenschaftler und Philosophen, ist das religiöse Bewusstsein des Islam insgesamt an eine Art Meta-Historie geknüpft, durch die Vorstellung eines vorzeitlichen Bundes zwischen Gott und Mensch, durch den das religiöse Leben zutiefst geprägt wird. Die muslimischen Mystiker hoffen, einmal zum Anfang zurückzukehren, da Gott die künftigen Geschöpfe noch nicht aus dem Abgrund des Nichtseins ins Leben gerufen hatte. Dann sollen sich die Schleier der Unwissenheit heben, die die wesenhafte Identität zwischen Gott und seinen Geschöpfen verhüllen, dann soll sich eine Begegnung in reiner Liebe mit dem Absoluten ereignen.

Daher bilden die Suren, die ewig wie Gott selbst sind, die Eckpfeiler aller islamischer Mystik. Selbst für Muslime, die des Arabischen unkundig sind, behalten die Worte des Koran daher ihre numinose Qualität, ihre Baraka.

Von großer Bedeutung für die Sufis sind auch die Werke von Ibn al-Arabi, einem der wichtigsten islamischen Mystiker. Sie bilden ein einzigartiges Kompendium des Sufismus, in dem Ibn Arabi viele seiner mystischen Erfahrungen auch in wunderbare Dichtung verwandelt hat. Zu dieser Zeit hat auch der in Marokko geborene Medicus Ibn Rushd, in Europa besser als Avérroes bekannt, konstruktive Debatten über das grundlegende Verhältnis zwischen Vernunft, Offenbarung und Glauben ausgelöst. Sein islamischer Aristotelismus hat die christliche Scholastik beeinflusst.

Von allen Künsten wurde nicht nur von den Sufis die Dichtung am höchsten geschätzt, deren sprachliche Schönheit die Hörer in ekstatisches Entzücken versetzen konnte. Auch Musik und Kalligraphie dienten und verklärten die Poesie. Neben den großen Dichternamen von Rumi oder Hafiz gab es auch ungewöhnlich viele begabte Dichterinnen. Dieser Seite des Islam erscheint die Welt als Abglanz der göttlichen Harmonie, die sich als ständiges Gotteslob in allem spiegelt, in Teppichen, Ornamenten, in Kalligraphie und Miniaturen, in Gärten und Säulenhallen und in den Märchen.

Anders als es das Schlagwort im heutigen politischen Islam insinuieren will, ist der Djhad für die Sufis vor allem ein innerer Kampf auf dem Weg einer schrittweisen Vervollkommnung und keine kriegerische Unterwerfung oder gar Tötung Andersgläubiger. Dabei ziehen sich die Sufis nicht aus dem Leben zurück, sondern dienen Gott in der alltäglichen Wirklichkeit durch ihren Broterwerb und indem sie eine Familie gründen. Denn die islamische Mystik lehnt ein dauerhaftes mönchisches Leben ab.

Die erste Gestalt aus der Sufi-Tradition, mit der Europa in Berührung kam, war Rabbia, die große Sufi-Heilige aus dem 8. Jahrhundert. Die Botschaft Rabbias, einer freigelassenen Sklavin, wird vor allem durch ihre berühmte Geschichte einer vollkommenen Hingabe an Gott erinnert: Als sie in einer Straße von Basra, im Irak gelegen, gefragt wurde, warum sie eine Fackel in der einen Hand und einen Eimer Wasser in der anderen trage, erwiderte sie: »Ich will Feuer ins Paradies legen und Wasser in die Hölle gießen, damit diese beiden Schleier verschwinden und deutlich wird, Gott soll um seiner selbst geliebt werden und nicht aufgrund der Furcht vor der Hölle oder dem Verlangen nach dem Paradies«. Diese Liebe um der Liebe willen wurde durch Rabbias Wirken zum Mittelpunkt des Sufismus.

Aus dem Sufismus gingen später die Sufi-Bruderschaften hervor, wie die sich auf Rumi berufenden Mewlevis. Die Orden können universell, sunnitisch oder schiitisch sein, wobei sie meist mit dem sunnitischen Islam in Verbindung gebracht werden. Die Sufis spielen eine eigenständige Rolle im Islam. Neben den strengen Vorschriften der Scharia passen sie sich auch der Gegenwart an und sind offen für den Dialog mit anderen Glaubensrichtungen. Dabei gelingt es ihnen immer wieder, die Überlieferung mit ihrer persönlichen Einsicht in fast genialer Weise zu verbinden. Im Geist der Sufis ließe sich auch Lessings aufgeklärter Toleranzgedanken zitieren: »Jeder sage was *ihm* die Wahrheit dünkt und die Wahrheit selbst sei *Gott* empfohlen.«

Nach Muhammad Iqbal, dem Mystiker, Nationaldichter und geistigen Gründervater Pakistans, sollte man die Verse des Korans immer so lesen, als seien sie für das Heute geschrieben. Daran, dass dieser große Goetheverehrer zu Beginn des letzten Jahrhunderts in Deutschland studierte, erinnern das Iqbal-Ufer in Heidelberg und ein Denkmal in München. Übrigens finden sich auch in den zeitgenössischen Romanen Orhan Pamuks immer wieder Anspielungen auf sufische Träume und Weisheiten wieder.

Den Sufis ging und geht es also in erster Linie immer um innere Religion – um Gottesliebe, Kontemplation und Askese. »Alles was der normale Muslim tut, lebt der Asket im doppelten und dreifachen Maße«, meinte die große Orientalistin Annemarie Schimmel und: »Die Mystik der Sufis ist aus der Orthodoxie entwachsen. Da der Islam keine festen Dogmen außer dem Glaubensbekenntnis und den sich darauf stützenden Pflichten kennt, handelt es sich eigentlich um eine gelebte Praxis.«

Der Sufismus gilt, neben der Philosophie, als tragender Grundpfeiler islamischer Kultur, obwohl er immer wieder in Konflikte mit den muslimischen Orthodoxen gerät. Heute werden die großen Mystiker wie Rumi oder Ibn Arabi allerdings meist von westeuropäischen oder amerikanischen Autoren in ihrer Bedeutung erkannt und gewürdigt.

Im Jahr 2013 begleiteten mich Rudolf Prinz zur Lippe und Pascual Jordan erstmals nach Fes. Der Esprit de Fes bewirkte, dass es fast wie von selbst gelang, Rudolf und seine Bilder in die illustre Gesprächsrunde unter den ehrwürdigen Baumkronen der uralten Steineiche einzufügen. Als wir einige seiner Bilder über dem Podium ausrollten, glitt Rudolf von seinem Stuhl auf den Boden und saß, einer Statute gleich, hingegossen vor einem staunenden Publikum, das gebannt an seinen Lippen hing. Obwohl das auf einige wie eine divine Eingebung der Bescheidenheit wirkte, begab er sich einfach in die Haltung, in der er immer seine Bilder unter seinem Pinsel entstehen lässt. Im Hintergrund hielten Pascual und ich eine weiße Rolle mit roten Zeichen seiner gestischen Malerei in die Höhe. Die Begeisterung über diesen Auftritt hallte noch Tage später bei unterschiedlichen Begegnungen durch die verwinkelten Gassen der Medina.

Aus dieser anfänglichen Begegnung erwuchs im kommenden Jahr 2014 das Abenteuer einer Ausstellung von Rudolfs Werken. Noch heute denke ich staunend daran, dass es den beiden Herren gelang, wie mit einem Zauberstab den in Schmutz und Chaos versinkenden Ort innerhalb weniger, äußerst tatkräftiger Stunden in einen, unter dem Vollmond im Lichtschein vieler Kerzen erstrahlenden, zierlichen, ein wenig an Tausendundeine Nacht erinnernden Palast zu verwandeln. Der aus Rabat eigens angereiste deutsche Botschafter und die anderen honorigen Gäste ahnten nicht, was sie ohne diesen meisterlichen Einsatz beinahe erwartet hätte.

Langsam wob sich dann, zunächst allerdings im Reich orientalischer Phantasie, ein Teppich aus Ideen, wie man ein ähnliches Festival im Sufi-Geist von Fes und Al Andalus nach Berlin verpflanzen könnte. Aber wer ist schon wie Goethe, um zu verkünden: »Auch aus Steinen, die einem in den Weg gelegt werden, kann man Schönes bauen.«

Der Steine waren viele, Felsbrocken wie Kiesel, doch über allem schwebte der Geist der »Stiftung Forum der Kulturen zu Fragen der Zeit« und der Esprit ihres Mentors Rudolf zur Lippe sowie Pascual Jordans große Wirksamkeit, wozu sich auch noch – in aller gebührenden Bescheidenheit – meine Wenigkeit gesellte. Orient meets Occident hat eben auch seine wenig romantische, dafür umso mühsameren Seiten; vor allem weil es Dimensionen gibt, bei denen es um so prosaische Fragen geht wie die der Finanzierung oder der Organisation.

Doch obwohl der Karawane häufig die Umkehr drohte, fanden sich doch immer wieder Lösungen. Am 15. September 2014 kam es als erste Etappe auf dem Weg zu einem Vortragsabend in der Spanischen Botschaft unter dem Motto: »Al Andalus – Bewegte Gemeinsamkeit zwischen Christenheit, Judentum und Islam«, dessen Gastgeber der spanische Botschafter in Deutschland Pablo Garcia Berdoy war und zu dem auch Faouzi Skali aus Fes angereist kam. Am späten Abend verzauberte schließlich die Klänge andalusischer Musiker in der Werkstattgalerie in der Eisenacher Straße.

Und vom 12.–14. August 2015 öffnete sich schließlich die dichte Wolkendecke über dem mühsam erklommenen Gipfel, und das »Festival de la Culture Soufie de Fes in Berlin – Der Geist von Al Andalus für die Gegenwart« fand mit erstaunlichem Erfolg und Echo wirklich statt. Der erste Tag im Künstlerhaus Bethanien stand unter dem Motto: Die Liebe zur Welt in Zeiten der Furcht, der zweite Tag fand im Museum für Islamische Kunst im Pergamonmuseum statt, und das Motto des dritten Tages, wieder in Bethanien – von Pascual Jordan initiiert –, lautete: Ein Bild vor verschiedenen Horizonten. Zu den Mitgestaltenden dieser unvergesslichen Veranstaltungen gehörten neben Faouzi Skali, unter anderem die Anthropologin Salamatou Sow aus Nigeria, die Sheikha Nur Artiran aus Istanbul, die drehenden Derwische der türkischen Tariqa Kalwatiyya, Rabbi Andreas Nachama und Imam Kadir Sanci von dem Berliner House of One sowie andalusische Musiker aus Fes und Spanien. So entstand auf diesem langen Pilgerweg, der unter der Steineiche in Fes seinen Anfang genommen hatte, in einem Sommer mit wahrhaft orientalischen Temperaturen in Berlin für drei Tage eine ungewöhnliche spirituelle Oase.

Wer will es schon wissen, ob der große Sufi-Scheich Ad Derqawi (gest. 1823) aus Fes nicht dereinst auch unter der mystischen Chêne Verte saß, als ihm folgende Verse für seine Schüler aus der Feder flossen:

»Jedes Ding ist in seinem Gegenteil verborgen: das Finden im Ermangeln, Gottes Geben im Verweigern, der Ruhm in der Erniedrigung, der Reichtum in der Armut, die Kraft in der Schwäche, die Weite in der Ferne, das Hohe im Niederen, das Leben im Tod, das Gewinnen im Verlieren, die Herrschaft in der Ohnmacht.« Und an anderer Stelle schrieb er: »Die Seele ist etwas Großes; sie ist das ganze Weltall, denn sie ist dessen Abschrift.«

Überleitung zwischen den Texten von Felizitas von Schönborn und Sheikha Nur

Nur Artiran hat schon 2015 diese Pilgerfahrt durch ihre großherzige Mitwirkung zu retten geholfen, als sie entscheidend bedroht war. Bei dem »Festival de la Culture Soufie de Fes« 2017 sprach sie zur »Sprache des Herzens« aus dem Leben von Menschen, die fähig werden, in bestimmten Begegnungen unmittelbar ein Verstehen mit einander aufleuchten zu lassen.

Zwar ist dies die große Botschaft der Sufi und das, was auch dieses Festival zu dem großartigen Ort menschlicher Öffnungen zwischen ihrer islamischen Welt und so vielen anderen macht. Doch fasste ihre Rede das Geheimnis der einfachsten Gesten des einander verbindenden Sich-Mitteilens so zusammen, dass sofort klar war, dieser Band musste auch um diese Lehre und Ermutigung noch erweitert werden. Wovon sie sprach, wurde umso deutlicher, als ich gerade von dem ziemlich kühnen Entwurf berichtet hatte, den Pascual Jordan in Berlin mit unseren Antworten auf ein Bild, dem er uns gegenüberstellte, so erstaunlich überzeugend unternommen hatte. Schon die wenigen aufgezeichneten Worte geben einen Eindruck von einer elementar verwandten Stimmung.

Sheikha Nur ist die Leiterin der »Mevlànà Celàleddin i-Rumi«-Gemeinschaft in Istanbul. So hat sie uns hier die Sprache des Herzens aus der großen Botschaft von Rumi erklärt. Gott ist Liebe – gerade auch in der Liebe zwischen den Menschen. Das ist wohl die radikalste Weise, sich nicht durch Fragen nach Begriffen und Dogmen, durch die Fixierung auf bestimmte Texte und Traditionen aufhalten, verwirren, gegen einander kehren zu lassen.

Nur Artiran

Die Sprache des Herzens

Nicht wer die gleiche Sprache spricht, sondern wer Gefühle und Gedanken teilt, versteht sich! Mit Bedauern muss ich feststellen, dass wir uns in einer Zeit befinden, in der geistige Werte wie Frieden, Liebe und Brüderlichkeit immer mehr in Vergessenheit geraten und wir uns mit großer Geschwindigkeit auf eine Welt zubewegen, wo Tränen, Schmerz und Qual überhandnehmen.

So ist in diesen Tagen unser größter Trost der Versuch, auf dem Pfad der Liebe und Brüderlichkeit voranzukommen – was für uns einem göttlichen Geschenk gleichkommt! Dieser Pfad wurde uns vorgezeigt von unserem verehrten Mevlânâ Celâleddin-i Rûmi, der im Jahre 1207 auf unsere Welt kam, um sein ganzes Leben dieser Menschenliebe zu widmen. So weist er den verschiedenen Völkern der Erde, ja der ganzen Menschheit, einen Weg, wie sie in Freundschaft und Brüderlichkeit zusammenleben können. So ist er ein Vertreter der göttlichen Liebe für die Einheit und Gemeinsamkeit, dessen ganze Lehre eben auf Liebe, Freundschaft und Brüderlichkeit beruht.

Solange die Welt existiert, wird es auch Krieg und Frieden geben. Solange Menschen existieren, wird es auch Gutes und Böses auf dieser Welt geben. Aber wenn diejenigen unter uns, die für Liebe und Frieden einstehen, ihre Liebe im Herzen aufrechtzuerhalten wissen, dann wird zweifelsohne der Same des Bösen in diesem Liebesfeuer gleichsam verbrannt und vernichtet werden. Der erhabene Mevlânâ Celâleddin-i Rûmi sagte: »Wenn die Dunkelheit ihre Dunkelheit vermehrt, dann sollte das Licht auch sein Licht vermehren. Denn alle Dunkelheit ist dazu verurteilt, vom Licht besiegt zu werden.« Die Dunkelheit der Nacht dauert nur bis zum Sonnenaufgang. Wenn die dunklen Gedanken sich vereinigen, um unsere menschlichen Werte wie die Liebe, den Frieden und die Brüderlichkeit zu bedrohen, dann ist es notwendig, dass die Wissenden, die Erleuchteten oder die Weisen dieser Welt in einer weit größeren Selbstlosigkeit die um sich greifende Dunkelheit mit ihren positiven Gefühlen ausleuchten und ihren Mitmenschen auf diese Weise Frieden bringen, Liebe schenken und sie in ihrem Vertrauen und in ihrer Hoffnung bestärken.

Der kürzeste und echteste Weg, gegen die dunklen Gedanken anzukämpfen, ist der Weg des Lichts. Das heißt, ohne die Menschen aufgrund ihrer Nationalität, ihres Glaubens oder ihrer Gedanken in verschiedene Kategorien einzuteilen, ihnen in friedlicher Absicht und mit entsprechenden Gefühlen und Gedanken zu begegnen und so, auf Werten wie Liebe und Respekt gründend, zu handeln. Der Mensch ist das heiligste Wesen, das im Universum erschaffen wurde. Der erhabene Schöpfer sagt: »Ich bin das Geheimnis des Menschen, und der Mensch ist Mein Geheimnis.« Und Rumi sagte: »Auch wenn ich den Menschen bis zum Jüngsten Tag erklären wollte, könnte ich die in ihm befindliche Erhabenheit nicht zu Ende führen.« Weiter sagte er: »Wenn ich die ganze Wahrheit über den Menschen erzählen würde, dann würden sowohl ich als auch die ganze Welt verbrennen.« Umso bedauerlicher ist es, wenn der Mensch, der in solch einzigartiger Herrlichkeit erschaffen wurde, vom Wirbel der Dualität erfasst wird und in den Abgründen der seelischen Gezeiten unterzugehen droht. Damit fügt er sowohl sich selber als auch seinen Mitmenschen, ja seiner ganzen Umgebung enormen Schaden zu.

Während die Seele des Menschen, der also als heilig erachtet wird, sich stets auf der Seite des Guten und des Schönen wiederfinden möchte, strebt sein Ich oder sein Ego genau das Gegenteil an. Und so kämpfen diejenigen, die diesen Dualismus nicht loswerden können und keine Einheit erlangen können, ein Leben lang gegen Unzufriedenheit, Unglück und Verzweiflung an. Der heilige Mevlânâ Celâleddin-i Rûmi weist auf diesen Dualismus, der das ganze Leben des Menschen negativ zu beeinflussen vermag, wie folgt hin: »Manchmal sind die Engel auf die Güte und Schönheit der Menschen neidisch. Und manchmal fürchten die Teufel das Böse der Menschen und rennen davon.«

In allen Glaubensrichtungen ist sehr wohl zu erkennen, dass der Mensch sich aufgrund dieser Dualität zwischen den Gedanken und Gefühlen des Guten und des Bösen in einem ständigen Konflikt befindet.

Goethe, der große deutsche Dichter und Denker, befasste sich in seinem »Faust« mit der Dualität des Menschen. Ebenso auch schon der große griechische Philosoph Epiktet, der in den Anfängen des ersten Jahrhunderts lebte und in den Lehrgesprächen seiner »Gedanken und Gespräche« die Menschheit mit einem Wald verglich, in dem die verschiedensten Tiere leben als Ausdruck der Dualität. So stellt auch Thomas a Kempis, ein bedeutender christlicher Sufi im Frankreich des 15. Jahrhunderts, in seinem Werk »Imitatio« ausführlich dar, wie in unserem Inneren positive und negative Gefühle zusammen leben.

Der Glaube darf also verschieden sein und es dürfen Unterschiede bestehen; die Essenz, der Kern der Wahrheit, die Botschaft, die dem Menschen vermittelt werden soll, bleibt jedoch dieselbe.

Alle Propheten haben zu verschiedenen Zeiten und an verschiedenen Orten immer wieder von der gleichen Schönheit und von demselben Schöpfer gesprochen. Gemäß den Bedürfnissen der Epoche, in der sie sich befanden, haben sie die Menschheit zum Guten und Schönen eingeladen. Unterschiedlich waren lediglich die verschiedenen Wege, die zu dieser Schönheit hinführen. Diese Vielfalt und diese Unterschiede nicht akzeptieren zu wollen und die Menschen zu einer einzigen Überzeugung, zu einer einzigen Religion zwangsweise bekehren zu wollen, bedeutet deshalb, aus völliger Unkenntnis des erhabenen Schöpfers und des göttlichen Geheimnisses der Schöpfung des Menschen zu handeln.

In der Sure »Der Tisch«, Vers 48, des Korans heißt es: »Einem jeden von euch haben Wir eine klare Satzung und einen deutlichen Weg vorgeschrieben. Hätte Gott es gewollt, hätte Er euch alle zu einer einzigen Gemeinde gemacht. Doch Er wünscht euch auf die Probe zu stellen durch den Weg, den Er für euch bestimmt hat. Wetteifert darum miteinander in nichts als nur in guten und schönen Werken. Zu Gott ist eure Heimkehr. Gott wird euch aufklären über das, worüber ihr uneinig seid.«

Wie daraus ersichtlich ist, bestehen die unterschiedlichen Überzeugungen und Glaubensrichtungen der Menschen auf den ausdrücklichen Willen des Allmächtigen Gottes hin – und jeder Versuch, dies zu ändern, bedeutete, sich gegen die göttliche Macht zu stellen. Statt zu versuchen, die Unterschiede zu beseitigen, ist es vielmehr unbedingt erforderlich, in guten und richtigen Dingen zu wetteifern. Denn die grundlegendste Pflicht des Menschen ist es, für die Gesellschaft zu einem nützlichen Individuum heranzuwachsen.

Der Mensch wurde sozusagen auf der mittleren Linie erschaffen, wo einerseits die heilige Seele das Gute, die Schönheit in uns repräsentiert und wo andererseits das Ich, das Ego, das sich dem Du, dem Aufleuchten des Wir verweigert, das Böse in uns repräsentiert. Wobei die Entscheidung, das Gute oder das Böse zu wählen, dem Menschen überlassen wurde. Unter Mithilfe der Propheten und der heiligen Bücher sind wir aber aufgefordert, unsere Präferenzen zugunsten des Schönen und des Guten zu setzen – und nicht von diesem Wege abzuweichen.

Solange der Mensch sich nicht von der erwähnten Dualität oder aus der Vereinnahmung durch das eigene Ich befreit hat, kann er in seinem Inneren keinen individuellen Frieden finden. Und ein Mensch, der das nicht geschafft hat, kann wiederum unmöglich eines gesellschaftlichen Friedens, der universellen Liebe und des gegenseitigen Respektes teilhaftig werden.

Die gesamte Lehre des heiligen Mevlânâ Celâleddin-i Rûmi handelt davon – so wie dies von allen Glaubensrichtungen anerkannt und mit Nachdruck betont wird –, die Menschen von der Dualität zu befreien und ihnen somit mit großer Empfindsamkeit den Weg zu individuellem wie auch gesellschaftlichem Frieden aufzuzeigen. Mevlânâ steht immer auf der Seite der Liebe und des Friedens. Auf seinem Weg ist weder eine individuelle noch eine soziale Dualität anzutreffen. So hat Rumi uns Menschen deutlich die Mittel und Wege aufgezeigt, wie wir uns von der Dualität befreien können, zumal er niemals und nirgendwo dem Kampf oder dem Krieg auch nur den geringsten Einfluss eingeräumt hat. Ebenso hat er niemals irgendjemanden diskriminiert. Denn aus Liebe wurde der Mensch erschaffen, und somit kann er alle seine Probleme nur im Rahmen der gegenseitigen Achtung und des Verständnisses lösen, welche die Grundlage für die Liebe sind. Aus Rumis Sicht können sich nicht nur Menschen, die derselben Ethnie angehören und dieselbe Sprache sprechen, gut verstehen, sondern vielmehr alle jene, die ihre Gedanken und Gefühle mit einander teilen. Daher ist es nicht erforderlich, der gleichen Abstammung zu sein oder der gleichen Sprache mächtig zu sein, um in Frieden, Freundschaft und Brüderlichkeit zusammen leben zu können. Wichtig ist, sich in allgemein gültigen Werten einig zu sein, in der Liebe und in der gegenseitigen Achtung.

»Komm, komm, komm noch näher. Wenn du schon ich bist und ich du bin, weshalb dann dieses Ich und Du? Wir sind Gotteslicht, Gottesspiegel! Weshalb zanken wir dann ständig mit uns selber und mit den anderen? Warum läuft ein Licht dem anderen Licht davon?

Es ist, wie wenn alle Menschen im Körper, im Wesen eines reifen Menschen versammelt wären! Aber warum schielen wir dann noch? Obwohl wir alle Glieder desselben Körpers sind, warum behandeln die Reichen die Armen so verächtlich?

Warum verachtet die rechte Hand die linke Hand, die sich doch am gleichen Leib befindet? Da ja beides deine Hände sind, was bedeuten dann Glückseligkeit und Unglückseligkeit im gleichen Leib?

In Wirklichkeit sind wir Menschen alle aus einer einzigen Substanz. Unser Verstand ist eins, unser Kopf ist eins. Diese untreue Welt bringt uns dazu, dass wir die Eins als Zwei sehen!

Los, befreie dich von diesem Ego; verständige dich mit Allen und vertrage dich mit Jedem! Solange du noch du bist, bist du nur ein einzelnes Korn, ein Staubkörnchen! Doch wenn du dich mit jedem vereinst, mit jedem verschmilzt, bist du eine Quelle … ein Ozean! Alle Menschen haben die gleiche Seele, aber es gibt Hunderttausende von Körpern! So wie es auch unzählige Mandelsorten gibt auf dieser Welt – doch in allen ist das gleiche Öl.

Es gibt verschiedene Sprachen, es gibt unterschiedliche Bezeichnungen auf dieser Welt; die Bedeutung von allen jedoch ist die gleiche! Wenn sie zerbrechen, fließt das Wasser aus den verschiedenen Gefäßen als ein einziges Wasser.«

Mevlânâ aus dem Dîvân-i Kebîr

Souleymane Diagne

Ubuntu, Nite und Humanismus

Ubuntu – ein Wort, das ursprünglich aus der Bantu-Sprache kommt, hat sich inzwischen auch außerhalb der Grenzen Süd-Afrikas und der Länder, die Bantu sprechen, eingebürgert. Es ist sogar aufgestiegen zu einem global anerkannten Wort, vor allem im Bereich der Geschichte, des Rechts und der Philosophie. Ubuntu, das man ungefähr als »miteinander menschlich sein« übersetzen kann, bezeichnet ein Konzept, das von Nelson Mandela und Desmond Tutu gewissermaßen mit neuem Leben erfüllt und in gesellschaftliche Praxis umgesetzt wurde. Und dies zu einem Zeitpunkt, als in den frühen 1990er Jahren die Lage in Südafrika nach dem Projekt und der Politik einer Versöhnung verlangte, das nur von diesen beiden Denkern in der angemessenen Weise in seiner historisch einmaligen Rolle bestimmt und vorgeschlagen werden konnte.

Das Ziel war, durch die TRC eine Art von Übergangsjustiz zu schaffen: eine Justiz, die nicht in erster Linie strafen, sondern sich um die nötige Wahrheit bemühen sollte, die es allen erlauben würde, an einer gemeinsamen Zukunft zu bauen. Die neue Verfassung Südafrikas aus dem Jahre 1993 war geprägt »vom Verlangen nach Ubuntu, und nicht nach Rache und neuen Opfern«. Und so wurde dieses Konzept von Desmond Tutu erklärt: »Eine Person mit ubuntu ist offen und ansprechbar für Andere, fühlt sich nicht bedroht, wenn Andere ihre Fähigkeiten ausbauen und ›gut‹ sind, denn er oder sie stützt sich auf eine entsprechende Selbstsicherheit im Wissen darum, dass er oder sie zu einem größeren Ganzen gehören – und so würden er oder sie gedemütigt, wenn Andere gedemütigt oder gequält oder unterdrückt werden.«

Durch die Art und Weise, wie Ubuntu das politische Projekt eines neuen Süd-Afrika nach der Apartheid geprägt hat, wurde die breitere Öffentlichkeit auf dieses Konzept aufmerksam: und dies vor allem unter Philosophen, die sich mit Recht, Gerechtigkeit und Ethik befassten. Ferner geriet dadurch die humanistische Philosophie des afrikanischen Kontinents erneut in den Fokus des Interesses. Nichts zeigt besser die Popularität dieses Konzepts als die Bedeutung, die es für den NBA Coach der Boston Celtics, Doc Rivers, hatte, als er vor der Aufgabe stand, ein Team aus mehreren »Stars« zu bilden. Er sagte ihnen einfach: »Lasst uns das Konzept von Ubuntu anwenden, um zu verstehen, dass wir nur als Team erfolgreich sein werden, d. h. dass sich jeder für den Anderen einsetzt und gerade auf diese Weise die Fülle seines eigenen Talents ausschöpft.« Das war tatsächlich eine wunderbare Übersetzung des Konzepts, in dem der Einzelne nur dann seine Menschlichkeit voll entfalten wird, wenn dies Teil der Bemühung um Realisierung der gemeinsamen Menschlichkeit ist.

Ich möchte hier ganz kurz über das im Wolof gebräuchliche Sprichwort »nit nitaygarabam« und seine Verbindung zum Ubuntu reflektieren. Der sengalesische Staatsmann und Dichter Léopold Sédar Senghor hat in seinen Texten häufig dieses Sprichwort zitiert, das wörtlich übersetzt etwa so lautet: die Heilung für einen Menschen ist der andere Mensch. Er sah darin die Quintessenz einer Philosophie des Humanismus, die natürlich weiter entwickelt und ausgearbeitet werden müsste. Schauen wir uns die verschiedenen Implikationen des »nit nitaygarabam« an. Da existiert zum einen unmittelbar die Idee, dass der Mensch der Gemeinschaft mit anderen bedarf, um leben zu können. In einem Wort, wie bereits Aristoteles sagte: »Der Mensch ist ein zoon politikon«. Es gibt jedoch eine weitere, damit verbundene Idee – jenseits einer Sprache der Notwendigkeit und des Bedürfnisses. Und dies ist der ethische Begriff, wonach die vollkommene Entwicklung meines vermeintlichen Wesens immer erst durch die Unterstützung und Vermittlung der Gemeinschaft geschieht. Das ist ein wichtiger Aspekt in Senghors Hervorhebung des Konzepts von nit, was »menschlich« bedeutet – oder nite, das die Verbform von »menschlich« darstellt. Nite, was wörtlich übersetzt »menschlich sein« oder »als ein Mensch handeln« heißt, kann auch bedeuten »alle Charakterzüge der Menschheit manifestieren«. Es kann also bedeuten »vernünftig sein«, »weise sein«, »gut sein« (im ethischen Sinn). Deswegen hört man auch manches Mal die Wendung »niteenitaygarabam« – ein Spiel mit Vokalen, in dem das »a« in ein doppeltes »e« verwandelt wird –, was so viel bedeutet wie »die Heilung für einen Menschen ist es, seine oder ihre Humanität zu erreichen und zu manifestieren«. Das Spiel mit den Vokalen will besagen, dass eine Implikation des Sprichworts darin liegt, dass menschlich (nit) zu sein nichts anderes heißt als auf dem Weg zur Menschheit (nite) zu sein.

Alles in allem können wir das Sprichwort in seiner ganzen Fülle übersetzen, indem wir sagen, dass der Mensch seine oder ihre Menschlichkeit nur realisiert durch die Unterstützung der Gemeinschaft. Dies wäre auch eine Antwort auf das Stereotyp, wonach afrikanische Kulturen kollektivistisch sind und das Individuum und seine Rechte vernachlässigen. Wie Senghor jedoch hervorhebt, sei die Dialektik zwischen Individuum und der Gemeinschaft als Bewegung des individuellen Werdens hin zu der Person zu verstehen, die erst durch die Unterstützung der Gemeinschaft sich vollständig entfalten könne. Eine Person zu werden ist die Bestimmung des Menschen und sie wird realisiert im »gemeinsam menschlich sein«, wie sich Ubuntu übersetzen lässt.

In ihrem Vortrag über »Erziehung zur Abrüstung und Nicht-Weiterverbreitung von Waffen in Afrika«, den Christiane Agboton-Johnson, damals Vizedirektorin am UN Institut für Abrüstungsforschung, aus Anlass des 20-jährigen Bestehens des »James Martin Center for Nonproliferation Studies« im Jahre 2009 gehalten hat, stellte sie zum Schluss ihre Worte unter das Motto »nit nitaygarabam«. Damit wollte sie die Bedeutung humanistischer Philosophie und Wertvorstellungen unterstreichen, die in diesem Sprichwort sich ausdrücken, um zugleich die ethische Bedeutung von Fragen der Abrüstung und Nicht-Weiterverbreitung hervorzuheben. Mit anderen Worten: Ähnlich wie Mandela und Tutu hat sie die Bedeutung traditioneller Worte und Sprichwörter für Probleme und Fragestellungen der Gegenwart und der Zukunft aufgezeigt.

Dieser feinen dialektischen Beziehung zwischen Individuum und Gemeinschaft liegt eine philosophische Tendenz zu Grunde, die sich z. B. bei den Bantu, aber auch anderswo in Afrika, zeigt. Sie lässt sich in einem Wort des nigerianischen Nobelpreisträgers Wole Soyinka zusammenfassen: Wahrheit ist nur in der Beziehung zu finden. Im Zwischen also, so könnte man sagen – in der Beziehung zwischen dem Sichtbaren und Unsichtbaren zum Beispiel. Menschen wählen verschiedene Wege, um die Wahrheit zu suchen. Hier hat sich eine Solidarität der Differenz ausgeprägt, die aus dem philosophischen Primat der Kräfte vor dem der Substanz entspringt. Es gibt in dieser Vorstellung keine Essenzen, Substanzen oder Realitäten außer dem Wirken von Kräften.

(Übersetzung von Frank Hahn)

Kazim Erdogan

Mit denen, die ankommen, lernen zu lernen

Collage aus Texten, die Erdogan dafür ausgewählt hat

»Und wenn der Andere schon da ist …«, hat vor zehn Jahren Mamadou Diawara in seiner Botschaft für das Humboldt Forum in Berlin gesagt. Kazim Erdogan war damals schon seit Jahrzehnten da. Und er war, in unendlichen Schritten hier Boden suchend, gewinnend, angekommen.

In einem Interview wurde er vor kurzem gefragt: »Was können wir noch von einander lernen?« Seine Antwort: »Sehr viel. Wenn man positiv eingestellt ist. Wenn man Kommunikation, den Kontakt als Reichtum betrachtet, kann man sehr viel von einander lernen. Aber wenn man negative Erfahrungen gemacht hat und das verallgemeinert, wird uns das nicht weiterbringen. Und es gibt sowohl im Deutschen wie im Türkischen mehrere tausend wunderbare Verbindungsstücke, die uns zu einander bringen könnten. Das gemeinsam entdecken. Und das entdeckt man gemeinsam nur dann, wenn man mit einander spricht und an gesamtgesellschaftlichen Aktivitäten teilnehmen kann, gemeinsam Feste feiert, ins Stadion geht, im Café sitzen kann. Und lernt, tolerant zu denken. Und dass man auch die Unterschiede als Reichtum betrachtet und sagt: Gott sei Dank, dass wir Fehler machen. Gott sei Dank, dass wir uns streiten, konstruktiv, um gemeinsam die richtigen Wege zu finden. Deshalb müssen wir mit einander umgehen.

Aber wenn Menschen in einer Gesellschaft nicht positiv aufgefallen sind, ziehen sie sich zurück. Sie kapseln sich ab, weil sie sich schämen. Deshalb müssen wir die Schätze aus dem Einzelnen herauskitzeln. Und das haben wir nicht geschafft.

Alle Menschen in diesem schönen Land sind Vorbilder. Aber was fehlt, ist, dass wir uns nicht immer vorbildhaft verhalten. Daran müssen wir noch arbeiten, feilen, im Gespräch bleiben und nicht auf dem sitzen bleiben, was wir erreicht haben.

Und wir sollen nicht mehr sagen: wir und ihr, ich und du, sondern wir.

Ich habe dafür eine erste Woche der Sprache und des Lesens in Neukölln mit 280 Veranstaltungen organisiert und nochmals 2008 und 2010. 2012 habe ich die erste Gesamtberliner Woche der Sprache und des Lesens mit 1400 Veranstaltungen organisiert.«

Auf die Frage, wie ihm dieser Dialog auf Augenhöhe gelingt: »Wenn das Vertrauen in einer Beziehung da ist, ist der Rest in der Begegnung von Menschen Formsache, läuft von selbst. Ich sage immer, ich trage vier Werkzeuge mit mir herum. In meiner linken Hosentasche habe ich Augenhöhe und eine verständliche Sprache. Dass sich niemand benachteiligt fühlen muss. Dass mich alle verstehen. In meiner rechten Hosentasche habe ich die Begriffe, ich bin dort, wo ihr auch seid. Ich berühre wie ihr mit meinen beiden Füßen den Boden. Und mein letztes Werkzeug heißt Aufsuchen. Ich suche die Arbeit daran auf. Ich besuche die Leute zu Hause. Versuche zu überzeugen. Dazu gehören Akzeptanz, Wertschätzung, Vertrauen, Toleranz und, und, und …«

In seiner Rede im Abgeordnetenhaus für die neu Eingebürgerten spricht dieser Deutsche aus Anatolien von »einer Angst, die eigene Identität zu verlieren, Anderes zu hundert Prozent übernehmen zu müssen, wenn man den neuen Pass beantragt.« Doch von Kazim Erdogan wird man keine Liste und keine Kategorien von Fragen der Identität zu hören bekommen. Es geht um die Annäherungen. Immer wieder um das Sprechen mit einander. Darum, Mut zu fassen. Er spricht seine Zuhörer als Mutbürger an. Seine Themen sind nicht die Unterschiede und die Gemeinsamkeiten als solche. Es ist »das »Ankommen« in allen seinen Schritten. Von denen spricht er. Immer auch den eigenen, als Ermutigung und um sein Verständnis für alle Hindernisse zu betonen, und immer wieder, um aufzufordern zum Sprechen mit einander. Sein Thema ist er selbst in seinem Tun und Mittun, seinem Zuhören und Zureden. Geduldig, liebenswürdig, sparsam, nie nachlassend. »Mit und von einander lernen« ist für Kazim Erdogan die unendliche Übung des mitmenschlichen Wir. Man hört nicht viel von der »gemeinsamen Zukunft der Menschheit«, weil sie in der Gegenwart beginnen muss.

»Ankommen. Vielleicht heißt das zu allererst, sich nicht darum kümmern, woher jemand kommt, sondern wohin man zusammen will. Kann man mit Sehnsucht ankommen? Ja. Sehnsucht geht nicht weg. Aber mit Sehnsucht musst du nicht stehen bleiben. Ankommen heißt, nicht am Ziel sein. Heißt, nicht den Anfang vergessen. Heißt, einen Weg zu gehen. Ankommen heißt, sich zu erinnern. Zwischen dem Früher und dem Jetzt ein Band zu spannen, ein Band, das hält.

Ankommen bleibt Aufgabe. Jetzt heißt es, anderen beim Ankommen zu helfen.« Fast sein ganzes Leben in Deutschland hat Kazim Erdogan in Neukölln gelebt, im Klischeebezirk der Abgehängten, Abgewerteten, Aussortierten, von denen er doch sagt, dass bei ihnen »Gastfreundlichkeit, Warmherzigkeit, Hilfsbereitschaft« zu Hause sind. »Aber im Grunde genommen, ist das ja auch nicht nur türkisch.«

»Eine andere Form des Ankommens heißt, nicht infrage gestellt zu werden! Heißt, festen Boden unter den Füßen zu haben! Dieses Ankommen heißt, eine Arbeit zu haben. Bleiben zu wollen, bleiben zu dürfen.«

In seine Gruppe in Neukölln hat er sogar Thilo Sarrazin zu einem Gespräch eingeladen. Es lässt sich fast in zwei Sätzen zusammenfassen. Sarrazin: »Die Integrationsaufgabe liegt allein bei denen, die gekommen sind, nicht bei der Gesellschaft und nicht beim Staat. Der Staat macht mit seinem Schulsystem und seinem Ausbildungssystem ein Angebot, und dieses Angebot ist weitgehend frei von Diskriminierung. Alle anderen Dinge müssen Sie selbst regeln.« Diese Einstellung fasst für Kazim Erdogan das Wort Migrationshintergrund zusammen. »Da sind wir anderer Meinung. Wir alle haben eine gemeinsame Aufgabe, eine gesamtgesellschaftliche Aufgabe, keiner kann sie allein schaffen.« Daraus werden Biographien mit einer Zuwanderungsgeschichte.

Selbstverständlich greift er nicht nur die Wunden und Verletzungen auf, die dem auf Seiten derer entgegenstehen, die anzukommen versuchen. Es wird bei ihm über die Themen von Ehre und Gewalt und Frauenrollen gesprochen. Aber sie werden nicht anthropologisch oder kulturell thematisiert. Es sind Fragen daran, wie die Einzelnen lernen, sich menschlich zu verhalten, auch gegen übernommene Verhaltensweisen. Und andererseits die »Wunden«. Sonja Hartwig, Autorin des Buches »Kazim, wie schaffen wir das?« mit Erdogan, schreibt:

»Meine Versuche, mit Kazim über all das zu sprechen, was einen hindern kann anzukommen, scheitern. Er lässt sich nicht darauf ein. Und nach einer Weile begreife ich, wieso. Weil er sich nie darauf eingelassen hat, sich von einer Verletzung verunsichern oder tief verwunden zu lassen. Weil er sich auch dann nicht darauf einlässt, wenn die Männer in der Männergruppe ihm immer wieder ihre Wunden zeigen; Wunden, so tief, dass sie nicht heilen; Wunden, davongetragen, weil sie sich nicht gesehen und nicht gehört fühlen, nicht akzeptiert, nicht anerkannt; Wunden, in denen sie wohnen; Wunden, die Halt geben und das, was sie am meisten suchen: Identität. Weil er dann sagt: Ich sehe Eure Verletzungen und ich könnte auch negative Beispiele auflisten, aber bringen die uns weiter? Integriert … Kazim hat das Wort auf eine Liste geschrieben, eine unsichtbare, zusammen mit anderen Begriffen, die er nicht mehr hören kann. Auch Brennpunktschule, bildungsfern. … Kazim, der Anwalt derer, die ankommen, kämpft gegen eine Sprache, die die Ankommenden zu Anderen macht, zu Abgewerteten, zu Aussortierten … in Zuwanderungsgeschichten drückt sich das aus, worum es doch gerade geht: um Menschen und ihre Geschichten. Es geht um viel mehr als: Ich erklär dir das Land. Es geht um: Ich verstehe dich, ich nehme dich an die Hand, ich gebe dir Halt.

Wir dürfen nicht die gleichen Fehler machen. Wenn wir bei den Flüchtlingen wie bei den türkischen Einwanderern denken, die gehen schon wieder, werden wir wieder vierzig Jahre verlieren.«

Die Autorinnen und Autoren

Boutros Boutros-Ghali war von 1992 bis 1996 Generalsekretär der Vereinten Nationen. Vorher war der an der Universität Kairo promovierte Jurist im diplomatischen Dienst Ägyptens tätig, u.a. mehrere Jahre stellvertretender Außenminister. In dieser Funktion hatte er wesentlichen Anteil an Mubaraks Friedensinitiative gegenüber Israel. Nach 1996 war er u.a. Generalsekretär der Internationalen Vereinigung für Frankophonie sowie Präsident des Kuratoriums der Haager Akademie für Völkerrecht. Neben seiner diplomatischen und weltpolitischen Tätigkeit ist er als Autor zahlreicher Essays und Bücher hervorgetreten.

Catherine David ist eine französische Kunsthistorikerin und Kuratorin und Sprachwissenschaftlerin. Von 1981 bis 1990 war David Kuratorin für Moderne Kunst am Centre Georges Pompidou in Paris, bevor sie 1994 bis 1997 als erste Frau zur künstlerischen Leiterin der Documenta X in Kassel berufen wurde. Seit 1998 leitet David das Projekt »Representations Arabes Contemporaines« zu arabischer Kunst. Im Jahr 2007 hatte sie im Berliner Haus der Kulturen der Welt die Ausstellung »DI/VISIONS. Kultur und Politik im Nahen Osten« kuratiert, die u.a. das Ziel hatte, die westlichen Klischeevorstellungen über die arabische Welt aufzubrechen.

Souleymane Bachir Diagne ist ein senegalesischer Philosoph, dessen Arbeitsschwerpunkte in den Bereichen Geschichte der Logik und Mathematik, Epistemologie, Islamische Philosophie sowie Afrikanischer Philosophie und Literatur liegen. Nach Studienjahren im Senegal und in Frankreich – unter anderem bei Althusser und Derrida – kehrte Diagne 1982 in den Senegal zurück und lehrte an der Cheikh Ante Diop Universität in Dakar Philosophie. Außerdem wurde er stellvertretender Dekan der dortigen geisteswissenschaftlichen Fakultät. Unter dem ehemaligen Präsidenten des Senegal, Abdou Diouf, war Diagne von 1993 bis 1999 Berater für Erziehung und Kultur. Der *Nouvel Observateur* hat ihn als einen der 50 wichtigsten Denker unserer Zeit bezeichnet. Er hat Bücher zu George Boole, zum pakistanischen Dichter und Philosophen Muhammad Iqbal sowie zu Leopold Senghor veröffentlicht. Zur Zeit hat er einen Lehrauftrag am Department of Philosophy der Columbia Universität New York.

Mamadou Diawara stammt aus der Elfenbeinküste und lehrt heute als Professor für Anthropologie an der Goethe-Universität in Frankfurt im Fachbereich Ethnologie. Seine Forschungsschwerpunkte sind das subsaharische Afrika, Entwicklungsethnologie, Globalisierung sowie Geschichte Afrikas. Als Direktor von *Point Sud, Forschungszentrum für lokales Wissen in Bamako (Mali)* hat er die Themenfelder lokales Wissen, »oral history«, Innovation in der Populärkultur, Mobilität und Migration, Dezentralisierung und Machtstruktur untersucht. Mamadou Diawaras Publikationsliste umfasst mehrere Bücher sowie zahllose Aufsätze zu afrikanischen ethnologischen Themen.

Kazim Erdogan, 1953 in Ostanatolien geboren, wird er der erste Abiturient seines Dorfes. 1974 kam er für ein Werkstudium nach Berlin an die FU und machte Abschlüsse in Psychologie und Soziologie. Er wurde Lehrer, später Berater. Erdogan gilt als einer der führenden Integrationsexperten Deutschlands. Über seinen gemeinnützigen Verein »Aufbruch Neukölln«, seine Lese- und Gesprächsgruppen weit über Berlin hinaus, sowie über seine zahlreichen Ehrungen bis zum Bundesverdienstkreuz, wird sehr viel in den Medien berichtet.

Volker Gerhardt, Professor für Philosophie an der Humboldt-Universität Berlin, Mitglied und Vorsitz in zahlreichen Akademien und Kommissionen sowie im Deutschen Ethikrat; zahlreiche Veröffentlichungen, u. a.: »Partizipation. Das Prinzip der Politik« (2007), »Existenzieller Liberalismus« (2009), »Öffentlichkeit. Die politische Form des Bewusstseins« (2012), »Der Sinn des Sinns. Versuch über das Göttliche« (2014), »Glaube und Wissen. Ein notwendiger Zusammenhang« (2016).

Adrienne Goehler, in Folge: Diplompsychologin | Präsidentin der Hochschule für bildende Künste in Hamburg | Senatorin für Wissenschaft, Forschung und Kultur des Landes Berlin | Kuratorin des Hauptstadtkulturfonds.

Heute gleichzeitig: freie Publizistin und Kuratorin | Theoretikerin und Aktivistin Bedingungsloses Grundeinkommen | Initiatorin und Künstlerische Leitung ZUR NACHAHMUNG EMPFOHLEN! Wanderausstellung zu Expeditionen in Ästhetik und Nachhaltigkeit.

Volker Hassemer hat über viele Jahrzehnte die deutsche und vor allem Berliner Politik mit geprägt. Seit 1979 war er in vier Legislaturperioden Abgeordneter im Berliner Abgeordnetenhaus, ferner für verschiedene Ressorts als Senator Teil der Landesregierung. Wichtige Weichenstellungen erfolgten in seiner Amtszeit als Senator für Stadtentwicklung und Umwelt sowie in seiner Zeit als Kultursenator. Zur Zeit ist Hassemer Vorstandvorsitzender der Stiftung Zukunft Berlin.

Ranjit Hoskoté lebt und wirkt als Schriftsteller, Kurator und Kulturjournalist in Indien. Er ist Sekretär des indischen PEN-Clubs und Vorsitzender des Poetry Circle Bombay. In zahlreichen internationalen Magazinen veröffentlicht er regelmäßig, außerdem ist er Redakteur der englischsprachigen Tageszeitung »The Hindu«. 2007 erschien sein Buch »Kampfabsage«, das er gemeinsam mit Ilja Trojanow veröffentlicht hat. Auf Deutsch ist der Gedichtband »Die Ankunft der Vögel« erschienen.

Henrik Jäger, 1960 in Hameln geboren, ist Sinologe und freier Autor. Nach der Promotion bei Wolfgang Bauer und Studien zur Hermeneutik chinesischer Kommentarliteratur und zu Sinologen wie Richard Wilhelm (1873–1930) und Francois Noel SJ (1651–1729) entwickelte er sein »Lesebuchprojekt«. Darin sollen die Texte und Kernbotschaften chinesischer Denker in einer Weise vermittelt werden, die ihre zukunftsweisenden Botschaften veranschaulicht.

Prof. Dr. Dr. **Jacob Emmanuel Mabe** (Philosoph und Politikwissenschaftler), geboren 1959 in Kamerun, lehrt als Gastprofessor an mehreren Universitäten in Deutschland und in anderen Ländern. Er ist Präsident der Anton-Wilhelm-Amo-Gesellschaft e. V. sowie Autor von über 100 Veröffentlichungen. Seine wichtigsten Bücher in deutscher Sprache sind u. a.: Das Afrika-Lexikon – Ein Kontinent in 1000

Stichwörtern, Stuttgart (J. B. Metzler) und Wuppertal 2001 (Sonder-
ausgabe 2004); Das kleine Afrika-Lexikon – Politik, Wirtschaft und
Gesellschaft, Bonn 2002 und 2004; Denken mit dem Körper – Eine
kleine Geistesgeschichte Afrikas, Nordhausen 2010.

H. Nur Artıran wurde bereits als Kind privat von Sufi-Meistern un-
terrichtet. Über sieben Jahre lang war sie die Assistentin des Sufi-
Meisters Şefik Can (1909–2005), der als einer der wichtigsten Mevle-
vi Sufimeister unseres Jahrhunderts gilt. Sheikha Nur ist der derzeitige Sufi-Meister des Mevlevi-Sufi-Ordens, der von Rumi gegründet
wurde. Sie ist Präsidentin der International Mevlevana Foundation.
H. Nur Artıran ist Mitbegründerin der Stiftung für Weltbehinderte,
der *World Disability Foundation*; als Präsidentin der Stiftung *Şefik
Can Uluslararası Mevlânâ Eğitim ve Kültür Vakfı* setzt sie im In-
und im Ausland ihre Arbeiten im Bereich des Weltfriedens fort, und
zwar bewusst interreligiös und interkulturell gegenüber den großen,
ganz neuen Herausforderungen durch die Gegenwart.

Ryôsuke Ohashi, geb. 1944 in Kyôto, Japan. Studium der Philoso-
phie an der Universität Kyôto. 1974 Promotion an der Universität
München, 1983 Habilitation an der Universität Würzburg als erster
Japaner. 1990 Philipp Franz von Siebold-Preis. Professor an der Tech-
nischen Universität Kyôto, der Universität Osaka und der buddhisti-
schen Ryūkoku-Universität. Gastprofessuren an Universitäten und
Instituten in Köln, Wien, Hannover, Hildesheim, Tübingen. Seit 2015
Direktor des Japanisch-Deutschen Kulturinstituts in Kyôto.

Karol Sauerland, geb. in Moskau, lebt als polnischer Staatsbürger in
Warschau, studierte in Berlin (Ost) Philosophie, in Warschau Mathe-
matik und Germanistik, em. Professor der Universität Warschau,
lehrt seit 2013 als Fullprofessor an der Akademia Pomorska in Słupsk
(Stolp) deutsche Literatur, Geschichte und Philosphie, zahlreiche
Gastprofessuren (ETH Zürich, Fritz Bauer Institut in Fft./M., Franz-
Rosenzweig-Professur in Kassel, Universität Hamburg, Amiens,
Mainz, FU-Berlin), Fellow des Wissenschaftskolleg in Berlin (1994),
publizierte lange Zeit regelmäßig in der NZZ und FAZ, über 300 wis-
senschaftliche Artikel, Studien und Rezensionen vorwiegend auf
Deutsch und Polnisch. Von 1990–2000 Vorsitzender der Polnischen
Philosophischen Gesellschaft in Warschau, langjähriges Mitglied der

Jurys des Leipziger Buchpreises und des Hannah Arendt Preises für politisches Denken in Bremen.

Felizitas von Schönborn studierte Theologie in Chur, Zürich und Genf, wo sie als Korrespondentin bei der UNO in Genf akkreditiert ist. Sie hat zahlreiche Bücher und Publikationen vorgelegt – und angeregt durch das Diktum des Philosophen Hans-Georg Gadamer: »Es gibt kein höheres Prinzip, als sich dem Gespräch offen zu halten« hat sie in ihrem »Holistischen Gesprächskaleidoskop« über hundertfünfzig Begegnungen mit wichtigen Zeitgenossen festgehalten, mit dem Dalai Lama, Annemarie Schimmel, Yehudi Menuhin, Astrid Lindgren, Michail Gorbatschow und Margarete Mitscherlich. Gräfin Schönborn ist u.a. Mitglied im P.EN. Club Österreich und dem Verein der Schweizer Auslandspresse (APES). Im Jahr 2008 wurde sie in Zürich mit der »Flamme des Friedens« geehrt.

Professor Dr. **Bettina Schöne-Seifert** studierte Humanmedizin, Philosophie und *biomedical ethics* in Freiburg, Wien, Göttingen und Washington DC. Seit 2003 hat sie den Lehrstuhl für Medizinethik an der Universität Münster inne. Sie war von 2001–2010 Mitglied des Nationalen bzw. Deutschen Ethikrats; von 2008–2013 Fellow der Max Planck Gesellschaft. Sie ist seit 2008 Mitglied der Akademie der Wissenschaften zu Göttingen und seit 2010 Mitglied der Nationalen Akademie Leopoldina und Fellow des Hasting Centers. Ebenfalls seit 2010 leitet sie gemeinsam mit einigen Kollegen die von der Deutschen Forschungsgemeinschaft finanzierte Münsteraner Kollegforschergruppe »Normenbegründung in Medizinethik und Biopolitik«. Ihr Hauptarbeitsgebiet ist die Medizinethik mit derzeitigen Arbeitsschwerpunkten bei Fragen der Sterbehilfe, des Embryonenschutzes, der Neuroethik, der theoretischen Grundlagen von Bioethik und der Verteilungsgerechtigkeit im Gesundheitssystem.

Maria Todorova stammt aus Bulgarien und lehrt heute an der Universität Illinois Geschichte. Ihr Spezialgebiet ist die Geschichte der Balkan-Region. Ihr Buch »Imagining the Balkans« ist in 14 Sprachen übersetzt worden. Darin zeigt sie auf, wie sehr das Bild vom Balkan, das man sich in den westlichen Kulturen gemacht hat, ähnlich von Stereotypen bestimmt ist wie im Falle des Orients. Insofern wird ihr epochemachendes Werk zuweilen auch mit Edward Saids »Orientalism« verglichen.

Ilja Trojanow ist Schriftsteller bulgarischer Herkunft, der mit seinen Eltern als Sechsjähriger auf der Flucht nach Deutschland kam. Er hat in Nairobi die deutsche Schule besucht und später mehrere Jahre in Indien gelebt. In den 1980er Jahren hat er sich mit zwei von ihm gegründeten Verlagen sehr stark für die afrikanische Literatur engagiert, bevor er 1996 mit »Die Welt ist groß und Rettung lauert überall« seinen ersten Roman veröffentlicht hat. Seitdem folgten zahlreiche Romane, Essays und Gedichtbände, von denen manche in 30 Sprachen übersetzt wurden – begleitet von ebenfalls zahlreichen Auszeichnungen. Seit 2008 ist Trojanow Herausgeber der Reihe Weltlese – Lesereisen ins Unbekannte zur Förderung von Literaturen aus Afrika, Lateinamerika und Asien. Trojanow, der mehrere Gastprofessuren innehatte, ist zudem seit 2017 Beisitzer im Präsidium des internationalen PEN-Zentrums Deutschland.

Galsan Tschinag, im Winter 1943/44 in einer Jurte im Hohen Altai/ Westmongolei als jüngster Sohn einer angesehenen Nomadenfamilie geboren, wuchs er in enger Nachbarschaft zu seiner berühmten Schamanentante Pürwü, seiner ersten Lehrerin, auf. Nach dem Abitur Germanistik-Studium von 1962–1968 in Leipzig. Dozentur an vier Hochschulen der mongolischen Hauptstadt. Berufsverbot wegen politischer Unzuverlässigkeit. Seit der Wende 1990 als freier Schriftsteller in der Mongolei tätig. Er ist Autor, Philosoph und Schamane. Jährliche Reisen zu Lesungen, Vorträgen und Heilseminaren im deutschsprachigen Raum. Als Visionär und Mann der Tat pflanzt er seit 10 Jahren Bäume. Galsan Tschinag lebt in Ulaanbaatar/Mongolei.

Gisela Völger, Ethnologin, geboren in Bad Kreuznach. Dr. phil. 1972 Universität Mainz. Prof. h. c. 1980 Universität Köln. 1972–1979 Kustodin am Deutschen Ledermuseum Offenbach. 1976/77 viermonatige Forschungs- und Sammelreise durch die Sahelzone im Auftrag des Museums. Von 1979–2000 Direktorin des Rautenstrauch-Joest-Museums Köln und Lehrbeauftragte am Institut für Völkerkunde. Spezialgebiet kulturvergleichende ethnologische Ausstellungen. Seit 2000 freischaffend. 2001 Hg. (mit Gabriele Teichmann) »Faszination Orient. Max von Oppenheim. Forscher, Sammler, Diplomat.« Bis 2008 Mitarbeit an der Ausstellung »Benin, Könige und Rituale. Höfische Kunst aus Nigeria«, Wien, Paris, Berlin, Chicago. Zur Lutherdekade 2007–2017 Vortrag »Ohne Luther kein Barock« für die Johanniter im Landkreis Celle. 2016 zusammen mit Karin v.

Welck Wanderausstellung »Heinrich Tessenow« Steinhorst, Gifhorn, Braunschweig.

Wim Wenders, als Regisseur von Filmen wie »Der Himmel über Berlin« oder »Paris, Texas« bereits in den 1980er Jahren weltbekannt geworden, hat seither mehrere Oscar-Nominierungen erhalten. Angefangen hatte er seine Tätigkeit als Regisseur in den 1970er Jahren als Teil der Bewegung von Autorenfilmern des neuen deutschen Films, wobei er selbst den Filmverlag der Autoren gegründet hatte. In mehreren seiner Filmprojekte hat er mit Peter Handke zusammengearbeitet. Seit einigen Jahren hat Wenders im Genre Dokumentarfilm eigenwillige Akzente gesetzt, wie in den Filmen »Pina«, »Das Salz der Erde« oder »Papst Franziskus – ein Mann seines Wortes«. Wenders ist Präsident der Europäischen Filmakademie und war Professor an der Hochschule für Film und Fernsehen in München sowie der Hochschule für Bildende Künste in Hamburg.